Jörg Armbruster

WILLKOMMEN IM GELOBTEN LAND?

Deutschstämmige Juden in Israel

Hoffmann und Campe

1. Auflage 2016
Copyright © 2016 by Hoffmann und Campe Verlag, Hamburg
www.hoca.de
Satz: pagina GmbH, Tübingen
Karte S. 8: Peter Palm, Berlin
Gesetzt aus der Sabon
Druck und Bindung: CPI books GmbH, Leck
Printed in Germany
ISBN 978-3-455-50417-0

HOFFMANN
UND CAMPE

Ein Unternehmen der
GANSKE VERLAGSGRUPPE

Doch das wirklich Böse ist das, was bei uns sprachloses Entsetzen verursacht, wenn wir nichts anderes mehr sagen können als: Dies hätte nie geschehen dürfen.

Hannah Arendt, *Über das Böse*

Auschwitz bleibt uns anvertraut. Es gehört uns, so, wie uns die übrige eigene Geschichte gehört. Mit ihr in Frieden zu leben, ist eine Illusion; denn die Herausforderungen und die Heimsuchungen nehmen kein Ende.

Siegfried Lenz, *Rede zur Verleihung des Friedenspreises des Deutschen Buchhandels, 9.* Oktober 1988

INHALT

1

ANKUNFT IM GELOBTEN LAND

Kampfflugzeuge stürzen sich aus dem Himmel über Jaffa und feuern aus ihren Bordkanonen. Ihr Ziel: ein Passagierschiff, das gerade dabei ist, den Hafen anzulaufen, den schützenden, wie die Menschen an Bord – es sind viele hundert – gehofft hatten. Doch welch ein Irrtum! Immer wieder kehren die Flugzeuge zurück, schießen und werfen Bomben ab. Fontänen steigen auf, wenn sie im Hafenbecken neben dem Schiff explodieren. Wie durch ein Wunder wird niemand verletzt. Ägyptische Kampfflugzeuge sind es, die sich wie wütende Hornissen auf diesen Dampfer stürzen, aus Frankreich kommt er und ist voll besetzt mit Überlebenden deutscher Konzentrationslager. Es ist der 15. Mai 1948, sechs Uhr morgens, der zweite Tag des neuen Staates Israel ist angebrochen. Unter den Passagieren – Judith Rosenzweig, die Theresienstadt, Auschwitz und Bergen-Belsen überstanden hat, dazwischen einen Todesmarsch. Gerade mal fünfzehn Jahre alt ist sie in diesem Frühjahr und hat bis dahin schon mehr mitgemacht als die meisten Menschen in ihrem ganzen Leben. Erst Jahrzehnte später lerne ich sie bei einem ihrer Besuche in Deutschland kennen, wo sie vor Schülern über ihre Zeit in Konzentrationslagern berichtet.

»So bin ich in Israel empfangen worden«, sagt sie, es klingt wie eine Beschwerde, und sie erzählt es, noch ehe ich fragen kann. »Es war wieder einmal Krieg. Auf mich wurde geschossen. Ich wusste nicht, ob ich das überleben werde. Aber ich hatte ja alles andere auch überlebt. Warum nicht auch das?« In ihrer Stimme schwingt Ärger mit, als wollte sie mir sagen: Die Welt hasst uns Juden, nirgends sind wir sicher, noch nicht einmal in unserem eigenen Land.

Nur wenige Minuten dauert der Luftangriff, dann drehen die Kampfflugzeuge ab in Richtung Süden. Wegen des zu niedrigen Wasserstands im Hafen kann der Passagierdampfer nicht an einer Mole anlegen. Mit einem Boot müssen die Passagiere an Land gebracht werden. Dort warten israelische Soldaten, die am Tag zuvor die Stadt besetzt haben.

Jaffa damals – eine arabische Stadt mit Fischern, Bauern und Handwerkern, der Hafen der älteste und einer der wichtigsten überhaupt auf dieser Seite des Mittelmeers. Berühmt war es schon viel früher für seine Orangenplantagen. Ob die palästinensischen Bewohner damals den ägyptischen Luftangriffen zugejubelt haben, ist nicht überliefert, aber nicht ausgeschlossen. Jedenfalls beobachten sie schon seit Jahren voller Sorge die Ankunft von immer mehr Einwanderern aus Europa: Was wollen diese Fremden hier? Was wird aus uns? Wollen die unser Land, unsere Arbeit?

Weit über die Hälfte der gut hunderttausend Einwohner Jaffas waren damals Araber, muslimische mehrheitlich, aber auch griechisch-orthodoxe Christen. Die meisten hatten allerdings schon in den ersten Monaten des Jahres 1948 ihre von zionistischen Milizen immer wieder angegriffene Stadt verlassen. Dem Ende 1947 beschlossenen Teilungsplan der UN nach sollte diese wichtige Hafenmetropole ursprünglich dem arabischen Sektor zugeschlagen werden. Doch israelische Armeeeinheiten besetzten Jaffa gleich am Tag der Unabhängigkeit. Am Ende der Kämpfe wohnten von den einst siebzigtausend Arabern gerade noch viertausend in der Stadt. Die meisten anderen waren nach Gaza geflohen oder dorthin vertrieben worden.

In Jaffa begann Judith Rosenzweigs neues Leben. »Aber der Krieg war für uns nicht zu Ende«, sie meint den Zweiten Weltkrieg und ihre Leidenszeit in Konzentrationslagern, »eigentlich ist er nie zu Ende gegangen. Ich hatte meine Eltern verloren, meinen Vater hatte ich zum letzten Mal gesehen, als er aus dem Viehwaggon in Auschwitz kletterte. Meine Mutter hat überlebt, ist aber eine Woche nach der Befreiung in einem Krankenhaus gestorben. Das schmerzt bis heute.« Tag und Nacht verfolgen sie die Erinnerungen. »Jeder kaut daran bis heute«, sagt die im tschechischen Brünn Geborene in ihrem kantigen Dialekt und fügt gleich hinzu: »Aber Hitler hat nicht gewonnen, er hat nicht erreicht, was er wollte. Es gibt uns ja noch.«

Weiter nördlich wird sie sich niederlassen, in Haifa, und als Säuglingsschwester arbeiten. »Ich wollte zum Leben verhelfen.« Sie wird heiraten, eine Familie gründen und in hohem Alter in einem Heim wohnen. Eines hat sie ihr Leben lang begleitet wie wohl alle Holocaust-Überlebenden: die Erinnerungen an Theresienstadt, Auschwitz und Bergen-Belsen. Diese Schreckensorte haben sie nie losgelassen. Nachts als quälende Albträume, tagsüber als böse Erinnerungsfetzen. Doch geredet hat sie lange nicht über diese Zeit.

Dann der Schock Anfang der neunziger Jahre. »Damals hörte ich von einem Gerücht, das behauptete, die Konzentrationslager habe es nie gegeben, da habe ich mich entschlossen zu berichten.« So beschließt sie, ihr Schweigen zu brechen und als Zeitzeugin in Deutschland den Holocaust-Leugnern entgegenzutreten. Auch dies ist eine Besonderheit der Überlebenden. Erst im Alter sind die meisten bereit, von dem in Konzentrationslagern Erlebten zu erzählen.

Judith lebt heute in einem besonderen Altenheim in Haifa. Es ist speziell für verarmte Holocaust-Überlebende eingerichtet, die sich eine teure Unterbringung und Betreuung nicht leisten können. Andere, die hier wohnen, hoffen, durch das Leben in der Gemeinschaft der Überlebenden Altersdepressionen und Vereinsamung entkommen zu können. Aktive Betreuung, Einzelzimmer für jeden, gemeinsame Speiseräume, Freizeitaktivitäten und, wenn nötig, psychologische Betreuung gehören zum Angebot. Durch einen Zeitungsbericht über das »Warm Home« und seine Bewohner war ich auf das Thema dieses Buches aufmerksam geworden: Wie sind sie empfangen worden in ihrem Gelobten Land? Waren sie tatsächlich willkommen?

Judith war die Erste, die ich traf, nicht in Haifa, sondern ganz in der Nähe von Stuttgart. Schulklassen hatten sie eingeladen, damit sie über ihr Leben in Konzentrationslagern berichtet. »Warum willst du meine Geschichte wissen?«, fragte sie mich bei unserer Begegnung. Es klang fast etwas unwirsch, als wollte ich mich unerlaubt in ihre privaten Angelegenheiten einmischen. »Weil ich es für wichtig halte, solche Erlebnisse festzuhalten für die Nachwelt, für die, die heute so jung sind, dass sie zur Nazizeit keinen inneren Bezug mehr haben«, antwortete ich ihr und habe so ein bisschen – zumindest bilde ich es mir ein – ihr Misstrauen gegenüber dem deutschen Journalisten abgebaut.

In dem Heim für Holocaust-Überlebende in Haifa, in dem Judith vor ein paar Jahren eine neue, wahrscheinlich ihre letzte Heimat gefunden hat, wohnen noch um die hundert andere Männer und Frauen, die es geschafft haben, Konzentrationslager zu überleben. Zwischen Ende achtzig und Mitte neunzig sind sie, haben also nicht mehr viel Zeit, ihre Geschichten zu erzählen, Geschichten von Angst, von Hunger, von Demütigung und Terror, von Leid und Tod, aber auch von Freundschaft in jener dunklen Zeit. Nach Ende des KZ-Terrors hatten die meisten Überlebenden in dem gerade erst im Aufbau befindlichen jüdischen Staat ihre neue Heimat gesucht. Wenigstens ein paar von ihnen zu treffen, ihre Geschichten für dieses Buch aufzuschreiben, hatte ich mir vorgenommen. Den Alten von Haifa habe ich ein eigenes Kapitel gewidmet.

Rund hundertneunzigtausend Opfer der Nazibarbarei wie Judith Rosenzweig leben heute noch in Israel, und – es ist ein Skandal – fast jeder Vierte von ihnen fristet sein Dasein unterhalb oder am Rande der Armutsgrenze. Das hat die Wohlfahrtsstiftung für Holocaust-Überlebende in Tel Aviv 2015 errechnet. Immer mehr können sich laut dieser Umfrage aus Geldnot keine regelmäßigen Mahlzeiten leisten oder müssen bei Medikamenten sparen. Rund zwölftausend Überlebende heizen im Winter ihre Wohnungen nicht, weil sie kein Geld für Brennmaterial haben, obwohl Winter in diesem Land mit dem angeblich ewigen Sonnenschein bitterkalt sein können. Die meisten der Verarmten sind Frauen. Ihr Altersdurchschnitt, so hat die Stiftung errechnet, liegt bei etwas über dreiundachtzig Jahren. Jeden Tag, auch das eine Zahl der Stiftung aus dem Jahr 2015, sterben ungefähr vierzig Überlebende. Es lässt sich also ausrechnen, wann der letzte Zeitzeuge mit all seinem Erlebten beerdigt ist und damit die Konzentrationslager, die Novemberpogrome 1938, der Terror gegen die Juden zu immer ferneren historischen Ereignissen werden.

Bis zum Ausbruch des Zweiten Weltkriegs waren rund sechzigtausend Deutsche jüdischen Glaubens in das britische Mandatsgebiet Palästina geflohen. Darunter erfolgreiche Ärzte aus Berlin, Rechtsanwälte aus Hamburg, Professoren aus München, Akademiker also, die alles andere waren als kühne Pioniere auf der Suche nach einem Neuanfang, die auch selten aus Begeisterung für den erwachenden Zionismus ihre Heimat verlassen hatten, sondern aus nackter Überlebensnot. Kein Wunder, dass viele dieser Flüchtlinge es besonders schwer hatten, Fuß zu fassen in der neuen Heimat im Orient. Die Hitze, knapper Wohnraum, Berufe, die sie nicht ausüben durften oder die nicht gebraucht wurden, die neue Sprache, all das machte ihnen das Leben schwer. Unter diesen Flüchtlingen waren auch viele Jugendliche, die sich ohne ihre Eltern nach Palästina hatten durchschlagen müssen. Unbegleitete minderjährige Flüchtlinge würde man sie heute nennen.

Herbert Bettelheim aus Wien war so einer. Kennengelernt hatte ich ihn in einem anderen Altenheim, vermittelt von Micha Limor, einem ehemaligen TV-Journalisten, der mich bei der Arbeit an diesem Buch beraten und Kontakte hergestellt hat. Doppeltes Glück im Unglück hatte Bettelheim nach seiner Flucht aus Nazi-

Österreich. Sein Bruder erwartete ihn, als er in Haifa ankam; als begeisterter Zionist war er schon etliche Jahre früher ausgewandert. Sein zweites Glück treibt dem Fünfundneunzigjährigen heute noch Tränen in die Augen, wenn er davon erzählt: Seine Eltern schafften es noch 1940, nach Palästina auszureisen, als der Krieg also schon tobte und kaum einer im Gelobten Land noch mit Angehörigen rechnen konnte. Sie reisten illegal ein, konnten aber dennoch bleiben. Ihre Verwandten und Freunde jedoch, denen das nicht mehr gelungen war, kamen alle ums Leben.

Ein ähnliches Schicksal erlebte Tirza Hodes. Auch sie hatte sich als junges Mädchen allein auf den Weg gemacht. Aufgewachsen als Edith Rothbein in Düsseldorf, gelang der damals Siebzehnjährigen eine Rettung in letzter Minute mit Hilfe eines von zionistischen Organisationen arrangierten Auswanderungstransports aus Nazi-Deutschland nach Palästina. Am 23. August 1939 ging sie, zusammen mit achtzig anderen jüdischen Jugendlichen und ungefähr vierhundert Erwachsenen, in Triest an Bord der *Galiläa*, einem unter italienischer Flagge fahrenden Passagierschiff. Die Briten, unter deren Mandat Palästina damals stand, erlaubten dem Schiff zunächst nicht, in einem der beiden Häfen des Landes, Haifa oder Jaffa, anzulegen.

Nach einer Irrfahrt von fast vier Wochen im Mittelmeer machte das Schiff dann am 17. September 1939 endlich in Jaffa fest. Doch willkommen waren sie hier nicht. Die Briten wollten sie nicht an Land lassen. Erst nach zähen Verhandlungen zwischen der Mandatsmacht und der zuständigen Völkerbundorganisation Jewish Agency konnten die Flüchtlinge die *Galiäa* am 19. September 1939 verlassen. »Niemand war glücklich gewesen auf der langen Fahrt ins Unbekannte. Es war eine stumme Reise, weil jeder das Gefühl hatte, ich rette mich und lass die anderen zurück«, erzählt Tirza Hodes. Bei ihr waren es die Mutter und der kleine Bruder. Beide hatten es nicht mehr rechtzeitig nach Triest geschafft. Auch Flüchtlingsschiffe warten nicht. Ihren Vater hatte sie seit der Pogromnacht am 9. November 1938 nicht mehr gesehen: »Die SA hatte die Wohnung aufgebrochen, war eingedrungen und hatte alle Bücher auf die Straße geschmissen. Goethe, Schiller, Heine. Dann alle Bücher dort verbrannt und meinen Vater erst verprügelt, dann verschleppt.« Nur sie und ihr älterer Bruder konnten dem Holocaust entkommen, ihre in Deutschland gebliebene Familie, so erfuhr sie nach dem Zweiten Weltkrieg, wurde in Auschwitz und Theresienstadt ermordet.

Im Hafen dann Zionismus pur. Kibbuzniks hatten die Ankommenden schon erwartet, um sie sofort auf die neuen Siedlungen zu verteilen. Jeder Mann, jede Frau wurde für den Aufbau des Landes gebraucht. Edith Rothbein sollte auf einer Schule Landwirtschaft lernen. Säen, Ernten, Viehzucht, Bewässerung, außerdem Hebräisch. Das war das neue Lehrprogramm für die Großstadtpflanze aus Düsseldorf. Morgens studieren, nachmittags auf den Feldern arbeiten. So ging es zwei Jahre lang, dann zog sie endgültig in die Zeltstadt des Kibbuz Chazo um. Feste Häuser hatte die Genossenschaft damals noch nicht: »Es war eine sehr harte Zeit. Ich kam ja aus einer Großstadt. Dennoch war ich froh. Ich musste keinen gelben Stern tragen. Ich hatte zum ersten Mal seit langem wieder normalen Umgang mit Menschen.« Und sie hatte keine Angst mehr, auf der Straße als »dreckige Jüdin« beschimpft zu werden. Damals wurde aus Edith Tirza. Sie legte sich diesen hebräischen Namen zu als endgültigen Abschied von ihrer deutschen Vergangenheit. »Tirza« bedeutet so viel wie »Anmut« oder »Lieblichkeit« und geht zurück auf den Namen einer besonders mutigen Frau aus dem Alten Testament.

Fest stand damals für sie: nie wieder Deutschland. »Ich hatte Angst, es könnte mir jemand ›Du Judensau‹ hinterherrufen wie schon so oft nach 1933. Ich war misstrauisch.«

Erst in den siebziger Jahren ließ sie sich vom israelischen Außenministerium überreden, als Zeitzeugin in die Bundesrepublik zu reisen. Heute kommt sie regelmäßig. »Ich habe aber immer den Kontakt mit Gleichaltrigen vermieden; ich wusste ja nicht, was die gemacht haben.« Erhalten hat sich ihre Angst vor Deutschen in Uniform. Selbst heute noch bekommt sie Herzklopfen, wenn sie die Zollkontrolle auf einem deutschen Flughafen passiert. »Ich weiß, dass sie anders sind, aber das Gefühl ist geblieben.« Geld aus einem der Wiedergutmachungstöpfe hat sie nie angenommen. »Ich wäre mir schäbig vorgekommen.« Die Jugend sei besser geworden, so ihre Erfahrung. Aber selbst von den Jugendlichen, zu denen sie auch heute als Vierundneunzigjährige noch über ihr Leben spricht, hört sie gelegentlich Dummheiten mit antisemitischer Grundierung. »Ein Schüler fragte mich einmal nach meinem Vortrag, ob ich wirklich Jüdin sei. Ich sähe gar nicht so aus.« Dass solche Äußerungen sie verletzen, sollte niemanden wundern, hatte sie doch als junges Mädchen die Hetze der Nazizeitung *Der Stürmer* mit den antisemitischen Karikaturen am eigenen Leib erlebt.

Wie so viele »Jeckes« hat sie weder mit ihrem aus Polen stammenden Mann noch mit ihren Kindern über ihr Leben unter dem NS-Terror gesprochen: »Ich wollte sie nicht belasten.« Die Gemeinschaftserfahrung im Kibbuz hat entscheidend dazu beigetragen, dass für Tirza Hodes Israel tatsächlich das Gelobte Land geworden ist.

Andere Einwanderer aus Nazi-Deutschland haben sich wesentlich schwerer getan mit dem neuen Land, das es sich auch nicht gerade leicht gemacht hat mit diesen »Jeckes«, wie sie spöttisch von den »wahren« Zionisten genannt wurden, angeblich, weil sie immer korrekt gekleidet waren und selbst bei größter Hitze Jacke und Krawatte nicht ablegten. Als Neubürger im Land der zionistischen Pioniere wurden sie lange nicht wirklich ernst genommen. Viele der Jeckes lebten in Palästina mit einem »Grundgefühl kultureller Verlassenheit«, wie es der israelische Historiker und Schriftsteller Tom Segev formuliert hat, der selbst Nachkomme einer alten Berliner Familie ist.

Im November 2015 war ich für drei Wochen nach Israel gereist, um Menschen wie Herbert Bettelheim oder die Bewohner des Haifaer Heims zu besuchen, das ich bis dahin nur aus dem erwähnten Zeitungsartikel gekannt hatte. Keiner verweigerte sich dem Gespräch mit mir, alle gaben bereitwillig Auskunft und schilderten ihre Erlebnisse, ohne jemals ein Gefühl von Feindseligkeit auch nur anzudeuten, selbst dann nicht, wenn die Erinnerungen schmerzten, aber in ihren Stimmen klang immer auch sehr viel Traurigkeit mit. Die einen machten während der Mandatszeit der Briten ihre ersten Erfahrungen mit diesem Land, mussten sich gegen arabische Attacken zur Wehr setzen, stritten sich mit den alteingesessenen Zionisten, mussten nicht nur einen neuen Beruf, sondern zudem eine völlig neue Sprache lernen.

Die anderen, die Auschwitz, Bergen-Belsen oder Buchenwald wie durch ein Wunder überlebt hatten, kamen nach ihrer Befreiung 1945 völlig traumatisiert in der fernen Fremde an. Beratung, Gespräche, ärztliche Betreuung – so etwas hätten sie gebraucht, doch Zeit für langwierige Therapien gab es damals nicht, schließlich musste ein neuer Staat aufgebaut werden, und von allen Seiten drohte die Übermacht der arabischen Armeen. Statt auf die Psychiatercouch wurden sie in die Schützengräben geschickt. Kommandeure der Selbstverteidigungstreitkräfte Haganah zeigten zwar Mitgefühl mit den Überlebenden, drückten ihnen aber dennoch Gewehre in die Hände und wiesen jedem einen Flecken Erde zu, den er nun zu verteidigen hatte. Auch solche Menschen habe ich besucht. Avraham Biemka im Kibbuz Chazerim bei Beerscheba zum Beispiel und Aron Ohnhaus im Kibbuz Netzer Sereni, beide Überlebende von Auschwitz, Buchenwald und anderen Lagern.

Wie kann man weiterleben, nachdem man schon auf dem Weg zur Gaskammer war, dann aber im letzten Augenblick aus der Schlange der Todeskandidaten herausgezerrt wurde, wie es Avraham Biemka hatte erleben müssen? Was machen die Erinnerungen an den täglichen SS-Terror, an die rauchenden Schornsteine der Verbrennungsöfen, an den Gestank verbrannter Toter mit den Menschen, die diesen Horror überlebt haben? Kann man solche Bilder jemals wieder loswerden, kann man sie tatsächlich vergessen? Sind Menschen mit derart extremen Leidenserfahrungen überhaupt zu einem normalen Familienleben fähig, oder zertrümmern diese Erinnerungen jede Normalität? Wie wirkt sich das auf die eigenen Kinder aus, auf die zweite Generation, wie sie sich selbst nennen?

Auch auf diese Fragen habe ich Antworten gesucht bei den Überlebenden und ihren Nachkommen. Aron Ohnhaus zum Beispiel fand für sich und seine Frau eine einfache, aber, wie er meint, wirkungsvolle Lösung. Er, ein Überlebender von Auschwitz und Buchenwald, nahm diesen Schreckensnamen mit nach Palästina und gründete mit Freunden den Kibbuz Buchenwald.

Judith Rosenzweig aus dem »Warm Home« in Haifa und Tirza Hodes, KZ-Überlebende die eine, rechtzeitig Ausgewanderte die andere, haben in Israel ihr Gelobtes Land gesucht und am Ende auch gefunden wie alle meine Gesprächspartner, denen ich auf meiner Reise durch Israel begegnet bin. Keiner hat auch nur angedeutet, dass er bereue, nach Palästina und nicht zum Beispiel in die USA ausgewandert zu sein. Alle erzählen aber offen, wie schwer es für sie war, in diesem Gelobten Land, in Eretz Israel, tatsächlich eine neue Heimat zu finden. Nicht immer fühlten sie sich willkommen, manchmal sogar unerwünscht.

2

HAKENKREUZ UND DAVIDSTERN

Ein Meer von Hakenkreuzfahnen empfing ihn, fast jedes Haus hatte eine dieser Nazifahnen gehisst oder ins Fenster gehängt. »Ich sah nichts als Hakenkreuze, ich dachte: Wo bin ich denn da gelandet?« Herbert Bettelheim war erst vor wenigen Stunden im Hafen von Haifa angekommen. Mit der *Marco Polo*, einem italienischen Linienschiff, das vor zehn Tagen mit hunderten jüdischen Jugendlichen aus Deutschland und Österreich in Triest abgelegt hatte, alle auf der Flucht vor den Nazis. Am 23. Februar 1939 hatte der Achtzehnjährige Wien verlassen, um sich über die italienische Hafenstadt Triest nach Palästina einzuschiffen, wo er am 3. März ankam.

Dieser Herbert Bettelheim – ein hochbegabter Musikstudent, der von seiner neuen Heimat nicht viel mehr weiß, als dass dort Musiker nicht zu den Berufsgruppen zählen, die in der nächsten Zeit gebraucht würden. Und jetzt auch noch dieser Anblick. Das kalte Entsetzen packte ihn. Hakenkreuzfahnen, so weit das Auge reicht, genauso wie er sie in Wien nach dem Einmarsch der Nazis ein Jahr zuvor, im März 1938, erlebt hatte. Damals hatte er beschlossen, Österreich zu verlassen. Schließlich hatte er mitansehen müssen, wie die Nazis Juden zwangen, den Bürgersteig mit einer Zahnbürste zu säubern. »Unser Bus musste einen Umweg durch die Deutsche Kolonie fahren. Auf einem arabischen Markt war eine Bombe explodiert, vermutlich von jüdischen Extremisten gelegt. Deswegen hatten die Engländer über weite

Teile der Stadt eine Ausgangssperre verhängt, deswegen mussten wir durch diesen Stadtteil auf den Karmelberg fahren«, erklärt er. Mitten durch das Meer roter Fahnen mit dem schwarzen Hakenkreuz auf weißem Grund, mitten durch das Wohngebiet deutscher Nazis in Nahost. »Mir haben diese Nazis mehr Angst eingeflößt als die Vorstellung, dass hier Bomben explodieren.«

Den Stadtteil mit dem Namen Deutsche Kolonie gibt es heute noch, auch wenn keine deutschen Templer mehr in den renovierten Häusern wohnen. Fast alle waren nach Ausbruch des Zweiten Weltkrieges von den Briten als feindliche Ausländer nach Australien deportiert worden. Die German Colony heute: Aus dem Viertel der Frömmler ist ein Viertel des Frohsinns geworden, das Vergnügungsviertel, die Ausgehmeile der Stadt – Fastfood-Ketten, italienische Restaurants, Bars, Cafés, Spielhallen. Wer Nachtleben im nicht eben hippen Haifa sucht, findet es hier. Lebten die Templer noch, hätten sie sicherlich versucht, diesen Teufel auszutreiben.

Mit ihrer Deportation war ein fromm gemeintes Experiment zu Ende gegangen, das gerade mal siebzig Jahre gedauert hatte. 1868 hatten einige hundert protestantische Bauern aus dem Königreich Württemberg Hof und Vieh verkauft und sich über Genua auf den Weg nach Palästina gemacht. Dort, im Heiligen Land, wollten sie sich ansiedeln und dem Ursprung des Christentums und ihrem Gott nicht nur ein bisschen näher sein. Diese schwäbischen Glaubensbrüder und -schwestern hatten nichts Geringeres vor als »die Errichtung des Reichs Gottes auf Erden in Jerusalem«. Beten und arbeiten, fromm sein und tugendhaft, also ein gottgefälliges Leben führen. Mehr wollten sie nicht. Siedlungen gegründet hatten sie in kurzer Zeit in Haifa, Jerusalem und Tel Aviv. Sie gehörten der einige Jahrzehnte zuvor geschaffenen Tempelgesellschaft an, einer pietistisch ausgerichteten Gemeinschaft strenggläubiger Protestanten. Haifa war einer ihrer wichtigsten Stützpunkte. Landwirtschaftliche Betriebe gründeten sie, Weinkellereien, später auch Zement- und Maschinenfabriken.

Wirtschaftlich waren diese Pietisten sehr erfolgreich. Außerdem richteten sie Sportplätze, Bierhallen und Kinos ein. Alles nach dem streng protestantischen Ethos: Wer im Diesseits erfolgreich ist, der findet Gnade im Jenseits. Erfolgreich konnten sie im Diesseits allerdings nur sein, weil sie ziemlich skrupellos die billigen arabischen Arbeitskräfte ausbeuteten, in ihren Augen »faule Orientalen«, auf die sie mit großer Überheblichkeit herabblickten. Die rund zweieinhalbtausend Templer schotteten sich vor den Juden und Briten weitestgehend ab, vor den Arabern ohnehin.

War vor 1933 die Beziehung zu jüdischen Neueinwanderern im Großen und Ganzen entspannt gewesen – gelegentlich halfen sich Templer und Kibbuzniks sogar in der Landwirtschaft –, änderte sich alles nach der Machtergreifung Hitlers. Jetzt wurden die Frommen zu Frömmlern, die begeistert dem »Führer« zujubelten, so wie sie früher den Kaiser gefeiert hatten, als dieser Palästina bereist hatte. Der Anteil der Mitglieder in der NSDAP unter den Templern war dreimal so hoch wie im Reichsdurchschnitt. Kurz vor Ausbruch des Zweiten Weltkrieges hatte sich in jeder Siedlung dieser Palästinadeutschen eine Ortsgruppe der NSDAP gebildet, also auch in Haifas Deutscher Kolonie.

Wurden dort Templer krank, riefen sie zum Beispiel den aus Berlin stammende jüdischen Arzt Dr. Bruno Baruch Ostrowski, der, schon vor 1933 nach Palästina ausgewandert, damals in der Poliklinik der Stadt Haifa arbeitete. In seinen 1965 aufgezeichneten, bislang noch nicht veröffentlichten Lebenserinnerungen beschreibt er seinen Kontakt zu den Deutschen so: »Ich selber hatte zu einigen Familien als Arzt einen gewissen Kontakt, der sich vor Hitler auf allgemeine Höflichkeiten beschränkte, der aber auch unter Hitler bis 1939 mehr oder weniger lose erhalten blieb, jedenfalls solang ich als Arzt in den Familien erschien. Charakteristisch war hier, dass man, wenn ich kam, die Hitlerbilder von den Wänden wegnahm.« Das war sicher von diesen Templern als freundliche Geste gegenüber Dr. Ostrowski gemeint, aber doch wohl nur, weil er als Arzt gebraucht wurde. Nichtjüdische

Ärzte, die auch noch deutsch sprechen konnten, gab es damals so gut wie keine in der Stadt.

Warum bei seiner Ankunft am 3. März die Templer geflaggt hatten, weiß Bettelheim heute nicht mehr genau. »Vielleicht wegen einer Volkszählung. Ich erinnere mich, dass im Hafen von Haifa ein deutsches Kriegsschiff lag. Vielleicht war es auch deswegen.« Am 20. April begingen die Templer jedenfalls regelmäßig Führers Geburtstag, selbstverständlich war auch dann immer geflaggt. Selbst 1945 noch hatten die von den Briten nach Australien deportierten Templer diesen Tag gefeiert.

»Ein schöner Empfang war das«, erzählt der alte Herr heute mit einem kräftigen Schuss Sarkasmus in seiner immer noch leicht wienerischen Mundart. »Ich glaubte, ich sei Hitler entronnen, aber der war schon da, als ich gerade ankam. Wie Hase und Igel.« Kontakt zu diesen pietistischen Hitlerfans hat er nie gesucht. »Für die waren Juden ja keine Menschen.« Außerdem verschwanden sie bald, deportiert von den Engländern.

Mit dieser Spießrutenfahrt durch das Haifaer Naziviertel begann also das zweite Leben des Herbert Bettelheim. Heute, sechsundsiebzig Jahre später, treffe ich ihn in einem komfortablen Apartment eines Seniorenheims auf dem Karmelberg. Ein freundlicher Herr von vierundneunzig Jahren in Jackett und Krawatte, umgeben von Erinnerungsstücken: Fotografien, Nippes. Auf einen Rollator muss er sich stützen, wenn er sich bewegt, ist aber bei klarem Verstand und bestem Gedächtnis.

Sein Leben in Israel – eine kurvenreiche Karriere mit Hindernissen und Stolpersteinen, wie sie typisch ist für einen von den Nazis nach Palästina Vertriebenen. Aber, das kann er sich zugutehalten, er ist nie aus der Kurve geflogen. Am Technion, der technischen Hochschule in Haifa, hat er ein Studium absolviert, ohne einen Abschluss zu machen, und im Hafen von Haifa Schiffe entladen – »eine Knochenarbeit war das«. Er hat Autos repariert, die dann tatsächlich fuhren, als Elektroschweißer ohne Schweißerkenntnisse gearbeitet, den Wagenpark der britischen

Armee verwaltet, später im Untergrund gegen Engländer gekämpft, mit einem Gewehr Wache gestanden, ohne schießen zu müssen, er war mit Arabern befreundet zu einer Zeit, als seine Nachbarn in ihnen eher Feinde sahen, und am Ende hat er auch noch Bildungseinrichtungen gegründet, die zur deutsch-israelischen Verständigung beitrugen. Nur für eines hatte er selten Zeit: für seine Musik.

Herbert Bettelheim – ein Mann, dem Hitler die Karriere als Wiener Wunderkind zerstört hat, der aber alles andere als verbittert auf sein Leben zurückblickt. Hatten ihm einst seine Lehrer am Wiener Konservatorium eine große Zukunft als Violinist vorausgesagt, war damit aber schlagartig Schluss, als Hitlers Wehrmacht im März 1938 Österreich besetzte. Juden durften von einem Tag auf den anderen nicht mehr zur Schule gehen. Das staatliche Konservatorium schmiss seinen begabten Schüler sofort raus. Die meisten nichtjüdischen Kommilitonen wandten sich abrupt von ihm ab. »Menschen, von denen man glaubte, sie seien Freunde, redeten plötzlich nicht mehr mit einem. Wir hatten keine Zukunft im Land.« Nur ein einziger seiner Lehrer verabschiedete sich von ihm persönlich mit großem Bedauern und Händedruck. Dass es aber in Palästina keinen Bedarf an Musikern gab, wusste er von seinem schon früher ausgewanderten Bruder. »Techniker und Ingenieure brauchen wir. Keine Musikanten. Und für ein Ingenieurstudium kannst Du hier einreisen«, riet er ihm in einem Brief.

Also schrieb sich Herbert nach seiner Ankunft im Technion ein, obwohl er kein Wort Hebräisch sprach. »Aber das konnten die Lehrer auch nicht. Die waren ja selbst gerade eingewandert. Ich hatte einen wunderbaren Lehrer, der so gut erklärte, dass ich es sogar verstand. Er begann eine Vorlesung mit ein paar hebräischen Sätzen, die er vorher in lateinischen Buchstaben auf einen größeren Zettel geschrieben hatte, die las er vor. Dann rief er einen Schüler auf und fragte ihn: ›Woher kommst du?‹ Kam er aus Frankreich, dann sprach er französisch mit ihm, aus der

Tschechei, dann tschechisch, aus England – eben englisch. Er konnte sechs Sprachen, nur kein Hebräisch. Ich habe es auch erst mit der Zeit gelernt.«

Viele deutsche Einwanderer lernten die neue Sprache nur langsam, wenn überhaupt. Besonders die Älteren taten sich schwer. Der Kampf ums Heilige Land war auch ein Sprachenstreit zwischen Neueinwanderern und Alteingesessenen. Die Altzionisten, die vor dem Ersten Weltkrieg oder in den zwanziger Jahren angekommen waren, stammten größtenteils aus Osteuropa und sprachen jiddisch, ehe sie Hebräisch lernten. Für sie war es eine Frage der zionistischen Ehre, sich möglichst rasch diese neue Sprache anzueignen und gleichzeitig auch noch einen Kibbuz aufzubauen. Beides war Teil ihrer neuen Identität als Siedler im, wie sie meinten, eigenen Land, in Eretz Israel. Hinter sich gelassen hatten sie Demütigungen, Pogrome und ein Leben in Armut, also nichts, dem nachzutrauern sich lohnte.

Nicht so bei den von den Nazis Vertriebenen. Ein bisschen zionistisch waren sie zwar fast alle. Das gehörte damals zum guten Ton. »Bei uns stand die weißblaue Sammelbüchse auf dem Tisch«, erzählt Bettelheim. »Zu mehr waren wir vor der Vertreibung nicht bereit. Mein Bruder vielleicht, aber mein Vater und meine Mutter oder ich nicht. Ich hatte meine Musik im Kopf.« Diese Palästina-Einwanderer brachten aber nicht nur ihren Hausrat und ihre Bibliotheken mit, zumindest anfangs, genauso schleppten sie die Erinnerung an die verlorene Heimat ein, an Wohlstand, an hochangesehene Berufe wie Professoren, Ärzte oder Rechtsanwälte, schließlich noch die Erinnerung an ihren gesamten Bildungskanon. Fast alle hatten ein respektiertes Leben geführt, zumindest bis 1933, hatten zwar gelegentlich auch Antisemitismus zu spüren bekommen, aber man konnte sich ja jetzt wehren, wenn man wollte. Denn sie waren endlich gleichberechtigte Bürger der Weimarer Republik oder Österreichs, hatten die gleichen Rechte und den gleichen Schutz wie die nichtjüdischen Bürger. Zum ersten Mal in ihrer Geschichte. Sie waren Soldaten im Ersten Weltkrieg gewesen, nicht wenige hatten Tapferkeitsorden bekommen, sogar noch, als die Nazis schon an den Schalthebeln saßen. Daher war es fast selbstverständlich für diese durch die Machtübernahme Hitlers aus ihrem bürgerlichen Leben Geworfenen, sich erst einmal möglichst viel von dieser Vergangenheit zu bewahren, dazu gehörte in erster Linie die Sprache. Sich deutsch zu unterhalten war in den Jahren des Neubeginns auch ein Akt der Selbstbehauptung und Selbstvergewisserung. Das galt nicht nur für die deutsch-jüdischen Gemeinden in Haifa, sondern für fast alle Gemeinden in Palästina, in denen die deutschstämmigen Einwanderer die Mehrheit bildeten.

Na'am Sheffi, Dozentin für Kommunikation am Sapir Academic College in Israel, hat intensiv über das Leben der Einwanderer aus Deutschland und Österreich geforscht. Sie kommt in dem Sammelband *Zweimal Heimat – Die Jeckes zwischen Mitteleuropa und Nahost* zu dem Fazit: »Als die deutschsprachigen Einwanderer nach Palästina kamen, beweinten sie nicht nur ihre dortige Fremdheit, sondern auch ihre gewaltsame Vertreibung aus ihrer hochgeschätzten kulturellen Umgebung. In Wirklichkeit beweinten sie die Kultur eines Landes, das aufgehört hatte zu bestehen.«

In Tel Aviv zum Beispiel schlossen sich deutsche Emigranten zu einem Kabarett zusammen und schrieben sich ihren Frust von der Emigrantenseele. Der wichtigste Autor war zweifellos Gerhard Jacobsohn, der vor seiner Emigration als Aktivist der zionistischen Jugendbewegung in Berlin mit selbst verfassten Texten und Couplets auf sich aufmerksam gemacht hatte. Zusammen mit dem Juristen und Schriftsteller Alexander Besser schrieb er eine ansehnliche Revue ganz im Stil der Berliner Kleinkunstbühnen aus den zwanziger Jahren. Der Titel des Stücks: *Einordnung und frühes Leid – die Revue der Jeckes im Jischuw*, offenbar gemeint als eine Anspielung auf die Thomas-Mann-Novelle *Unordnung und frühes Leid*. Einordnen sollten sich die Neuemigranten in das von den Altzionisten dominierte Palästina, was eben den Professoren, Rechtsanwälten und Kommerzienräten aus Deutschland und Österreich nicht ohne »frühes Leid« nur allmählich gelang. Dreimal wurde die Revue aufgeführt. Das erste Mal als eine Art Testlauf am 27. Oktober 1940 im Haus von Alexander Besser, dann am 6. Dezember 1940 im Haus Jacobi und ein letztes Mal am 14. März 1941.

In einem der ersten Lieder bringen die Autoren das Elend der Einwanderer aus Deutschland auf den Punkt:

Ich kam aus Deutschland in dies Land,
das ich so gänzlich anders fand,
als es die Rundschau schrieb,
als es die Rundschau schrieb.

Ich bin den Menschen hier so fremd
und fühl mich meinerseits gehemmt,
denn keiner hat mich lieb,
weil ich ein Jecke blieb.

Ein anderes Lied thematisiert den Konflikt zwischen den deutschstämmigen Einwanderern und den Zionisten mit osteuropäischem Hintergrund:

Zum Beispiel: Wie behandelt man uns Jecken
Man pfeift auf uns, das weiß doch jedes Kind
Ja sollen wir uns am Ende scheu verstecken,
weil wir aus Köln und nicht aus Kiew sind!

Diese Revue, eine Mischung aus Selbstironie, trauriger Bitterkeit und trotzigem Lebensmut, endet mit dem Lied »Der positive Schluss«:

Es ist nicht alles schön und gut,
doch auch nicht alles schlecht,

Kritik liegt uns nun mal im Blut,
Doch seien wir gerecht.
...

Und doch – wo möchtest Du sonst sein?
In London – in Shanghai,
In Bukarest – in Köln am Rhein,
in Prag – in Uruguay?

Der Rechtsanwalt und Journalist Alexander Besser, selbst 1938 nach Palästina zwangsausgewandert und nach dem Krieg wieder in die Bundesrepublik zurückgekehrt, schrieb über diese vergessene Revue, an deren Entstehung er beteiligt war, im September 1977 in der *Frankfurter Allgemeinen Zeitung*: »Es ist nicht das Schlechteste, wenn jemand nach der Vertreibung und der Heimkehr ins Unbekannte sich über sich selbst noch lustig machen kann.«

Für den Emigranten aus Wien, Herbert Bettelheim, war dieser Kulturstreit kein großes Thema: »In der Autobusgesellschaft, für die ich gearbeitet hatte, waren achtzig Prozent der Fahrer deutsch. In der Autowerkstatt haben ich, ein sephardischer Jude und ein Araber gearbeitet. Unsere gemeinsame Sprache war Deutsch«, berichtet er über seine Zeit als Automechaniker. Deutsch war also fast so etwas wie die heimliche zweite Landessprache. Hebräisch-Kurse waren teuer und oft schlecht. Ältere Einwanderer taten sich ohnehin schwer mit der neuen Fremdsprache. Außerdem galt Deutsch schließlich als die Sprache von Goethe und Schiller, damit anderen Sprachen weit überlegen, so dachten zumindest viele der aus Deutschland eingewanderten Bildungsbürger. Nicht wenige hatten nicht nur ihre Bibliotheken mit einigen Metern Klassikern mitgebracht, sondern auch etliche Portionen Kulturdünkel. Sehr zum Ärger alteingesessener Zionisten, die in ihren Kibbuzim kein Privateigentum kannten, stattdessen mühevoll und entbehrungsreich Orangen anpflanzten, Oliven ernteten, Hühner züchteten und sich außerdem noch

Scharmützel mit Arabern liefern mussten, kurz sich als die wahren Pioniere verstanden, die das Land aufbauten. Ohnehin sahen sie in den vor den Nazis Geflüchteten keine wirklich verlässlichen Zionisten. »Kommst du aus Überzeugung oder aus Deutschland?« – ein typischer Witz damals.

Noch einmal Na'am Sheffi in ihrem Aufsatz für den Sammelband *Zweimal Heimat – Die Jeckes zwischen Mitteleuropa und Nahost*: »Aber schon bevor ihre Sprachschwierigkeiten deutlich wurden, reagierten die länger ansässigen Einwanderer mit Ablehnung, mit scharfer Kritik, in der ein Gefühl der Überlegenheit anklang. Möglicherweise konnten sie, auf einem für alle fremden Territorium, in dem die osteuropäischen Einwanderer aufgrund ihrer früheren Ankunft einen Vorteil besaßen, ihre Rechnung mit dem Judentum Deutschlands begleichen. Auf dem alten Kontinent waren es die deutschen Juden gewesen, die ihre ›fremden Brüder‹ aus dem Osten zurückgewiesen hatten.«

Späte Rache also des einfachen Mannes aus einem osteuropäischen Schtetl an dem hochnäsigen Akademiker aus Berlin, Frankfurt oder Hamburg? Vielleicht verspürte der eine oder andere der Alteingesessenen tatsächlich solche Missgunst in seinem Inneren und wollte den Neuankömmlingen einen Denkzettel verpassen, wenn er sie beim Deutschsprechen erwischte: »Sprich hebräisch, nicht deutsch. Wir sind in Eretz Israel, nicht in Nazi-Deutschland.« Mit solchen massiven Drohungen, mit Anfeindungen, gelegentlich sogar mit den Fäusten wird dieser Sprachenstreit ausgetragen. Ab 1942 gerät der Kommunikationskonflikt zwischen Altzionisten aus Osteuropa und den Neueingewanderten aus Mitteleuropa immer mehr zum Kulturkampf, Handgreiflichkeiten eingeschlossen. In der von dem Schriftsteller Arnold Zweig mitgegründeten deutschsprachigen Wochenzeitschrift *Orient* überschreibt der Fotograf und Journalist Walter Zadek seine Polemik gegen die Sprachfanatiker mit der Schlagzeile: »Sprich hebräisch – oder stirb«. Bis zu ihrer erzwungenen Einstellung schon ein Jahr nach ihrer Gründung wird diese weit links stehende Kulturzeitschrift in fast jeder Ausgabe mit spitzer Feder gegen die nationalistischen Zionisten polemisieren. Daher ist es kein Wunder, dass diese heftig, gelegentlich mit sehr grobem Keil antworteten, nicht selten sogar mit den Fäusten. Als die Zusammenstöße sich häufen, sieht sich das zweisprachige *Mitteilungsblatt* der Vereinigung der Einwanderer aus Deutschland und Österreich zu einem Aufruf genötigt. Am 12. Juli 1940 mahnt dieses alle vierzehn Tage erscheinende Informationsblatt unter der Überschrift: »Der Gebrauch der deutschen Sprache in der Öffentlichkeit« in schönstem Amtsdeutsch:

»Es wurde in diesen Blättern schon verschiedentlich darauf hingewiesen, dass es in diesen Tagen ein selbstverständliches Gebot des Taktes ist, sich im Gebrauch der deutschen Sprache in der Öffentlichkeit die größtmögliche Zurückhaltung aufzuerlegen ... Das von verschiedenen Seiten hervorgebrachte Material zeigt deutlich, dass es ein dringendes Bedürfnis ist, die breite Öffentlichkeit der Einwanderer aus Deutschland in dieser Frage aufzuklären. Es muss aller Einfluss geltend gemacht werden, um diejenigen, die keine andere Sprache als Deutsch beherrschen, dazu zu bringen, heute in der Öffentlichkeit, d.h. überall außerhalb ihrer Wohnung, sei es auf der Straße, in Autobussen, in Geschäften, auf Versammlungen usw, wo sie mit anderen Bevölkerungsteilen zusammentreffen, zu vermeiden, durch lautes Deutschreden Anstoß zu erregen.«

Die Redakteure des *Mitteilungsblatts* verstanden sich auch als Mittler zwischen der Gemeinschaft der alteingesessenen Zionisten, dem sogenannten Jischuw, und den Neueinwanderern; auch wenn diese Aufgabe manchem wie eine Sisyphusarbeit vorgekommen sein mag. Über dieses Brückenbauen schrieb in der Aprilausgabe des *Mitteilungsblatts* 1940 der in Tel Aviv lebende Journalist Dr. Erich Kraemer schon fast verzweifelt: »Es war, als wenn sich zwei Brüder zum ersten Mal träfen, von denen die Launen des Schicksals den einen in Oxford, den anderen in Neapel erziehen lassen. Sie wussten, dass sie Brüder waren, als aber die Herzlichkeit nach der ersten Begrüßung vorüber war, sahen sie mit Befremden, dass die Macht der Umgebung aus ihnen, den Sprossen des gleichen Stamms, zwei grundsätzlich verschiedene Persönlichkeiten gemacht hatte.« Die Oxford-geschulte Persönlichkeit steht für die aus Mitteleuropa Eingewanderten: bürgerliche Intellektuelle, selbständige Kaufleute oder höhere Angestellte, das seien, so Kraemer, die gemeinsamen Merkmale dieser Emigranten aus Deutschland und Österreich. »Kaum einer kam aus dem Proletariat. Wirtschaftliche Unsicherheit war selten. Not fast unbekannt.« Zu ihrer Religion hätten diese Westeuropäer ein eher distanziertes Verhältnis, viel wichtiger sei für sie gewesen, sich an die nichtjüdische Mehrheit zu assimilieren.

Ganz anders die Persönlichkeit des anderen, des in Neapel aufgewachsenen Bruders. Der verkörpert den sogenannten Jischuw, also die große, später auch organisierte Gemeinschaft der schon früh aus Osteuropa nach Palästina eingewanderten Juden, die sich als die zionistische Avantgarde verstehen, als die Vorkämpfer in Palästina. Sie stellen die Mehrheit der Zionisten in Palästina. Ihr Judentum sei bei den meisten lebensnah und weitestgehend orthodox. Sie seien geprägt von ihrer Herkunft aus Osteuropa. Entscheidend für den Streit zwischen dem Jischuw und den Neueinwanderern war aber laut dem israelischen Historiker Tom Segev: »Der Jischuw war von einem tiefen, fast mystischen Glauben an seine Überlegenheit durchdrungen; er fand sein Symbol in einem zähen Kaktus, dessen Frucht außen stachlig und innen süß ist – die Sabra bzw. Kakteenfeige.«

Das also war die Gefechtslinie zwischen dem Jischuw und den Neueinwanderern in den dreißiger und vierziger Jahren, die Erich Kraemer mit seiner Geschichte von den beiden Brüdern markiert. Der Oxford-Bruder und der aus Neapel waren sehr gegensätzlich und standen sich zwar misstrauisch, am Ende aber nicht unversöhnlich gegenüber, wie sich auch aus der Lebensgeschichte dieses Autors ablesen lässt. Erich Kraemer hatte bis 1933 unter anderem als Auslandskorrespondent des Ullstein

Verlags aus Rom berichtet, war also ein Jecke, wie er im Buche steht, ein gebildeter, bürgerlicher Intellektueller aus Berlin mit mitteleuropäisch geprägten Werten. Nach dem Zweiten Weltkrieg schrieb er als Moshe Karen mehrere Jahre Leitartikel in der Tageszeitung *Haaretz*, bis er Karriere im israelischen Außenministerium machte. Er hatte also Erfolg auch in der von den alteingesessenen Zionisten dominierten Politik.

Anstoß erregen durch Deutschsprechen. Das gehörte noch lange zum Alltag vieler Einwanderer aus Deutschland und Österreich. Immer wieder berichtet das *Mitteilungsblatt* über Handgreiflichkeiten, zunächst empört, dann immer nachsichtiger, schließlich sollten sich die deutschstämmigen Einwanderer assimilieren in einem Land, das über eine gemeinsame Sprache eine gemeinsame Identität zu entwickeln versuchte. Auch die von dem deutschen Einwanderer Salman Schocken 1937 aufgekaufte liberale Tageszeitung *Haaretz* macht den Sprachenstreit immer wieder zum Thema. So schreibt sie in einem Artikel, dass immer weniger Juden Deutsch als die Sprache Goethes und Schillers verstünden, sondern zunehmend als die von Goebbels und Streicher, dem Chefideologen des Antisemitismus im Dritten Reich.

Micha Limor, einst Topjournalist beim israelischen Fernsehen, heute Pensionär, der mich bei meiner Suche nach deutschen Spuren in Israel unterstützte, bestätigt, dass die erste Generation der Einwanderer selten fließend Hebräisch gelernt hatte, obwohl ihre Muttersprache durch Krieg und Verfolgung der Juden in Europa immer mehr in Verruf geraten war: »Bei einigen spielte sicherlich auch so etwas wie Trotz eine Rolle. Die Emigranten aus Deutschland haben ja eine doppelte Kränkung erfahren. Zum einen waren sie in ihrer alten Heimat plötzlich keine Staatsbürger mehr, wurden gedemütigt und aus dem Land geworfen. Und hier im damaligen Palästina galten sie zum anderen trotz ihrer hohen Bildung nichts. Im Gegenteil, sie hatten ihren Anspruch auf Führung gerade an die verloren, auf die sie früher herabgeblickt hatten, die Juden aus Osteuropa.«

Limor hat nach seinem Ausscheiden aus dem israelischen Fernsehen noch lange das *Mitteilungsblatt* betreut und zu einem gut lesbaren Hochglanzmagazin gemacht, das heute noch alle zwei Monate erscheint. Auf Hebräisch und auf Deutsch. Die einzige Zeitschrift dieser Art in Israel. Gegründet hatte sie im September 1932 die Vereinigung der Einwanderer aus Deutschland. Nach der Ernennung Hitlers zum Reichskanzler stieg die Zahl der ausreisewilligen Deutschen jüdischen Glaubens sprunghaft an und damit auch das Informationsbedürfnis der in Palästina eingereisten Emigranten. Zunächst erschien das *Mitteilungsblatt* einmal im Monat; als immer mehr deutsche Juden nach Palästina flohen und dort die Nachfrage entsprechend stieg, erschien es alle zwei Wochen. Anfangs nicht viel mehr als ein Flugblatt, später in den dreißiger Jahren dann mit mehreren Seiten. In dieser Zeit konzentrierte sich die Berichterstattung vor allem auf Tipps und Verhaltensregeln für das Leben in der neuen Welt; für viele am wichtigsten waren die kurzen Annoncen, die ein bisschen Einblick geben in das Leben und die Not der Ausgewanderten.

Sie zeigen aber auch, wie viel Deutsches sogar noch im Jahr 1940 bei den Jeckes erhalten war. So wirbt in der Ausgabe vom 3. Mai 1940 das namenlose Café-Restaurant in Ben Shemen »nahe dem Herzl-Wald« mit einem »schattigen Garten, nachmittags Kaffee, guter Küche«. Das Café Corso in der Allenby Road verspricht »täglich Stimmungsmusik«. Oder Heinrich Weiss aus der Frischmannstraße 8 in Tel Aviv verkauft sogar »Deutsche Schäferhunde, reinrassig, sieben Wochen alt«. »Eis und Eisgetränke« gibt es »nirgends besser als im Café Alaska, Jerusalem«. Rechtsanwälte hatten es besonders schwer in der neuen Umgebung, galt doch im Mandatsgebiet Palästina britisches Recht. »Dr. Hugo Kern, früher Heilbronn«, hofft auf Arbeit als »Treuhänder, Devisen- und Transferberater«. Ein Dr. Morgenstern bietet sich als Erzieher an und ist bereit, »2 bis 3 Kinder im Alter von 3 bis 14 Jahren in sorgfältiger Pflege und Erziehung aufzunehmen«. Und ein Schokoladenhersteller preist in seiner Anzeige sein Produkt den Zeitumständen angepasst an: »Verdunklung?! Auch in der Verdunklung erkennst Du am guten Geschmack – Schokolade C-D und Konfekt C-D«.

In den ersten Jahren war das *Mitteilungsblatt* also mehr ein Anzeigen- und Ratgeberblatt für die Einwanderer aus Deutschland und nach dem Einmarsch auch aus Österreich, außerdem eine Plattform für alltäglichen Informationsaustausch. Politik fand so gut wie nicht statt in dieser frühen Phase, auch nicht in Berichten über die Entwicklungen in Hitlers Deutschland.

Erst als der aus der Tschechoslowakei stammende Journalist Robert Weltsch die Chefredaktion 1939 übernahm, nahm das Blatt immer häufiger auch zu nationalen und internationalen Ereignissen Stellung. Mit ihm kamen politische Intellektuelle wie der Religionshistoriker Gershom Scholem, der Literaturkritiker Hans Tamer, gelegentlich der Publizist und Zionist Gustav Krojanker, ein erbitterter Gegenspieler des sozialistischen Schriftstellers Arnold Zweig. Zu den ständigen Autoren gehörte auch der Jurist Felix Rosenblüth, der unter seinem ins Hebräische gewandelten Namen Pinchas Rosen mehrfach Justizminister des neuen Staates werden sollte. Oder der aus München stammende Schriftsteller und Religionswissenschaftler Shalom Ben-Chorin, der sich später für den christlich-jüdischen Dialog einsetzen wird.

Chefredakteur Weltsch sorgte auch dafür, dass in dem Blatt regelmäßig »Nachrichten aus dem Nazi-Reich« erschienen, sofern diese mitten im Krieg überhaupt verfügbar waren. So berichtete es am 5. April 1940 über das besetzte Polen: »Der Nazi-Gouverneur von Polen, Dr. Frank, hat vier Nazi-Kommissaren Auszeichnungen für besondere Verdienste verliehen ... Am bekanntesten ist Eichmann, der in Berlin, Wien, Prag und zuletzt in Warschau das jüdische Referat der Gestapo leitete.« Einen Eindruck von der wahren Dimension des Holocaust konnte es nicht vermitteln, da diese erst nach Kriegsende 1945 vollständig aufgedeckt wurde.

Für all jene unter den deutschstämmigen Einwanderern, die

auf einen Ausgleich mit den Arabern setzten, war das *Mitteilungsblatt* in den vierziger Jahren ebenfalls eine wichtige Plattform.

Liest man die Anzeigen Ende der vierziger Jahre, wird deutlich, dass es den Emigranten langsam besserzugehen scheint. Es gibt kaum noch Stellengesuche, dafür aber umso mehr Werbung von Ferienhotels am Mittelmeer. Aber zwischen Anzeigen, die »echte Teppiche« anbieten oder Mittel anpreisen, die geeignet seien, wirksam »Wanzen und anderes Ungeziefer zu vernichten«, finden sich auch solche, in denen Emigranten nach Überlebenden der Konzentrationslager suchen, Annoncen mit geringer Aussicht auf Erfolg und wohl eher Ausdruck von Verzweiflung, denn es war wenig wahrscheinlich, dass Angehörigen in Deutschland das kleine *Mitteilungsblatt* in die Hände fiel.

Ab 1943 widmet sich das Magazin zunehmend dem Thema der Wiedergutmachung. Im Juli jenes Jahres hatte der Jurist Siegfried Moses diese Frage zum ersten Mal angesprochen. Unter der Überschrift »Die Wiedergutmachungsforderung der Juden« schrieb der spätere Chef des israelischen Rechnungshofes am 9. Juni 1943 im *Mitteilungsblatt*: »Zu fordern wird hiernach sein, dass Deutschland in allen Fällen zum Schadensersatz verpflichtet ist, in denen der Schade durch Maßnahmen verursacht ist, die die Gemeinschaft der Kulturvölker als unmoralisch und rechtswidrig ansieht, auch wenn sie in die Form von Recht gekleidet werden.« Warum dieser Artikel gerade 1943? Das Nazireich hatte in jenem Jahr die vernichtende Niederlage von Stalingrad hinnehmen müssen. Im Mai 1943 hatte Rommels Armee in Tunesien kapituliert. Die Alliierten landeten auf Sizilien und später in Italien. Die Niederlage Deutschlands im Krieg wurde immer offenkundiger.

Konnten die Emigranten im Jahr 1943 das Ausmaß des Holocaust vielleicht schon erahnen, so gab es nach dem 8. Mai 1945 keinen Zweifel mehr an der ungeheuerlichen Dimension des Schreckens. Wieder war es Siegfried Moses, der im Namen der deutschsprachigen Emigranten Wiedergutmachung forderte. Aber anders als später, Anfang der fünfziger Jahre, als ein Teil der israelischen Politiker jede Form der finanziellen Kompensation für den Holocaust strikt ablehnte, setzten sich damals die aus Deutschland und Österreich Eingewanderten geschlossen für die Entschädigungsforderungen ein. Dabei scheint sie zumindest anfangs der später so heftig umstrittene Begriff »Wiedergutmachung« nicht gestört zu haben. Die Kontroverse um ihn setzte in Israel erst 1952 ein, als die damalige Regierung unter David Ben-Gurion mit der neugegründeten Bundesrepublik nach schwierigen Verhandlungen die Verträge von Luxemburg unterschrieb. Neben individueller Entschädigung verpflichtete sich die Bundesrepublik zu Zahlungen und Warenlieferungen im Wert von 3,5 Milliarden DM an den Staat Israel. Die Opposition in der Knesset lehnte das Abkommen strikt ab, fürchtete sie doch, die Deutschen wollten sich mit diesem Geld von jeder Schuld freikaufen.

Solche Bedenken gab es unter den deutschstämmigen Einwanderern direkt nach Kriegsende noch nicht. Der Anwalt Siegfried Moses war von der Vereinigung der Einwanderer aus Mitteleuropa, wie sich der ehemalige deutsch-österreichische Auswandererverein inzwischen nannte, beauftragt worden, sich mit der juristischen Sachlage zu befassen, und hatte daraufhin in der Ausgabe des *Mitteilungsblatts* vom 3. August 1945 angemahnt, das von der Gestapo konfiszierte jüdische Eigentum und Vermögen in Deutschland und Österreich müsse zurückgegeben werden. Er machte in diesem Artikel aber auch deutlich, dass angesichts der sechs Millionen ermordeten Juden, der zerstörten Gemeinden, der Vertriebenen und der auseinandergerissenen Familien »ganz außerordentliche Anstrengungen erforderlich sein werden, um dem jüdischen Volk einen Anteil an diesen [von England, Russland und den USA geforderten] Reparationen zu sichern, der auch nur einigermaßen den Bedürfnissen des jüdischen Palästinas – insbesondere den Bedürfnissen, die sich aus einer großen Einwanderung ergeben – entspricht«. Außerdem verlangte er, dass Deutschland auch Einzelpersonen entschädigen müsse, unabhängig davon, in welchem Land der Schaden entstanden sei, vorausgesetzt, er sei durch die deutsche Okkupation verursacht worden. Viele seiner Gedanken sind später in die Luxemburger Verträge eingegangen.

Jungemigranten wie Bettelheim sahen in dem Sprachen- und Kulturstreit das geringste Übel: »Sicher, man hat Deutsch nicht gerne gehört. Aber ich wollte ein Teil dieses Landes und dieses Staates werden. Ich konnte Englisch und immer besser Hebräisch.« Das *Mitteilungsblatt* habe er zwar gekannt, aber nur selten gelesen. »Ich hatte schlicht kein Geld, es mir regelmäßig zu kaufen.« Auch von der Wiedergutmachungsdiskussion in den Blättern hatte der Österreicher keinen Vorteil. Wien weigerte sich nach dem Krieg, eine Mitschuld am Leid der Opfer anzuerkennen, stattdessen verkaufte es sich selbst als Opfer der Nazis. Täter waren die anderen. Daher weigerten sich die verschiedenen Regierungen in Wien, Entschädigung an die Enteigneten und Vertriebenen zu bezahlen. Erst Jahrzehnte nach Kriegsende begann der österreichische Staat umzudenken und sich mit dieser Frage zu beschäftigen. Ab 1995 endlich konnten österreichische Opfer mit Entschädigungen rechnen. Bettelheim bekommt heute immerhin eine Rente der Sozialversicherung: »Ich durfte in die österreichische Sozialversicherung einzahlen, bekam eine Anzahl von Jahren anerkannt, und erhalte daher heute nach vielen Jahren und langen Diskussionen eine kleine Rente. Die Österreicher hatten sich ja als die ersten Opfer der Nazis verstanden.«

3

EINE DEUTSCHE INSEL IM HEBRÄERLAND

Wenn du echte Jeckes erleben willst, musst du nach Shavei Zion fahren«, hatte mir Micha Limor geraten. »Dort haben sie sich am besten erhalten.« Klingt nach erfolgreichem Artenschutz, ist aber eher ironisch gemeint, Micha gehört schließlich der zweiten Generation dieser Einwanderer an.

Er begleitet mich auf der Fahrt von Haifa in Richtung Norden über die Autobahn entlang des Mittelmeers – vierspurig ausgebaut. Es wäre eine Rennstrecke, wenn nicht alle paar Kilometer Ampeln zum Langsamfahren und Anhalten zwängen. Rechts und links Gemüse- und Getreidefelder, Olivenhaine und immer wieder kleinere Siedlungen. Vorbei an einem Aquädukt aus der Römerzeit. Dahinter gleich das »Haus der Ghettokämpfer«, das an den blutig niedergeschlagenen Aufstand der Juden im Warschauer Ghetto erinnert. »Man kann der Geschichte nicht entkommen in Israel.« Micha hatte mich auf das Museum nahe der Autobahn hingewiesen, das Teil des Kibbuz Lochamej ist, des Kibbuz ehemaliger Ghettokämpfer, die damals der Wehrmacht und der SS entkommen konnten und nach Palästina ausgewandert waren. Dort sind auch die Eheringe der Eltern von Ernst Wolff aufbewahrt, von dem später noch die Rede sein wird. Der ehemalige Sprecher des israelischen Parlaments, Shevach Weiss, hat diese immerwährende Gegenwart der Vergangenheit in Israel auf den Punkt gebracht. Für ihn ist sie ein unauslöschliches Merkmal der israelischen Gesellschaft: »Auschwitz ist

Teil unseres täglichen Lebens, nicht unserer Vergangenheit. In unserer Gesellschaft, unseren Seelen, unserem nationalen Selbstverständnis ist alles verbunden mit der Erinnerung an die dunkle Zeit von Auschwitz.«

Nach einer halben Stunde erreichen wir eine Kreuzung und biegen ab in ein grünes Paradies, etwas abseits von der Hauptstraße gelegen, aber gut ausgeschildert, direkt am Mittelmeer. »Shavei Zion« steht auf den Hinweisschildern, »Rückkehr nach Zion«.

Um zehn Uhr sind wir am Wachturm mit der Archivarin der Siedlung verabredet, mit Judith Temime. Dieser in den vierziger Jahren gebaute runde Turm aus Beton überragt die Siedlung und erlaubt einen Blick tief in das Land. Bis zur staatlichen Unabhängigkeit war er jeden Tag mit bewaffneten Posten besetzt, die die Aufgabe hatten, rechtzeitig vor arabischen Überfällen zu warnen. Rund zwölfhundert Menschen leben heute in diesem Moschaw, die meisten sind Nachfahren deutscher Emigranten. Von der Gründergeneration der Dorfgemeinschaft sind aber nur noch sehr wenige übrig geblieben.

Judith begrüßt uns freundlich – auf Englisch, sie stammt von der Insel, Deutsch spricht sie nicht. Sie führt uns zu einem der Anfang der vierziger Jahre gebauten Steinhäuser, einst Wohnhaus, heute Archiv der Siedlung, wo sie die so wundersame wie zuweilen auch tragische Geschichte dieser landwirtschaftlichen Genossenschaft sorgfältig in Aktenordnern dokumentiert hat.

»Vor achtundsiebzig Jahren, als die Siedler ankamen, war hier nichts außer Sanddünen und ein bisschen Vegetation«, erklärt Judith, »die Gegend sah nicht gerade fruchtbar aus.« Das Land gehörte einem osmanischen Pascha, der in Beirut als Spieler und Trinker sein ganzes Vermögen durchgebracht hatte. Um zu Geld zu kommen, musste seine Witwe nach dem Tod des Patriarchen das Land verkaufen, obgleich noch arabische Pächter auf dem Boden lebten. Eine jüdische Käufergruppe erwarb es. Als sich deutsch-jüdische Einwanderer 1937 um diesen Flecken Erde bewarben, der inzwischen im Besitz einer zionistischen Ansiedlungsorganisation gelangt war, trafen sie eine mutige Entscheidung; denn, so schrieb 2008 der erste Archivar der Siedlung, Lothar Stern, in dem Jubiläumsband *Shavei Zion 1938–2008*: »In der Nachbarschaft war nur die eben gegründete Siedlung ehemaliger Landsleute, die sich ebenfalls hier eine Heimat gesucht hatten, Naharija. Sonst weit und breit kein jüdisches Heim, kein jüdischer Ort. Rings herum Araber, fremde Menschen aus einer anderen Welt«, die, so muss man ergänzen, die Neuankömmlinge ihrerseits als fremde Menschen aus einer anderen Welt ansahen und mit finsterem Misstrauen beobachteten. Schließlich eigneten sich diese Fremden Land an, das sie, die Ansässigen, als Pächter über Generationen bebaut und aus dessen Erträgen sie ihre Familien ernährt hatten.

Der Kaufvertrag war zwar rechtens, bestätigt von einem britischen Gericht in Haifa, das aber interessierte die arabischen Nachbarn der Neuankömmlinge verständlicherweise herzlich wenig. Für sie waren Gerichtsurteile Schall und Rauch, schließlich bekamen am Ende immer die Recht, die die Richter am besten schmieren konnten, die reichen Herren also, solche wie Paschas oder Beys, so ihre Erfahrung im Osmanischen Reich. Unter der Herrschaft des Sultans waren sie hoffnungslos der Willkür türkischer und arabischer Großgrundbesitzer ausgesetzt gewesen, gegen die sich zu wehren sie keine Chance gehabt hatten. Daher sahen sie es auch jetzt als ein Ding der Unmöglichkeit an, sich vor einem Gericht gegen britische Besatzer oder jüdische Kolonialisten durchzusetzen, außerdem viel zu teuer. Jetzt fürchteten sie um ihre Zukunft und die ihrer Kinder. Wie aber sich wehren? In den nächsten Jahren kam es immer wieder zu Überfällen arabischer Untergrundkämpfer auf die langsam wachsende Siedlung.

Aber der Reihe nach. Wer waren diese mutigen Siedler, die sandigen Boden bebauen und sich gegen feindlich gesinnte Araber in der Ödnis am Mittelmeer durchsetzen wollten?

Sie stammten aus dem kleinen schwäbischen Dorf Rexingen bei Horb am Neckar, in dem seit mehr als zweihundert Jahren die christlichen Bauern und Handwerker mit den jüdischen Viehhändlern und Gastwirten ohne größere Probleme zusammengelebt hatten. Die Juden hatten ihre Synagoge und ihren Friedhof, die Christen den ihren gleich hinter ihrer Kirche. Zur Schule gingen die Kinder gemeinsam. Man liebte sich vielleicht nicht, aber man respektierte sich. Rexingen galt lange in Württemberg als so etwas wie ein Musterdorf für harmonische christlich-jüdische Nachbarschaft. Damit war es 1933 vorbei, auch wenn bei den Wahlen im März die katholische Zentrumspartei noch 64 Prozent der Stimmen errungen hatte, die NSDAP dagegen nur 11 Prozent, das Rexinger Wahlergebnis also eindeutig gegen den reichsweiten Trend gerichtet war. Dennoch wurden auch hier die rund zweihundertfünfzig Juden der Gemeinde immer mehr ausgegrenzt, verhaftet und drangsaliert. Unternahmen die Rexinger Nichtjuden nichts oder in den Augen der Nazis zu wenig gegen ihre jüdischen Mitbürger, dann kamen die SA-Radaumacher aus den Nachbargemeinden zum Einsatz. 1937 beschloss daher die jüdische Gemeinde, möglichst gemeinsam in das Gelobte Land auszuwandern.

Nachdem ein Erkundungstrupp in Palästina unter Leitung des Heilbronner Rechtsanwalts Dr. Manfred Scheuer die Böden der späteren Siedlung besichtigt und für gut befunden hatte, bereitete sich ein großer Teil der Rexinger Juden auf die Ausreise vor. Im Herbst 1937 stockte ihnen für kurze Zeit der Atem. Der Exodus aus dem Schwarzwald drohte am Geld zu scheitern. Die nicht eben reichen Familien bekamen das nötige Kapital nicht zusammen, das sie an die Nazis für die Ausreise und an die jüdische Siedlerorganisation in Palästina für das Land bezahlen sollten.

Im Februar 1938 endlich war es dann doch so weit. Neunzig der jüdischen Rexinger machten sich auf den Weg in das ferne Palästina, von dem die meisten kaum etwas wussten, außer dass es dort heiß ist und giftige Schlangen und Skorpione gibt und dass außerdem nicht nur Juden in dem Land leben. In seiner Abschiedsrede in der Rexinger Synagoge sagte Lehrer Ze'ev Wolf Berlinger unter anderem: »Wir erkennen es offen, dass ursprünglich nicht die zionistische Idee, sondern die Macht der Not uns nach Israel führte. Nun sind wir aber erwacht. Eretz wird unser Schicksal werden.« Mit der eher verharmlosenden Umschreibung »Macht der Not« meinte er die Verfolgung der deutschen Juden durch die Nazis, konnte dies aber so deutlich in der Öffentlichkeit des Dorfes Rexingen nicht ansprechen. Nicht alle gingen mit. Hundertzwanzig Rexinger Juden blieben zurück, weil sie sich zu alt für einen Neubeginn in der Fremde fühlten, weil sie das Geld nicht aufbringen konnten oder weil sie ganz einfach dachten, so schlimm kann es doch gar nicht werden. Von ihnen überlebten nur drei die Nazizeit.

Was die Auswanderer nun in Palästina erlebten, erinnert an eine Wildweststory. Ihre erste Station war Haifa. Am 13. April 1938 brechen fünfunddreißig der Rexinger Siedler auf und fahren mit ihren hochbeladenen Lastwagen auf der gleichen Straße nach Norden, die Micha und ich Jahrzehnte später benutzt haben, um den Moschaw zu besuchen. Damals allerdings war sie nicht viel mehr als eine staubige Schlaglochpiste, die das palästinensische Haifa mit dem libanesischen Beirut verband. Angeführt werden die schwäbischen Pioniere von Rechtsanwalt Manfred Scheuer, Geleitschutz bekommen sie von der Haganah, die 1920 als paramilitärische Einheit der Zionisten gegründet worden war, um jüdische Siedler vor arabischen Angriffen zu schützen. Bei den immer wieder aufflammenden Auseinandersetzungen zwischen Arabern und Juden in den zwanziger Jahren hatten die Streitkräfte der britischen Mandatsmacht nur selten eingegriffen, auch nicht in Hebron, wo im August 1928 arabische Fanatiker 64 meist orthodoxe Juden massakrierten. Insgesamt waren bei den Unruhen 1928/1929 133 Juden und 116 Araber ums Leben gekommen. Eine der Folgen: Die Zionisten bauten ihre Kibbuzim zu Wehrdörfern aus und setzten ganz auf Selbstverteidigung.

Doch die Mandatsverwaltung wollte eine jüdische Miliz, die sie nicht kontrollieren konnte, neben dem eigenen Militär nicht zulassen und hielt an dem Verbot der Haganah fest. Erst während des arabischen Aufstands in den dreißiger Jahren begannen die Briten, diese bewaffneten zionistischen Untergrundkämpfer stillschweigend zu dulden, auf deren Schutz sich die Rexinger Auswanderer bei ihrer Reise nach Norden verließen.

Wenige Kilometer nördlich der historischen Hafenstadt Akko besetzen sie handstreichartig die sechzig Hektar Land. Obwohl Grund und Boden gekauft und bezahlt ist, muss alles schnell gehen. Bis zum Abend muss der Palisadenzaun stehen. Allerspätestens! Drohten doch ständig Überfälle arabischer Bauern und Untergrundkämpfer. »Die Siedler wendeten das ›Mauer-und-Turm-Verfahren‹ an«, erzählt Judith und zeigt uns alte Schwarzweißfotografien. Gut erkennbar auf ihnen: Die Siedler haben auf ihren Lastwagen vorgefertigte Teile einfachster Fertighäuser geladen. Zur Ladung gehörten auch ein zerlegter Wachturm aus Holz, außerdem doppelwandige Palisaden. »Sie mussten so rasch wie möglich verteidigungsbereit sein gegen feindliche Angriffe, daher diese Methode«, erklärt Judith. Deutsche Emigranten aus der vier Jahre früher gegründeten Nachbarsiedlung Naharija helfen den Neuen.

Bis zum Abend stand tatsächlich der in einem großen Kreis aufgestellte Palisadenzaun, zwischen dessen beiden Holzwände Steine und Sand gefüllt wurden. Auch der hölzerne Wachturm und die ersten Wohnhäuser waren fertig. Jetzt konnten sich die Neusiedler verteidigen mit den sechs Gewehren, die sie von den Briten bekommen hatten. Der Standort von Shavei Zion direkt am Mittelmeer war kein Zufall. Siebenundfünfzig solcher Wehrdörfer aus Fertigbauteilen wurden damals, von 1936 bis 1939, im Norden des heutigen Israel errichtet. Einige parallel zur Küste, andere ins Landesinnere hinein entlang der Grenze zum Libanon. So entstand eine Kette von zionistischen Verteidigungsanlagen, die arabische Gebietsansprüche abwehren sollten. Denn es gab die Absicht der britischen Regierung – den 1937 veröffentlichten Peel-Plan –, Palästina zwischen Arabern und Juden aufzuteilen. Der jüdische Staat sollte nach diesem Plan südlich von Tel Aviv beginnen und bis an die libanesische Grenze reichen. Siedlungen wie Shavei Zion oder Naharija wären also in diesem Teil gelegen. Da die zionistischen Politiker mit arabischem Widerstand gegen die Teilung rechneten, mussten sich die Siedler verteidigungsbereit machen. Außerdem planten die Briten damals, die Möglichkeit, Land zu erwerben, drastisch einzuschränken. Die befestigten Dörfer der jüdischen Pioniere sollten also vollendete Tatsachen schaffen. Erwartungsgemäß lehnten die Araber nach Bekanntwerden des Peel-Plans jegliche Teilung kategorisch ab und beanspruchten dieses Gebiet wie den ganzen Rest Palästinas für sich.

Wieweit die Siedler aus Rexingen in solche strategischen Überlegungen eingebunden waren, ist nicht bekannt. Im Tagebuch ihres Anführers, des Rechtsanwalts und späteren Bürgermeisters von Shavei Zion Manfred Scheuer, finden sich jedenfalls keine Hinweise.

Alles in der schnell hochgezogenen Siedlung war noch äußerst primitiv, fast eine Zumutung, und führte immer wieder zu Spannungen und Streit zwischen den dreiundzwanzig Männern und zwölf Frauen, die bisher nur ihr einfaches Leben im Schwarzwald gekannt hatten. Jetzt waren sie – zunächst unfreiwillig, dann aber immer mehr aus Überzeugung – zionistische Pioniere im Gelobten Land. Am 2. Mai konnte Manfred Scheuer in sein Tagebuch schreiben: »Die Belegung des 4. Hauses erfolgt schon zum Teil; denn die Wohnverhältnisse seit 13. 4. waren unerträglich. Man hatte in einzelnen Zimmern (3 x 4 qm) bis 5 Betten stehen u. meist Belegungen von 6–7 Personen. D. h. Ehepaare fortdauernd seit 2 ½ Wochen auf einer Matratze. Eine Frau sagte: ›Für eine Viertelstunde wäre das ja ganz schön.‹ Nun gibt es Platz, sodass jeder schlafen und ausruhen kann.«

Einen Tag später notiert er in sein Tagebuch eine Erfolgsmeldung: »Jedes der Zimmer ist nun mit 4 Personen belegt. Und alle Ehepaare freuen sich, dass sie wieder einmal ›auseinander‹ schlafen können.«

Aber auch jetzt noch war das Leben in den Holzhäusern ausnehmend karg, wie das in den Bergen von Galiläa gelegene Museum für deutschsprachiges Judentum eindrucksvoll zeigt. In einem der Räume dieses Museums ist eine originale Siedlerhütte aufgebaut, die 1936 in der Nachbarsiedlung von Shavei Zion von deutschen Emigranten errichtet worden war. Ein einziges Zimmer zum Wohnen und Schlafen, außerdem eine schlicht eingerichtete Küche, mehr stand diesen Pionieren lange nicht zur Verfügung. Im Wohnzimmer ein Bücherschrank mit kleiner Arbeitsplatte und einigen Büchern, eine mit einem Fußpedal angetriebene Nähmaschine, eine Kommode, darauf ein Kästchen für Nähzeug, außerdem noch ein Bettgestell mit harten Matratzen. Auch die Küche ließ kaum Luxusgefühle zu: Spülbecken aus Stein, ein Tisch mit kariertem Wachstuch, zwei Holzstühle und eine primitive Duschvorrichtung. Gekocht haben die Bewohner dieser Hütte auf einem einfachen Herd mit einer einzigen Gasflamme. Immerhin hatten sie sich später einen Kühlschrank leisten können.

Für Kinder war in der Kooperative während der ersten Monate kein Platz. Untergebracht hatten die Auswanderer sie in einem Heim in der Nähe von Haifa. Hier wurden sie auch von Ärzten intensiv betreut; denn fast alle waren traumatisiert, erzählt die Archivarin der Siedlung, und mussten auf das neue Leben in Palästina erst noch vorbereitet werden: »Wenn die in Palästina eine Uniform sahen, dann bekamen sie Angstzustände, selbst wenn es ein Soldat der Haganah war. Die kannten Uniformen nur als etwas Bedrohliches. Es dauerte lange, bis sie verstanden, dass sie hier frei atmen konnten.« Erst ein Jahr nach der Gründung des Moschaws konnten die Rexinger Auswanderer ein Gemeindehaus bauen, das dann auch als Schule und Synagoge diente.

Häuser bauen, eggen, pflügen, aussähen, außerdem Hühner

züchten, Brunnen graben, Unkraut jäten, Gemüse anpflanzen, ernten und in Haifa auf dem Markt verkaufen. Von morgens bis abends. In einem ungewohnt heißen Klima. Krank sollte möglichst keiner werden, denn der nächste Arzt war meilenweit entfernt. So sah der Alltag der Rexinger Juden in ihrem Exilland aus.

Dazu kam natürlich die permanente Bedrohung der Sicherheit durch arabische Überfälle. Also Wache schieben. Tag und Nacht. Denn vor den Palisaden der Siedlungen hatte sich auch im Jahr 1938 der zwei Jahre zuvor ausgebrochene Aufstand der Araber gegen die jüdische Einwanderung und die britische Besatzung noch längst nicht beruhigt. Immer wieder kam es zu Angriffen auf befestigte Wehrdörfer. Manfred Scheuer, inzwischen von den Briten als Bürgermeister eingesetzt, notiert zum Beispiel am 6. Juni, Wächter Benjamin habe Alarm schlagen müssen, weil sich auf einem benachbartem Grundstück außerhalb der Siedlung zwanzig Banditen versammelt hätten. Doch Hilferufe zur nur vier Kilometer entfernten Siedlung Naharija blieben ungehört: »Morsen nach Naharija, das seine Station schon um 10 Uhr geschlossen hat, funktioniert nicht«, klagt Scheuer. Tatsächlich aber scheint wirklich Schlimmes in jener Nacht nicht passiert zu sein.

Eine ganz andere Dramatik drei Wochen später. An der Hauptstraße nach Haifa warten einige Siedler auf den Linienbus, der sich wie üblich verspätet hat. Manfred Scheuer gehört zu ihnen. »Als ich vor dem Bus stand, ertönten mehrere Schüsse, sie summten an meinem Ohr vorbei, als der 5. abgefeuert wurde, gab der Bus Gas und fuhr davon. Ich warf mich in den Chausseegraben, jeder andere Weg wäre zu weit gewesen. Das Feuer ging weiter, aber ich sah, dass ich unter die Betonbrücke kriechen konnte.«

Auch dort ist er nicht wirklich sicher, immerhin kann er aber in Deckung bleiben, bis ein gepanzertes Auto ihn und die anderen einsammelt und nach Shavei Zion zurückbringt. Der Linienbus ist von vier Kugeln getroffen, ein Passagier verletzt worden.

Scheuers Fazit: »Ich wollte schreiben, dass Araber frech aber feige sind, aber die Anzahl der Vorfälle der letzten Zeit beweist, dass es auch mutige darunter gibt, die sich für ihren Nationalismus offen und nicht nur aus dem Hinterhalt, wie es gewöhnlich ist, in die Schanzen schlagen.«

So also sieht der erste Sommer aus, den die Rexinger Juden in Palästina verbringen. Einigermaßen unbeschadet überstehen sie ihn, weil sie inzwischen ohne Waffen ihre Siedlung nicht mehr verlassen. »Vor dem Mittag gingen wir alle schwimmen unter dem Schutz von Lembergers Jagdgewehr«, schreibt Manfred Scheuer an einem Schabbat, einem arbeitsfreien Tag also, in sein Tagebuch. Oder bei einer anderen Gelegenheit lakonisch: »Schwimme mit Pistole.« Vermutlich muss ein anderer mit der Waffe Wache schieben, während der Herr Bürgermeister ein Bad nimmt.

Der Aufwand, mit dem sie ihre Siedlung schützen, ist hoch. Vier Mann haben nachts Wachdienst, drei tagsüber. Zusätzlich noch zwei Mann Bürgerwacht von acht bis zehn und von zehn bis zwölf Uhr abends. »Unglaublich, was die Sicherheitsausgaben verschlingen. Ob man irgendwoher einen Zuschuss kriegt, steht noch dahin.« Tatsächlich fressen diese Sicherheitsmaßnahmen einen Löwenanteil vom ohnehin ständig defizitären Budget des Moschaws auf. Und Zuschüsse? Die gibt es nicht – von wem auch? Jedenfalls schreibt Scheuer davon nichts in seinem Tagebuch.

Die Überfälle gehen weiter. Ganz besonders schlimm kommt es dann am 2. November. Der Wächter Benjamin Bermann arbeitet mit zwei anderen Männern aus Shavei Zion an der Hauptstraße, als plötzlich Schüsse fallen. Manfred Scheuer beschreibt in seinem Tagebuch das Ereignis: »Benjamin Bermann aus nächster Nähe angefallen von seinem Todfeind, Djamil, dem Bruder des Muchtar [Bürgermeisters] von Masrah, der ihn offenbar lebend fangen wollte; Benjamin zog den Revolver und tötete ihn, den großen, starken, mit 2 Schuss unter die Brust. Er drehte sich dann offenbar herum, um zu fliehen, bekam 2 Schuss in den Rücken und fiel. 3 Araber standen nämlich oben und schossen. Die Kugeln pfiffen auch über Gideon und S. Schwarz weg, die flohen. Die Araber haben dann Benjamins Kopf bis zur Unkenntlichkeit zertrümmert, seinen Revolver geraubt und wollten Djamils, des Bandenführers, Leiche wegschleppen.« Nach der Beerdigung von Djamil hebt die britische Palästinapolizei ein ganzes Waffenlager mit zwölf Gewehren und reichlich Munition in dem arabischen Dorf seines Bruders aus.

Shavei Zion war nicht die einzige Wehrsiedlung, die damals wieder und wieder von bewaffneten arabischen Milizen angegriffen wurde. Seit 1936 tobte in weiten Teilen Palästinas der Aufstand der Araber gegen die britische Kolonialbesatzung und gegen die zunehmende Besiedlung ihres Landes durch die jüdischen Einwanderer. Schließlich hatte sich von 1932 bis 1935 die jüdische Bevölkerung Palästinas verdoppelt, vor allem durch die Vertreibung aus Nazi-Deutschland. Immer mehr Kibbuzim wurden gegründet, und jedes dieser befestigten Dörfer bedeutete eine Provokation des arabischen Nationalismus.

Angst und Schrecken unter Neusiedlern verbreitete vor allem im Norden des heutigen Israel ein Name: Scheich Izz al-Din Kassam. Unter der Führung dieses Islamisten kämpften besonders fanatische Rebellengruppen. Terror gegen die jüdischen Siedler sei eine legitime Waffe, hatte er gepredigt. Jedes Mittel sei recht. Selbst vor Gewalt gegen die eigene arabische Landbevölkerung schreckten diese Trupps nicht zurück, sobald Dörfer in den Verdacht gerieten, die Sache der Aufständischen nicht zuverlässig genug zu vertreten. 1935 wurde dieser palästinensische Racheengel zwar in einem Gefecht mit der britischen Armee getötet, doch sein Mythos feuerte den arabischen Widerstand weiter an. Selbst heute noch nennt sich die Terrormiliz der Hamas im Gazastreifen Kassam-Brigade. Ab Juli 1938 wurde der Guerillakampf zum totalen Volkskrieg, bei dem arabische Freischärler für kurze Zeit sogar Städte wie Jericho, Jaffa, Akko, Beerscheba und die

Altstadt Jerusalems besetzten. Die Briten antworteten nicht weniger brutal mit Kollektivstrafen gegen ganze Dörfer; einige arabische Anführer ließen sie hinrichten, erreichten aber genau das Gegenteil dessen, was sie erreichen wollten: Statt abzuschrecken, schufen sie mit solchen drakonischen Maßnahmen Märtyrer und stachelten die Wut der Aufständischen weiter an, die prompt Rache nahmen an jüdischen Siedlern.

So in Kfar Jehoshua. Das Dorf liegt nur knapp dreißig Kilometer Luftlinie von Shavei Zion entfernt im westlichen Galiläa. Dort verübten gegen sieben Uhr abends an einem verregneten Januartag im Jahr 1939 arabische Freischärler einen Anschlag. Sie schossen auf eine Siedlerin, als sie gerade die Tür zum Kuhstall verriegeln wollte. Die Frau brach zusammen. Ihr damals achtjähriger Sohn beschrieb den Tag später in seinen Erinnerungen: »Am Morgen, als ich aufwachte, merkte ich, dass etwas geschehen war. Im anderen Zimmer sah ich Mutter auf dem Boden liegen. Ein Leichentuch wurde gerade über sie gebreitet. Mutter war tot.« Später gelang es der Haganah, den Mörder seiner Mutter zu stellen. Auch darüber schreibt der Autor, dessen Namen nicht überliefert ist, in seinen im Jerusalemer Leo-Baeck-Institut archivierten Aufzeichnungen. »Damals gab es Araber, die der jüdischen Militärorganisation Haganah Informationen überbrachten. Auf diese Weise wusste man, dass der Mörder schon vier Menschen umgebracht hatte. Für jeden toten Juden bekam er 10 Pfund Sterling von der arabischen politischen Organisation, die die Unruhen damals kommandierte. Er wurde damals von der Haganah ausfindig gemacht und erschossen.« Auge um Auge, Zahn um Zahn, das war das herrschende Gesetz.

Und das ist die Zeit, in der die Siedlung Shavei Zion um ihre Zukunft kämpft.

Auch Städte werden immer wieder von gewalttätigen Demonstrationen erschüttert. Von diesen erzählt zum Beispiel der schon vor 1933 in Haifa praktizierende Kinderarzt Bruno Baruch Ostrowski in seinen ebenfalls im Leo-Baeck-Institut archivierten

Erinnerungen: »Die Unruhen brachen ganz unerwartet aus. Die Haganah, die damals ja noch in den Kinderschuhen steckte, war sicherlich orientiert, denn ihre Leute bezogen sofort die strategisch wichtigen Verteidigungspunkte. In Haifa selber verliefen die Unruhen, die sich über mehrere Tage erstreckten, mehr oder weniger glimpflich. Ich spreche hier hauptsächlich vom Hadar, dem Zentrum der Stadt. In der Unterstadt und in der Peripherie gab es Verletzte, hauptsächlich durch Steinwürfe ... Gerade vom Karmel kamen die Araber herunter. Das konnten wir von unserem Schlafzimmer aus sehen.«

Nach wenigen Tagen läuft ein britisches Kriegsschiff im Hafen von Haifa ein. »Das trägt zur Beruhigung der Lage bei«, stellt Ostrowski mit Genugtuung fest. Mitverantwortlich für diese gewaltsamen Demonstrationen der Araber macht er die Templer der Deutschen Kolonie: »Unter Hitler sollte die Anhänglichkeit der Araber für die Deutschen manifest werden. Sie bildeten zusammen mit den Deutschen eine sehr aktive fünfte Kolonne, besonders in der Deutschen Kolonie in Haifa, wo es stadtbekannt war, dass der dortige Sportclub das Zentrum nazistischer Propaganda war.«

Die Führung der aufständischen Araber hatte ab 1933 spekuliert, die neue deutsche Regierung werde ihren Kampf gegen die jüdischen Einwanderer und die Briten unterstützen. Nicht ganz erfolglos. Der Jerusalemer Großmufti Mohammed Amin al-Husseini jedenfalls hatte nach der Machtergreifung Hitlers schon früh den Kontakt zur Naziführung gesucht, um sich so finanziellen und militärischen Beistand gegen die britische Mandatsregierung und die jüdischen Siedler zu sichern. Husseini selbst sollte einer der Väter des modernen Antisemitismus in der arabischen Welt werden, so soll er im Irak sogar Pogrome gegen irakische Juden organisiert haben. Die NS-Führung und arabische Nationalisten, die die jüdischen Einwanderer zurück ins Meer treiben wollten, gingen tatsächlich eine mörderische Allianz ein, die auf gemeinsamem Judenhass gründete. Ab 1941 lebte Husseini sogar in Deutschland, wo er unter anderem half, auf dem Balkan Muslime für die Waffen-SS zu rekrutieren.

Trotz all dieser Anfeindungen blickte der Bürgermeister von Shavei Zion Manfred Scheuer Ende 1938 in seinem Tagebuch zufrieden auf das erste schwierige Jahr zurück. Die Bevölkerung war auf siebenundsechzig Männer und Frauen angewachsen. Den arabischen Angriffen hatten sie widerstanden. Am 1. Januar die letzte Eintragung Scheuers: »Und am Neujahrstag ½ 5 Uhr Nachmittag schießen die Araber wieder auf den Bus. Isak Stein, der allein unten Wache hatte, schoss zurück, hat aber keinen gesehen. Wird uns 1939 Schalom und Bracha bringen?« Also Frieden und Segen.

Tatsächlich ebben die Kämpfe zwischen Arabern und jüdischen Siedlern im Laufe des Jahres 1939 allmählich ab, die Spannungen zwischen den Kibbuzniks und den arabischen Ureinwohnern aber bleiben, bis sie zehn Jahre später im Unabhängigkeitskrieg erneut explodieren werden. Zwei Gruppen Rexinger Juden kommen in den folgenden Monaten noch aus Süddeutschland an, dann reißt der Strom der Flüchtlinge aus Nazi-Deutschland ab; denn Frieden und Segen, wie es sich Bürgermeister Scheuer gewünscht hatte, bringt das Jahr 1939 nicht, im Gegenteil. Am 1. September überfällt Deutschland Polen, damit beginnt der Zweite Weltkrieg. Für die noch im Reich lebenden Juden wird eine rettende Auswanderung immer schwieriger.

Das Dorf der Genossen wider Willen, Shavei Zion, wächst nach dem Beginn des Zweiten Weltkrieges nur langsam, bleibt zunächst aber rein schwäbisch. Das demonstriert uns Judith mit Hilfe einer damals aufgenommenen Fotografie mit einem Motiv, das aus jedem schwäbischen Dorf stammen könnte: Eine Hausfrau mit Schürze über ihrer dunklen Kleidung stützt sich auf einen Straßenbesen, wie ihn Schwäbinnen gern bei der Kehrwoche benutzen, es könnte Samstagnachmittag sein, die Hausfrau blickt zufrieden auf den eben blitzsauber gefegten Hof und den frisch gebürsteten Gehweg, den Besen kann sie gleich in die Ecke stellen, jetzt können der Sonntag und die Nachbarn kommen. Aufgenommen ist die Fotografie nicht auf der Schwäbischen Alb, sondern in Shavei Zion, Kehrwoche in einem staubigen Land, importiert vom Neckar an das Mittelmeer. Vermutlich war der Aufnahmetag nicht ein Samstag, sondern ein Freitag oder Donnerstag, also Großreinemachen vor dem Schabbat. Auch die Essgewohnheiten ändern sich nur langsam. Mit leiser Verzweiflung schreibt Scheuer: »Die Verpflegung ist fast noch Rexingerisch. Ziemlich viel, d.h. oft Fleisch. Es gibt Rexinger, die schleckig sind, oder besser, von ihren Gewohnheiten nicht lassen wollen, keinen Reis essen, keine Tomaten, geschweige denn Oliven.« In der Woche nach dem 26. Juni 1938 notiert er den Speiseplan der Gemeinschaftsverpflegung. Es ist deftige deutsche Kost angesagt, unter anderem Hackbraten mit Kartoffelsalat, Schnitzel mit Kartoffeln oder Erbsensuppe mit Wurst.

Doch einmal abgesehen von Schnitzel und Kartoffelsalat hatte das neue Leben der Rexinger in Palästina mit dem im Schwarzwald nur noch wenig zu tun. Sie organisierten sich als Genossenschaft. Jeder musste, um Mitglied im Moschaw zu werden, eine festgelegte Summe einzahlen, musste ständig im Dorf leben und dort auch arbeiten. Dafür bekam »jede Familie ein Haus für sich, und dieses soll ihr erhalten bleiben«, wie es im Statut der Siedlung heißt. Privatvermögen war, anders als in der Kibbuz-Bewegung, erlaubt. In seinem Tagebuch resümiert Scheuer die Grundsätze der Rexinger Genossenschaft: »Jeder leiste, was er kann, jeder erhalte, was er braucht! Weder die verschiedene Arbeitskraft, noch der Geldbeutel dürfen bei uns der Maßstab sein! Dieser richtige Gesichtspunkt (z.B. beim Häuserbau) darf nie außer acht gelassen werden.«

»Jeder erhalte, was er braucht« – dieses Prinzip führte zum Beispiel dazu, dass einem Single mit viel Geld nur eine Anderthalbzimmerwohnung zustand, während eine Familie mit Kindern, die aber über wenig Geld verfügte, entsprechend ihren Bedürfnissen ein größeres Haus bekam. Kibbuz-Ideen wie gemeinschaftliche

Erziehung der Kinder in einem Kinderhaus oder das Verbot jeden Privatbesitzes lehnten sie ab. Der Moschaw Shavei Zion war so etwas wie ein Kompromiss zwischen einem streng sozialistischen Kibbuz und einem klassischen Dorf. Und dieser Kompromiss hat es den Händlern, Handwerkern, Land- und Gastwirten aus dem Schwarzwald sicherlich leichter gemacht, sich innerhalb eines Jahres von Kleinunternehmern zu Mitgliedern einer Genossenschaft zu wandeln.

Ein Modell, das heute noch in der zweiten und dritten Generation funktioniert, wenn auch nicht mehr so lupenrein wie in der Zeit nach der Gründung. Noch immer besitzen die Mitglieder die Häuser, die landwirtschaftlichen Betriebe, die Fabrik und das Hotel gemeinsam. Nach wie vor gibt es für die hundertdrei Familien des Moschaws einen gemeinsamen Fonds, aus dem alle außerordentlichen Ausgaben, wie sie etwa bei Geburt oder Krankheit entstehen können, bestritten werden.

Wer Shavei Zion heute besucht, glaubt in einem kleinen Paradies zu sein. Aus Sand, Lehm und Unkraut ist in mehr als siebzig Jahren eine grüne Oase entstanden. Palmen entlang der Dorfstraßen mildern im Sommer die brutale Hitze, kaum ein Garten ohne Blumen. Rundherum Kakteen, Olivenbäume, Pinien und Pflanzen mit farbenprächtigen Blüten.

Judith lädt uns zu einem Rundgang durch die Siedlung ein. Ein paar der alten Gebäude aus der Gründerzeit stehen noch, einfache Häuser aus roh behauenem Stein mit kleinen Fenstern, heute als Lagerräume genutzt oder leerstehend.

Gleich neben dem Archiv schließt sie ein kleines Museum auf und führt uns zu einer Vitrine mit einer an den Rändern leicht angekokelten Thorarolle: »Dies ist die Thorarolle aus der Synagoge in Rexingen. Als in der Pogromnacht vom 9. auf den 10. November 1938 auch in Rexingen die Synagoge brannte wie im ganzen Deutschen Reich, entdeckte ein Polizist diese Rolle und brachte sie heimlich in Sicherheit.« Später übergab er sie Auswanderern aus Rexingen, die sie – heimlich natürlich – mit nach Palästina nahmen. Neben der Thorarolle eine Gedenktafel mit den Namen aller ermordeten Rexinger Juden, jener also, die sich den Auswanderern nicht anschließen konnten oder wollten.

Knapp zehn Jahre später. 1947. Die Ex-Rexinger haben ein florierendes Dorf aufgebaut, das Gemüse und Obst anbaut; die Kühe geben Milch, die in einer eigenen Molkerei aufbereitet wird. So viele Produkte wie eben möglich werden nach Haifa verkauft. Dreiunddreißig Familien leben zu der Zeit in Shavei Zion. Die Kinder können in eine eigene Schule gehen. Auch das Verhältnis der Dorfbewohner zu den arabischen Nachbarn ist zwar nicht freundlich oder gar freundschaftlich, aber man lässt sich weitgehend in Ruhe. Dennoch ist der Wachturm jeden Tag besetzt. Anstelle des vor zehn Jahren errichteten Turms aus Holz steht nun am Haupteingang der viel höhere aus Beton. Sicher ist sicher. Zwar gibt kaum noch Überfälle, aber das ist kein Grund, sich völlig zu entspannen. Es herrscht eine nervöse Ruhe.

Am 29. November 1947 beschließt die UNO-Vollversammlung, Palästina in einen jüdischen und einen arabischen Staat aufzuteilen. Mit einem Schlag ist es vorbei mit dem ohnehin brüchigen Frieden im Land. Die unterschwellige Abneigung der arabischen Einwohner gegen die Neueinwanderer verwandelt sich erneut in offenen Hass. Beide Seiten rüsten zum Krieg.

Die Kämpfe zwischen Arabern und zionistischen Siedlern nahmen von Woche zu Woche wieder an Härte zu. Besonders das Gebiet im Norden Israels, das westliche Galiläa, war umkämpft, sollte es doch nach dem Teilungsplan arabisch werden einschließlich des Moschaws der Ex-Rexinger. Arabische Verbündete aus Syrien, sogar aus dem Irak, machten die Straßen im Norden des Mandatsgebietes unsicher. Kaum einer der Siedler traute sich noch, seine Siedlung zu verlassen. Wer es dennoch wagte, riskierte sein Leben. Mehrere Monate lang waren die Wehrdörfer im Norden Israels vom Hinterland abgeschnitten. Die Siedlungen am Mittelmeer konnten wenigstens mit kleinen

Motorbooten über das Wasser versorgt werden. Der in Shavei Zion lebende Schriftsteller und Dichter Leopold Marx schrieb damals in sein Tagebuch: »So begann die Blockade: kein Verkehr auf den Straßen und innerhalb nur eines Tages kein Strom, kein Telefon und kein Radio. Zwei unserer Lastwagen mit Passagieren waren in Haifa gestrandet und konnten nicht zu uns kommen«, nachzulesen in der Dokumentation *Ort der Zuflucht und Verheißung – Shavei Zion 1938–2008*. Lastwagen, die sich dennoch auf den gefährlichen Weg Richtung Norden machten, wurden in arabischen Dörfern angegriffen und zerstört, die Fahrer umgebracht. Siedlungen im Landesinneren waren also über Wochen von jedem Nachschub abgeschnitten und konnten nur notdürftig aus der Luft versorgt werden.

Der 13. April 1948. Geburtstag von Shavei Zion. Vor genau zehn Jahren hatten sie ihre Siedlung gegründet. Trotz Krieg feierten die Siedler. »Für die Raucher gab es damals eine Schachtel Zigaretten, für die Nichtraucher eine Tafel Schokolade«, berichtet Pinchas Erlanger in dem Band *Ort der Zuflucht und Verheißung*. Jubelstimmung herrschte unter den Rexinger Pionieren nicht, denn noch wusste niemand, wie es weitergehen wird.

In der nur vier Kilometer weiter nördlich gelegenen Nachbarsiedlung Naharija arbeitete damals die Ärztin Dr. Beate Abramoff in einem improvisierten Feldlazarett. Wie Shavei Zion war auch ihre Siedlung von deutschen Emigranten gegründet worden. Und auch ihre Siedlung war zu dieser Zeit von der Außenwelt abgeschnitten. Wenigstens aber hatte man Kontakt untereinander.

Dagegen war die Verbindung zum Kibbuz Yehiam, der gerade mal dreizehn Kilometer entfernt von den beiden deutschen Gemeinden im Landesinneren lag, unterbrochen. Ein paar Wochen zuvor hatten junge zionistische Pioniere begonnen, ihn aufzubauen. Feste Häuser gab es noch nicht, nur Zelte, auch keine Palisaden und keinen Wachturm; daher meinten die arabischen Befehlshaber, mit dieser Siedlung leichtes Spiel zu haben. In den Ruinen einer Kreuzfahrerburg mussten sich die Kibbuzniks verschanzen gegen die aus dem Libanon anrückende arabische Übermacht. Sie hielten sich tatsächlich über Wochen und konnten die Angriffe abwehren. Der improvisierte Kibbuz lag unter Dauerbeschuss. Mit Lebensmitteln und Munition wurden sie aus der Luft versorgt. So gut es eben ging. Nicht selten landeten die Hilfslieferungen bei den arabischen Militäreinheiten.

Im März entschloss sich die Haganah, den Belagerten einen gepanzerten Konvoi zur Hilfe zu schicken. Über Shavei Zion und Naharija sollte er versuchen, in das nahegelegene Dorf Yehiam vorzustoßen. Siebenundvierzig junge Israelis, Männer wie Frauen, hatten sich bereiterklärt, diesen lebensrettenden Lastwagenkonvoi zu begleiten. Doch für alle wurde das Unternehmen zur Todesfalle. Die Ärztin Beate Abramoff, die den Konvoi in Naharija noch gesehen hatte, erinnert sich in ihrem Tagebuch: »Ein Konvoi aus Panzerwagen wurde zusammengestellt und hingeschickt ... Als wir die ersten Schüsse vernahmen, ahnten wir Böses. Die Schüsse mehrten sich, aber von Naharija konnten wir nicht zu Hilfe kommen. Wir baten die Engländer, und sie brachten uns die Leichen: 10, 20, 25, schließlich 47! Nie werde ich den Schock vergessen, der uns bei diesem Unglück befiel. Die Araber hatten von dem Konvoi frühzeitig erfahren und ihm aufgelauert, hatten ihn dann durch eine Sperre aufgehalten, mit Petroleum übergossen und angezündet. Diejenigen, die versuchten, sich in Sicherheit zu bringen, wurden erschossen. Einem Einzigen war es gelungen zu fliehen. Unter den Opfern waren ein Bruder und seine Schwester. Der Leiter der Gruppe, der Älteste von ihnen, war 24 Jahre alt, und ich kannte ihn persönlich.«

Mitte 1948 endlich gelang es der Haganah, die Verbindung zu den Siedlungen im Norden des Landes freizukämpfen und die arabischen Milizen und Armeen zu vertreiben. Die arabischen Dörfer, die im Verdacht standen, an dem Überfall auf den Konvoi beteiligt gewesen zu sein, machten die israelischen Streitkräfte dem Erdboden gleich, die Bevölkerung floh in den nahen Libanon. In Shavei Zion erinnert an diesen Unabhängigkeitskrieg heute nur noch der Betonwachturm am Ortseingang.

Von dort schlendern wir mit der Archivarin Judith durch die Siedlung, besser gesagt durch ein blühendes Paradies, allerdings eines mit Schönheitsfehlern. Wirklich Frieden und Segen sind auch heute, fast siebzig Jahre nach Ende des Unabhängigkeitskrieges, noch nicht eingekehrt in Shavei Zion. Immer wieder kommen wir an grau betonierten Bunkern vorbei; einzelne Unterstände, in denen sich eine oder zwei Personen in Sicherheit bringen können, oder Eingänge zu unterirdischen Bunkeranlagen für viele Bewohner. Viel Zeit nach einem Alarm bleibt nicht. Der Libanon ist nur fünfzehn Kilometer entfernt, und von dort feuern israelfeindliche Gruppen wie Hisbollah oder radikale Milizen palästinensischer Flüchtlinge immer wieder Katjuscha-Raketen in den Norden Israels ab. Zuletzt schlug 2013 eine im Gästehaus des Moschaws ein, in dem sich gerade siebenundvierzig Überlebende der Shoa einen Erholungsurlaub gönnten. Wie durch ein Wunder wurde keiner verletzt. Nur das Gebäude war schwer beschädigt.

Shavei Zion heute – ein Dorf, ein Park, ein großer Garten, ein florierender landwirtschaftlicher Betrieb, der Gemüse in Gewächshäusern produziert, Obst anbaut und in ganz Israel verkauft, der Rosen und andere Blumen bis nach Europa exportiert, Hühner züchtet und Kühe hält, der sogar in einem eigenen am Mittelmeer gelegenen Spitzenhotel Tourismus anbietet; kurz, Shavei Zion ist heute eine Erfolgsgeschichte, die den Auswanderern aus Rexingen nach harter Arbeit am Ende Wohlstand gebracht hat.

Auf unserem Spaziergang durch die Siedlung bleiben wir schließlich vor einem zweistöckigen Haus stehen und trauen erst einmal unseren Augen nicht. Vor uns: Gartenzwerge aus Plastik, bunt angemalt mit faltigem Gesicht, wie es sich für solche Figuren gehört. Der eine raucht Pfeife, ein anderer hält sich ein Buch vor die Nase. Außerdem Fliegenpilze aus Ton, ein Bambi-Reh mit großen braunen Augen, dickbauchige Keramikbuddhas und allerlei vollbusige Plastikschönheiten. Eine Kleingartenidylle, wie sie im Lehrbuch deutscher Schrebergärtner steht. In diesem Haus hat Bürgermeister Manfred Scheuer mit seiner Familie gewohnt, hier lebt heute noch, hochbetagt, seine Schwiegertochter, Aliza Goren. Sie sei 1925 in Israel geboren, also mit Hebräisch als Muttersprache aufgewachsen, sagt sie bei der Begrüßung im Garten in etwas holprigem Deutsch, sie habe aber die Sprache lernen müssen, als sie 1955 den Sohn Scheuers heiratete; denn in Shavei Zion sprach man noch in den fünfziger Jahren Deutsch, zumindest die Älteren.

Sie führt uns in ein Wohnzimmer. Auch das so deutsch, wie es heute hierzulande kaum noch zu finden sein dürfte: vollgestellt mit dunklen, auf Hochglanz polierten Holzmöbeln, außerdem eine wuchtige Couchgarnitur, Tische mit barock verschnörkelten Beinen, Schränke mit Butzenfenstern und Glasvitrinen voller Sammelteller, Häkeldeckchen und gerahmter Familienfotos. So gediegen haben sich die Wohlhabenden in den zwanziger und dreißiger Jahren eingerichtet. Dieses Wohnzimmer – mehr Museum als Zimmer zum Wohnen. Ein Antiquitätenhändler wäre begeistert. Nichts habe sie verändert, sagt sie, weder im Schlafzimmer noch hier. »Dies ist der Salon, so sah er schon zu Dr. Scheuers Zeiten aus. Die Möbel hat er alle aus Deutschland mitgebracht, als er nach Palästina übersiedelte.« Aliza Goren spricht ehrfurchtsvoll von ihrem Schwiegervater und vergisst nie den Doktortitel. Streng sei er gewesen, aber schließlich habe er all das hier aufgebaut. Ihm habe Shavei Zion alles zu verdanken. Ohne seine Strenge hätte das nicht funktioniert. Nur in einem habe er sich nicht durchsetzen können. Hier im Haus habe er immer verlangt, dass alle Hebräisch sprächen. In der Siedlung hätten die Bewohner aber deutsch miteinander geredet. Und wie zur Bestätigung betritt eine jüngere Shavei-Zion-Bewohnerin das Zimmer und bittet Aliza um eine Kuchenform. Auf Deutsch. Sie wolle einen deutschen Rührkuchen backen.

Aliza selbst springt immer wieder ins Hebräische, wenn ihr die deutschen Begriffe fehlen, und Judith muss übersetzen. Bis in die späten fünfziger Jahre sei das Leben im Moschaw mühevoll gewesen, erzählt die alte Dame und bietet von ihrem selbstgebackenen Schokoladenkuchen an. Den Tee serviert sie in Sammeltassen, die Teekanne stammt aus Heilbronn. Das gute Geschirr muss auf den Tisch. Schließlich ist Besuch aus Deutschland da, dem Geburtsland ihres Mannes und ihres Schwiegervaters. »Erst als wir das Hotel am Meer gebaut haben und Touristen kamen, hat sich die finanzielle Lage entspannt.« Bis dahin hatten sie im Sommer sogar ihre Zimmer für Sommerfrischler geräumt und in der Küche geschlafen. Solche Einnahmen mussten die Moschaw-Bewohner, anders als in einem Kibbuz, nicht an die Leitung der Genossenschaft abliefern. »Jeder hatte hier ein Sparbuch. Das gehörte sich so.«

Dann, zum Abschluss unseres Gesprächs – der Schokoladenkuchen hat bedrohlich abgenommen, die Teekanne aus Heilbronn ist leergetrunken –, muss sie uns noch unbedingt etwas zeigen. Es ist ein kleines Holzschränkchen, blankpoliert wie jedes Möbelstück im Salon. Sie zieht die Schublade auf und deutet auf einen Kasten mit einem kompletten Silberbesteck. »Das habe ich gewonnen bei einem Hausfrauenwettbewerb.« Bei dem landesweiten Wettbewerb war sie zur besten Hausfrau Israels gekürt worden. »Von zehn Teilnehmern«, erzählt sie stolz, »das kam sogar in der Zeitung. Und am Nachmittag haben mich damals alle Menschen aus der Siedlung besucht.« Die Neunzigjährige erzählt es, als hätte sie die Hausfrauenkrone erst dieser Tage überreicht bekommen. Dabei liegt ihr großes Ereignis schon lange zurück. 1957 hatte der Wettbewerb stattgefunden.

»Auf Wiedersehen«, sagt sie, als wir uns von ihr verabschieden und zurücklaufen zum Betonwachturm am Eingang.

4

HAIFA UND DER ZWEITE WELTKRIEG

Meine größte Sorge war, dass ich meine Eltern nicht wiedersehen werde.« Herbert Bettelheim erinnert sich an den Ausbruch des Zweiten Weltkriegs am 1. September 1939, den er in Haifa erlebte. Aus dem Neueinwanderer war innerhalb weniger Monate ein Alteingesessener geworden, der mit seinem neuen Leben im Gelobten Land immer besser zurechtkam, Technik studierte und sogar Geld verdiente. »Ich habe im Hafen gearbeitet. Das war ein Knochenjob, hab aber gutes Geld gemacht.« Dort konnte er die aus Nazi-Deutschland ankommenden Flüchtlinge aus nächster Nähe beobachten, arme, abgerissene Gestalten mit wenig Gepäck. Immer wieder legten Schiffe mit Emigranten im Hafen an. Bis zum Kriegsbeginn sollte dieser Strom nicht mehr abreißen. Über eine Viertelmillion Menschen waren in den letzten acht Jahren aus Europa eingewandert. Erst nach dem Überfall der Wehrmacht auf Polen ebbte der Strom der Flüchtlinge langsam ab.

Die Stimmung unter den Exilanten in Haifa war gedrückt, denn alle hatten Angehörige zurückgelassen, von denen sie immer seltener Nachrichten bekamen. »Wir wussten nur, dass es schlimm war in Europa, aber nicht, wie schlimm.« Auch Bettelheim bekam nach Ausbruch des Krieges immer seltener Post von seinen Eltern aus Wien. Wer fliehen wollte aus den von den Nazis besetzten Teilen Europas, musste oft riesige und gefährliche Umwege in Kauf nehmen, ehe er sich vor Gestapo und SS sicher fühlen konnte.

Und selbst wenn den Verfolgten die Flucht gelungen war, konnten sie noch nicht aufatmen. Die Einwanderungsbestimmungen für Palästina wurden immer restriktiver. Die Mandatsmacht Großbritannien stand unter dem Druck der arabischen Aufständischen, die in den letzten fünf Jahren versucht hatten, das britische Diktat abzuschütteln. Die Regierung in London wusste, es droht Krieg in Europa, jeder Soldat wird dort gebraucht werden, deshalb wollte man einen neuen Konflikt mit den Arabern nicht riskieren. Die Bevölkerung musste also ruhiggestellt werden. Ab 1939 sollten daher für die nächsten fünf Jahre nur noch maximal zehntausend jüdische Einwanderer pro Jahr einreisen dürfen, mehr nicht, so verkündete die britische Regierung am 17. Mai 1939 in ihrem Weißbuch, in dem sie die Leitlinien ihrer zukünftigen Palästina-Politik zusammenfasste. Außerdem lehnte sie von nun an eine Teilung Palästinas in einen arabischen und einen jüdischen Sektor ab. Beide Bevölkerungsgruppen sollten zusehen, wie sie in einem gemeinsamen Haus miteinander auskommen könnten. Auch schränkten die Briten Landkauf und damit den Siedlungsbau drastisch ein.

Für Emigranten wie Bettelheim war dieses Weißbuch ein Schlag ins Gesicht, sahen sie doch ihren Traum vom eigenen Staat in Gefahr. Außerdem: Wie sollten die Zehntausende Juden, die in den von der Wehrmacht besetzten Gebieten verfolgt wurden, gerettet werden? »Wir gingen in Haifa auf die Straße und demonstrierten gegen die Engländer. Wir haben uns mit den Soldaten geprügelt.«

In allen Städten Palästinas protestierten Zionisten gegen diese restriktive Politik der Briten. Es half nichts, es blieb bei den Bestimmungen, die eine massenweise Rettung der von den Nazis Bedrohten verhinderten. Im Juli 1938 war schon die vom amerikanischen Präsidenten einberufene Flüchtlingskonferenz im französischen Évian gescheitert. Die Teilnehmer, Delegierte aus zweiunddreißig Staaten, waren nicht bereit gewesen, einen Plan zur Aufnahme von jüdischen Flüchtlingen zu verabschieden.

Mit anderen Worten: Kein Land wollte sie. »Dies zeigte der Reichsregierung«, so schreibt der israelische Historiker Moshe Zimmermann in seinem Buch *Die deutschen Juden 1914–1945*, »dass der internationale Widerstand gegen extreme Schritte gegenüber der jüdischen Bevölkerung äußerst gering war.«

Erst das Scheitern der Konferenz in Évian, dann das britische Weißbuch. Beides führte den Emigranten in Palästina drastisch ihre Ohnmacht und Hilflosigkeit vor Augen. Wie sollten die Flüchtenden gerettet werden? Am Ende blieb vielfach nur eine Option: die illegale Einwanderung.

»Auch meine Eltern sind illegal eingewandert. Auf einem Schiff, das die britische Marine zwar aufbrachte, die Passagiere aber in das Lager Atlit in der Nähe von Haifa internierte. Das war im März 1940.« Außer einem vollgestopften Rucksack hatten sie nichts mitgebracht. Aber sie waren gerettet. Immerhin konnten Herbert Bettelheim und sein Bruder die Eltern regelmäßig besuchen und mit Lebensmitteln versorgen. Nach sechs Monaten kamen sie frei. »Alle, die nach ihnen kamen und von den Briten festgenommen wurden, haben sie nach Mauritius oder Australien deportiert, wo sie bis zum Kriegsende ausharren mussten.« Die zionistischen Organisationen stemmten sich gegen diesen Deportationsbeschluss und versuchten, so viele Flüchtlinge wie eben möglich ins Land zu schleusen. Doch die Briten blieben hart. Die Spannungen zwischen den beiden Gegnern nahmen zu, denn die Nachrichten aus Europa wurden immer schlechter.

Bettelheim macht eine lange Pause, als ich ihn frage, was er damals in Haifa tatsächlich gewusst oder auch nur geahnt hat. Er zögert mit der Antwort, muss erst einmal tief durchatmen, dann sagt er: »Niemand konnte sich vorstellen, dass die tatsächlich sechs Millionen umbringen werden. Aber wir wussten, dass Juden Freiwild sind. Dass wir keine Rechte hatten, dass jeder uns umbringen konnte, ohne dass er belangt wurde. Der Jude war damals in den von Deutschland kontrollierten Gebieten kein

Mensch mehr. Aber sechs Millionen? Nein, das hat keiner geahnt.«

Während die deutsche Wehrmacht immer weiter in Europa vordrang und bald den halben Kontinent besetzt hatte, suchte die Haganah verzweifelt nach Fluchtwegen für die in den okkupierten Gebieten verfolgten Juden. An den Rändern Europas gab es kaum noch seetüchtige Schiffe, um die Flüchtlinge nach Palästina zu bringen. Und dort baute die Mandatsmacht Großbritannien immer höhere Hürden gegen die Einwanderung auf.

Im September 1940 dann die schon lange befürchtete Katastrophe. Wieder waren Schiffe mit Emigranten vor dem Hafen von Haifa vor Anker gegangen, mehr Seelenverkäufer als Schiffe waren es. An Bord viertausend Flüchtlinge, einige von ihnen schon seit Dezember 1939 unterwegs, ausgehungert, geschwächt, viele krank. In der rumänischen Hafenstadt Tulcea im Donaudelta hatte die Haganah sie versammelt und auf diesen schrottreifen Frachtern eingeschifft, auf denen verheerende Zustände herrschten. Kaum Toiletten, kaum etwas zu essen, die Räume unter Deck völlig überladen. Die Menschen waren dennoch glücklich, der Verfolgung durch die Nazis und ihre Helfershelfer entkommen zu sein. Sie hatten aber noch eine gefährliche Reise vor sich. So lauerten hinter den Dardanellen die Herbststürme der Ägäis auf die Schiffe. Es grenzt an ein Wunder, dass es diese Kähne mit den vielen Menschen an Bord bis nach Haifa geschafft haben. Das rettende Land hatten sie schließlich vor Augen, doch es war zum Verzweifeln. Die Briten ließen sich nicht erweichen und verhinderten, dass die völlig erschöpften Flüchtlinge an Land gingen. Alle sollten nach Mauritius gebracht werden. Da einige der Frachter schlicht Wracks waren und die lange Reise nicht durchhalten würden, ließ die Mandatsverwaltung fast die Hälfte der viertausend Flüchtlinge auf den britischen Passagierdampfer *Patria* überführen, um sie weiterzutransportieren.

Doch das, so entschied die Haganah, galt es mit allen Mitteln zu verhindern. Sie beschloss, die *Patria* so zu beschädigen, dass sie nicht mehr auslaufen konnte. Ein kleines Loch im Rumpf sollte sie seeuntüchtig machen, und so wurde Sprengstoff an Bord geschmuggelt. Am 25. November 1940, morgens gegen zehn Uhr, erschütterte eine gewaltige Explosion den Hafen von Haifa. Eine schwarze Rauchsäule stieg über der *Patria* auf. Innerhalb weniger Minuten begann sich das Schiff bedrohlich zur Seite zu neigen. Menschen schrien um Hilfe und winkten, verzweifelt über die Reling gebeugt, hatten aber kaum noch Zeit, über Bord zu springen. »Ich konnte vom Dach unseres Hauses die Katastrophe durch ein Fernglas beobachten und sah, wie das Schiff immer weiter zur Seite kippte«, erzählt Herbert Bettelheim. Einer, dem die Rettung gelang, war sein Onkel. Im letzten Augenblick sprang er ins Hafenbecken, um sich vor dem sinkenden Schiff in Sicherheit zu bringen. Ein anderer Überlebender, der junge Baruch Milrom, wurde während seines Morgengebets von der Katastrophe überrascht. Seine Rettung beschreibt Bettelheim so: »Er hielt sich an einem Lüftungsrohr fest, das unterhalb eines Fensters angebracht war. Er rief auf Deutsch um Hilfe. Außerhalb des Fensters standen auf der Schiffsseite Soldaten und Einwanderer, die sich aus dem sinkenden Schiff hatten retten können. Sie zogen seinen Kopf durch eines der runden Fenster, doch er musste seine Kleider ausziehen, um durch die Luke kriechen zu können. Die Außenstehenden zogen, bis er sich, nur mit Unterwäsche bekleidet, durch die Luke gezwängt hatte. Inzwischen kamen Boote mit Soldaten aus Neuseeland. Obwohl er nicht schwimmen konnte, sprang er ins Wasser und gelangte zu den Booten. Er wurde zu einem der Lagerhäuser gebracht, und dort erhielten die Geretteten Essen, Kleidung, Decken.«

Die *Patria* kenterte schließlich, lag halb unter Wasser, zweihundertsiebzig Flüchtlinge ertranken. Die Sprengmeister der Haganah hatten sich verrechnet und zu viel Dynamit gezündet. »Mein Onkel schwamm verzweifelt im Hafenbecken, aber er überlebte. Er erzählte mir später, seine größte Sorge sei gewesen, seine Brille im Wasser zu verlieren.«

Zwar durften die Überlebenden dieser Katastrophe an Land gehen, aber das blieb die Ausnahme, genehmigt »als ein außerordentlicher Gnadenakt mit Rücksicht auf die Begleitumstände, insbesondere auf die furchtbaren Erlebnisse, die die Überlebenden hinter sich hatten«, zitiert das *Mitteilungsblatt* aus einem britischen Kommuniqué, und weiter schreibt es in recht steifem Deutsch: »Wer seit 1933 mit dem Schicksal deutscher und später österreichischer Juden zu tun hatte, wer insbesondere seit Ausbruch des Krieges und verstärkt seit Eintritt Italiens in den Krieg deutsche Juden zu betreuen hatte, stand vor keiner leichten Aufgabe, aber niemals, auch bei keinem der Flüchtlingsschiffe, die vorher kamen, stand das Leid der Menschen, die Tragödie der Juden, gehäuft in so vielen Einzelfällen, vor [ihm]. Der Tag, an dem das Schiff *Patria* sank, wird wohl allen unvergesslich bleiben.«

Die Überlebenden der *Patria* durften in Palästina bleiben, alle anderen gut zweitausend Flüchtlinge brachten die Briten nach Mauritius, wo sie erst 1945 die Möglichkeit erhielten, nach Palästina zurückzureisen.

Der Untergang dieses Passagierschiffs ist nicht viel mehr als eine winzige Episode aus dem Zweiten Weltkrieg. Die Briten konnten ihre Hände in Unschuld waschen, hatten sie doch nur geplant, die Flüchtlinge auf einem sicheren Schiff in die Internierung zu bringen. Für die zionistische Haganah war die Katastrophe ein militärisches Desaster. Sie hatte nichts anderes im Sinn gehabt, als wohldosierten Widerstand gegen diese britische Politik zu leisten. Die Sprengmeister aber hatten sich schlicht verrechnet, mit tödlicher Folge für zweihundertsiebzig Flüchtlinge, die geglaubt hatten, mit der Ankunft in Haifa Krieg und Verfolgung entkommen zu sein, und dann gerade an diesem Ort der Verheißung sterben mussten, das rettende Festland vor Augen. Es war nur etwas mehr als hundert Meter entfernt.

Palästina – eine vor Nazis und Krieg sichere Heimat? Weit weg vom europäischen Kriegsschauplatz? Davon hatten die Flüchtlinge geträumt. Doch selbst hier konnten sie sich ab Anfang der vierziger Jahre immer weniger sicher fühlen. Der Krieg rückte näher. Im Juli und September 1940 erreichte er schließlich die östliche Mittelmeerküste. Italienische Flugzeuge griffen Versorgungsanlagen der Briten in Haifa und Tel Aviv an. »Die meisten Bomben der Italiener fielen aber ins Wasser«, erzählt Bettelheim, der als junger Mann die Luftangriffe miterlebt hat, nicht ohne ein bisschen Häme.

Ganz so harmlos, wie sich Bettelheim heute erinnert, war es dann aber doch nicht gewesen. Das *Mitteilungsblatt* schreibt in seiner Ausgabe vom 29. Juli von Verletzten und Toten: »Bei dem Luftangriff auf Haifa wurden 46 Personen getötet und 88 verwundet, und zwar ausschließlich Zivilpersonen. Von den Getöteten sind 20 Juden, der Rest Araber. Der ganze Angriff, der in sachlicher Beziehung nur wenig Schaden anrichtete, dauerte nur wenige Minuten.« Die zehn italienischen Kampfflugzeuge trafen zwar mit einigen Bomben immerhin auch die Ölraffinerie bei Haifa, in erster Linie aber warfen sie ihre Sprengsätze über der Stadt ab. Als wichtiger Umschlagplatz für Erdöl war Haifa strategisch bedeutend für die britische Kriegsführung im Mittelmeer. Hier endete die Pipeline aus dem irakischen Mosul. Über die Gefühle der Bevölkerung schreibt das *Mitteilungsblatt* damals: »Abgesehen von dem Schmerz der unmittelbar Betroffenen … kommt uns bei diesem Anlass zum Bewusstsein, welche fürchterlichen Folgen diese über alle Grenzen der Technik hinauswachsende Kriegsführung der Menschheit bringt und noch bringen kann.«

Der Luftangriff vom 29. Juli 1940 sollte nicht der letzte auf Städte in Palästina sein. Am Nachmittag des 9. September tauchten die italienischen Bomber wieder an der Mittelmeerküste auf. Ihr Ziel waren auch diesmal die Ölanlagen von Haifa, doch die Briten schickten den Italienern ihre Jagdflugzeuge entgegen und zwangen sie abzudrehen. Anstelle von Haifa entschieden sich die Piloten für den Hafen von Jaffa als Ziel. Als sie ihre Flugzeuge über die in unmittelbarer Nähe gelegene Stadt Tel Aviv steuerten, öffneten sie die Bombenschächte. Innerhalb von drei Minuten, die der Angriff laut *Mitteilungsblatt* gedauert haben soll, kamen mehr als achtzig Menschen ums Leben. Der Hafen von Jaffa dagegen blieb völlig unbeschädigt. Da die Krankenhäuser auf eine solche Zahl von Notfällen nicht eingestellt waren, starben in den nächsten Tagen noch einmal Dutzende der Schwerverletzten. Am Ende waren 137 Menschen tot, Araber wie Juden, darunter auch Emigranten aus Deutschland. Bei dem Angriff auf Haifa, so schreibt der Kommentator des *Mitteilungsblatts*, »dachte man, es handle sich um Heimsuchung kriegswirtschaftlicher oder verkehrspolitisch wichtiger Objekte dieser Hafenstadt. Für die Mordkampagne gegen Tel Aviv gibt es nicht den geringsten Anschein einer plausiblen Erklärung.«

Noch vier oder fünf weitere Luftangriffe italienischer Bomber auf die britischen Ölanlagen im Hafen von Haifa hat es in den folgenden Monaten gegeben. Doch der britischen Flugabwehr gelang es immer besser, die italienischen Flieger zu vertreiben, sodass diese ihre Angriffe schließlich einstellten. Der Krieg hatte nun aber endgültig Palästina erreicht.

Noch eine zweite Bedrohung baute sich damals langsam auf und nahm immer gefährlichere Formen an: Hitlers Lieblingsgeneral Erwin Rommel, den die Nazipropaganda zum ritterlichen Helden stilisiert hatte, zum ausgekochten Wüstenfuchs, der das britische Empire bis nach Damaskus aufrollen sollte. Im Afrikafeldzug der Achsenmächte hatte er Anfang 1941 mit seinem Vormarsch von Libyen aus begonnen und die britischen Armeen zunächst vor sich hergetrieben, immer weiter in Richtung Ägypten. Und wer Ägypten einnimmt, so die Furcht der Emigranten, für den ist der Weg nach Palästina nur noch ein Katzensprung.

Keiner von denen, die Hitler ins Exil getrieben hatte, glaubte auch nur einen Moment lang an den Mythos vom edlen Krieger. Man wusste, im Windschatten des Afrikakorps wüteten Einsatzkommandos von Gestapo und SS, wie bereits im »Unternehmen Barbarossa« gegen die Sowjetunion. Angeführt wurde diese SS-Truppe von einem Mann, der schon vorher die Vernichtung von Juden in Gaslastwagen erprobt hatte, von SS-Führer Walter Rauff. In Städten wie Tripolis oder Tunis verschleppten SS und Gestapo Angehörige jüdischer Gemeinden und richteten Konzentrationslager ein. Allein in Tunesien gab es während Rommels Wüstenkrieg zuletzt zweiunddreißig solcher Lager, über hundert sollen es in ganz Nordafrika gewesen sein, da die Kolonialmächte in Nordafrika, Italien und das nunmehr durch die Vichy-Regierung repräsentierte Frankreich, eng mit den deutschen Dienststellen kooperierten. Schon vor dem Feldzug Rommels hatten Gestapo- und SS-Führung in Berlin die Vernichtung der Juden in Nordafrika und anschließend im britischen Mandatsgebiet Palästina geplant. Die Zionisten dort waren darüber informiert.

Vermutlich war auch bekannt, dass nach der Eroberung von Tobruk knapp tausend Juden in libysche Wüstenlager deportiert wurden. Unter der glühenden Sonne mussten sie mitten in der Wüste Steine für neue Vormarschstraßen schlagen und unter Lebensgefahr Minen räumen. Über dreihundert von ihnen wurden über Italien schließlich ins KZ Bergen-Belsen deportiert, nur wenige kamen zurück nach Tunesien.

Jeder Erfolg Rommels in Nordafrika machte die Lage der Juden in Palästina verzweifelter. »Wir haben rund um Haifa Gräben gegen Panzer ausgehoben, weil wir dachten, die können uns schützen. Wir wussten, wenn er tatsächlich über den Suezkanal kommt, ist niemand da, der ihn aufhalten kann. Außerdem saßen im Libanon die Vichy-Franzosen, auf griechischen Inseln die italienische Luftwaffe. Die Achsenmächte konnten also von mehreren Seiten angreifen.« Aber, so Bettelheim und viele andere Emigranten, diesmal wären sie nicht geflohen, diesmal hätten sie gekämpft. Ihr Gelobtes Land wollten sie sich nicht wieder nehmen lassen. So hatte die Haganah schon Pläne entworfen, sich in die Karmelberge bei Haifa zurückzuziehen, um von dort aus die vorrückende Wehrmacht zu bekämpfen.

»Es genügt, sich die Frage vorzulegen, was geschehen würde, wenn Palästina nicht verteidigt werden kann, um für jeden, der noch abseitssteht, volle Klarheit darüber zu verschaffen, was in diesem Moment noch getan werden muss. Es gibt nur eine Pflicht und eine Aufgabe, alles andere steht in weitem Abstand zurück«, schreibt das *Mitteilungsblatt* am 10. Juli 1942 an seine deutschstämmigen Leser und appelliert: »Wir hoffen, dass die maßgebenden Instanzen, die allein über das zum Kampf unentbehrliche Material an Waffen und anderen Erfordernissen verfügen, vollen Gebrauch machen werden von der loyalen Bevölkerung … von ihrer Bereitschaft, alle Kräfte und ihr Leben einzusetzen für die Sache einer freien Welt.« Mit anderen Worten, die Interessensvertretung der Emigranten aus Deutschland und Österreich fordert die Briten auf, junge deutsche Emigranten zu bewaffnen und in den Kampf gegen Rommel zu schicken.

Doch dazu kam es nicht mehr. Das Kriegsglück des frisch gekürten Generalfeldmarschalls wendete sich, ehe er den Suezkanal erreichen konnte. Nach zwei blutigen Schlachten gegen die britischen Truppen nahe der ägyptischen Küstenstadt El Alamein im Juli und im Oktober 1942 musste Rommel sich geschlagen und den Befehl zum Rückzug geben. Der Versuch, die ägyptische Hafenstadt Alexandria zu erobern, um anschließend an den Suezkanal vorzustoßen, war endgültig gescheitert. Nun war es an der Reihe der Briten und ihrer Verbündeten, das Afrikakorps der Achsenmächte mitsamt Rommels »Panzerarmee Afrika« vor sich her zu treiben. In Tunis plünderten währenddessen SS-Trupps die Hauptsynagoge und erbeuteten Gold, Silber und wertvolle sakrale Objekte. In ganz Tunesien zwangen sie die jüdischen Gemeinden, auf einen Schlag fünftausend Arbeiter zu stellen. Verteidigungsanlagen sollten diese Zwangsarbeiter errichten, Panzergräben ausheben und Bunker bauen, um so vielleicht doch noch die Briten aufzuhalten. In den letzten sechs Monaten der

Besetzung Tunesiens durch die Wehrmacht sind über zweitausendfünfhundert Juden ermordet worden. »Allein in den beiden Lagern Bizerta und Mateur kamen hunderte jüdische Gefangene durch Krankheit, schwere körperliche Arbeit und Misshandlung durch das deutsche Wachpersonal und alliierte Bombenangriffe ums Leben«, berichtet die Internationale Schule für Holocaust-Studien von Yad Vashem.

Vernichtung durch Arbeit auch in Nordafrika – das war der Plan von Gestapo und SS. Möglichst wenige Juden sollten am Ende in die Vernichtungslager in Osteuropa deportiert werden müssen. Je mehr Tote in Nordafrika also, desto erfolgreicher das Vernichtungsprogramm, so das eiskalte Kalkül. Dass Hitlers »Edelritter« Rommel von solchen Plänen und Praktiken nichts mitbekommen haben soll, ist wenig wahrscheinlich. Fest steht jedenfalls, dass er durch seinen Feldzug den Massenmord an Juden in Nordafrika erst möglich gemacht hat.

Nach der Niederlage Rommels in El Alamein können die Zionisten in Palästina wieder aufatmen. Einen Monat nach dieser entscheidenden Schlacht reist ein aus Prag stammende Reporter von Tel Aviv nach El Alamein. Im *Mitteilungsblatt* vom 25. Dezember 1942 beschreibt er seinen Besuch so:

»Man fährt heute von Alexandrien mit allen Bequemlichkeiten mit dem Auto dorthin wie zu einem Touristenausflug. Es ist der entscheidende Ausgangspunkt der großen Offensive General Montgomerys, der Schauplatz eines der großen Wendepunkte des Krieges … Wir haben den Vorzug, von einem überaus intelligenten und das Material souverän beherrschenden jungen Leutnant, der wahrscheinlich im Privatberuf ein Gelehrter ist, über das Schlachtfeld geführt zu werden und alle Stadien der Schlacht genau kennenzulernen, von der Säuberung der Minenfelder … dem Durchbruch der Australier … und schließlich das letzte Stadium der Tankschlacht im Kampf gegen die deutschen Anti-Tank-Geschütze. An dieser Stelle finden wir auch, etwa sechs Wochen nach der Schlacht, vereinzelt dastehende zerschossene Tanks und andere Fahrzeuge; denn das meiste ist schon abgeschleppt in ein großes Sammellager.

Interessant sind die bei der deutschen Tankstellung vorgefundenen Briefe und Papiere, alte Zeitungen, meist kleiner deutscher Provinzblätter bis zum Datum Anfang Oktober ... Eine Nummer der *Frankfurter Zeitung* vom 2. August, fast vergilbt und mit Sand beklebt, hat einen Leitartikel mit der Überschrift: ›Der Schlüssel zum Sieg‹. Dieser Schlüssel ist den Deutschen entglitten. Alle Papiere sind schon stark mitgenommen ... Dennoch vermitteln die Briefe manch interessanten Einblick. Sie deuten die Schwierigkeiten im deutschen Hinterland an. Ein deutscher Soldat an russischer Front schreibt an seinen Bruder an der afrikanischen Front in primitiver Form, aber ohne Verheimlichung des Schweren, das er durchmachen musste. Ein Soldat des Afrika-Korps hat offenbar unmittelbar vor dem britischen Angriff einen Brief in die Heimat geschrieben, worin es heißt: ›Es beginnt etwas unheimlich hier zu werden ...‹ Es scheint den Deutschen tatsächlich unheimlich geworden zu sein, sie haben alles stehen und liegen gelassen. In Derna, so erzählt uns der begleitende Offizier, stand das Frühstück gerade frisch bereit auf dem Tisch – so fanden es die Engländer vor. Die Deutschen hatten das Weite gesucht.«

Am Ende des Artikels stellt sich der Reporter dieser Reise an die Front zwar nur mit dem Kürzel »R. W.« vor, zweifellos handelt es sich aber um den Journalisten Robert Weltsch, der hauptamtlich für die angesehene hebräische Tageszeitung *Haaretz* schrieb. Weltsch gehört zu den wichtigsten deutschsprachigen Autoren jüdisch-tschechischer Herkunft. Bis zu seiner Emigration 1938 hatte er als Chefredakteur der *Jüdischen Rundschau* in Berlin gearbeitet, dem Organ der deutschen Zionisten. In Palästina war er zunächst Chefredakteur der *Jüdischen Weltrundschau*, und nach deren Einstellung 1940 leitete er während des Krieges das *Mitteilungsblatt*, bis er 1945 für die liberale Tageszeitung *Haaretz* als Korrespondent nach London ging. Aus dem etwas steifbeinigen Verlautbarungsorgan der deutschen Emigranten in Palästina machte er innerhalb weniger Jahre ein intellektuelles Debattenblatt.

Robert Weltsch gehört zu jener intellektuellen Minderheit unter den Zionisten, die vehement für einen binationalen jüdisch-arabischen Staat eintraten. Juden und Araber sollten gleichberechtigt in einem und demselben Staat leben. Nicht nur in Deutschland, sondern ganz besonders später in Palästina machte er sich mit dieser Haltung viele Feinde unter den nationalistischen Zionisten. Für diese war klar: Dies ist unser Land. Hier werden wir einen rein jüdischen Staat aufbauen, schließlich hatte es so in der Erklärung des britischen Außenministers Lord Balfour vom November 1917 gestanden. Außerdem beriefen sich diese radikalen Zionisten auf das dem auserwählten Volk in den fünf Büchern Mose verheißene Land, sie verstanden die Thora gewissermaßen als Grundbuch.

Wie also mit den arabischen Einwohnern in Palästina umgehen, die ja schon seit Generationen hier lebten? Ist ein Ausgleich mit ihnen möglich? Oder ist ihre Vertreibung unausweichlich? Das war nicht nur für Robert Weltsch ein großes Thema, auch unter den aus Deutschland geflohenen Emigranten wurde diese Frage leidenschaftlich diskutiert, selbst das kleine *Mitteilungsblatt* griff sie immer wieder auf. Schließlich hatten diese Neueinwanderer den alteingesessenen Arabern nicht selten Land weggenommen wie im Fall der Siedlung Shavei Zion oder anderen Kibbuzim, zumindest sahen es die arabischen Bewohner Palästinas so, selbst wenn das Land gekauft und der neue Besitzer in ein Grundbuch eingetragen war. War ein friedliches Zusammenleben mit den Arabern in einem zukünftigen jüdischen Staat daher überhaupt noch möglich? Die Vorschläge, die im damaligen Mandatsgebiet und damit auch im *Mitteilungsblatt* diskutiert wurden, reichten von Umsiedlung der Araber aus Palästina in weniger besiedelte Gebiete Jordaniens oder bis ins Zweistromland gegen einen finanziellen Ausgleich und kräftige Starthilfe bis hin zu einem binationalen Staat mit einer Verfassung, die beiden Völkern gleiche Rechte gab, so wie es auch dem Vater des Zionismus, Theodor Herzl, vorgeschwebt hatte. Selbst der zionistische Hardliner und nationalistische Vordenker Wladimir Zeev Jabotinsky forderte in seinen Schriften noch einen Staat, in dem Juden und Araber gleichberechtigt zusammenleben sollten.

Doch das Gespräch mit den Arabern zu suchen, um so einen Ausgleich zu finden zwischen den Interessen der Neusiedler und denen der Ureinwohner, das fiel den zionistischen Früheinwanderern und ihren politischen Funktionären offensichtlich nicht ein. Diese Gleichgültigkeit sei so etwas wie die zionistische Ursünde, urteilt der Historiker Moshe Zimmermann bei unserem Gespräch im Frühjahr 2016. »Der Zionismus war eine europäische Idee, die von sich annahm, sie sei modern und daher überlegen. Da müsse man die andere Seite nicht fragen, so die Annahme. Auch Theodor Herzl hatte nicht vorgesehen, die Araber zu fragen. Später war es zu spät.« Allerdings war es bereits im Frühjahr 1920 fast zu spät gewesen. Schon damals war es zu blutigen Ausschreitungen arabischer Demonstranten gegen jüdische Siedler gekommen, die zurückschlugen oder auch als Erste angriffen. Regelmäßig kam es auf beiden Seiten zu Toten und Verletzten. Allerdings gelang es auch der britischen Mandatsverwaltung nicht, diesen immer blutiger ausgetragenen Konflikt in friedlichere Kanäle zu lenken.

Das schon fast demonstrative Desinteresse der zionistischen Funktionäre an arabischen Belangen enttäuschte die Vertreter der deutschen Einwanderer zutiefst. Dennoch forderten sie auch noch Anfang der vierziger Jahre, also zwanzig Jahre nach den ersten Zusammenstößen, eine Verständigung zumindest zu versuchen, auch in eigenem Interesse. Wichtig sei, so schreibt das *Mitteilungsblatt* zum Beispiel am 9. Februar 1940, »dem Zionismus jene Sprache der Humanität zurückzugeben, die von jeher sein Besitz war, und jenen Stil zu beseitigen, der in der Zeit der Not und Verwirrung aufgekommen ist. Bitterkeit und

Feindschaft sollten dem Zionismus nicht den Stempel aufdrücken … Auch sollte die zionistische Politik alle Judenstaatsprogramme fallen lassen, die nicht zeitgemäß sind.« Dazu gehörten alle Vorgehensweisen, die Araber ausgrenzten, daher müsse das zukünftige Israel zwingend ein Staat für beide Bevölkerungsgruppen werden.

Drei Empfehlungen greift der anonyme Autor in diesem Artikel auf. Dabei bezieht er sich auf den jüdisch-polnischen Schriftsteller Shlomo Zemach, der diese Forderungen schon früher formuliert hatte. In einer Verfassung solle die Gleichberechtigung der beiden Völker, Araber wie Juden, festgeschrieben werden mit allen bürgerlichen Rechten für beide Seiten. Zum Zweiten sollten in Palästina nicht mehr Juden als Araber leben, damit keine Seite die andere dominieren könne. Und schließlich müsse dieses Projekt von der internationalen Gemeinschaft finanziell abgesichert werden. Am Ende seines Artikels schreibt der anonyme Autor im *Mitteilungsblatt* weitsichtig: »Die Ausführungen von Zemach werden sicherlich im jüdischen Lager heftigen Widerspruch wecken und sind für die Stimmung im heutigen Palästina nicht charakteristisch.« Weder im zionistischen noch im arabischen Lager dürften diese Vorschläge damals auf Wohlwollen gestoßen sein, müsste man ergänzen, doch die Einwanderer aus Deutschland und Österreich diskutierten sie und schwammen damit gegen den Strom der zionistischen Mehrheit.

Freunde unter den Zionisten hatte sich auch Shlomo Zemach mit diesen Vorschlägen sicherlich nicht gemacht, dennoch wurde er nach der Staatsgründung mit zwei hohen israelischen Literaturpreisen ausgezeichnet. Und ganz vergeblich waren seine Forderungen nicht. Immerhin sind heute die im israelischen Staatsgebiet lebenden Araber und Juden zumindest dem Gesetz nach weitestgehend gleichgestellt.

Herbert Bettelheim, der hochbegabte Wiener Musikstudent, war bei seiner Ankunft in Haifa im Frühjahr 1939 nicht nur von der mit Hakenkreuzfahnen beflaggten Deutschen Kolonie der

Templer schockiert, er war auch am selben Tag noch mit dem Hauptkonflikt in Palästina konfrontiert worden: Zwei Bomben explodierten auf dem arabischen Souk der Stadt; es gab zahlreiche Tote und Verletzte.

»Möglicherweise stammten die Täter aus einer jüdischen Untergrundorganisation«, erinnert sich Bettelheim heute. »Wir bekamen jedenfalls vom ersten Tag an die Unruhen zu spüren, da oft Ausgehverbot verhängt wurde und man uns davor warnte, arabische Viertel zu besuchen. Hauptsächlich aber war der Überlandverkehr betroffen, der war nicht ungefährlich für Juden, da die Zufahrtsstraßen aus allen Richtungen nach Haifa durch arabische Dörfer führten. In Haifa selber gab es von Zeit zu Zeit Anschläge, meistens war es ruhig. Für die Engländer war der Hafen zu wichtig.«

Auch andere Emigranten aus Deutschland warnten vor einem totalen Bruch mit den Palästina-Arabern. Der Arzt und Schriftsteller Felix Theilhaber, der nach seiner Entlassung aus einem Gestapo-Gefängnis 1935 nach Palästina ausgewandert war, schrieb zum Beispiel in der Ausgabe des *Mitteilungsblatts* vom 5. April 1940, nur auf der Basis gemeinsamer landwirtschaftlicher Projekte, mit denen das Land erschlossen werden könne, »kann der Friede zwischen dem jüdischen Palästina und der arabischen Umgebung geschlossen werden, der nicht nur im Interesse der beiden Partner gelegen ist. Die ganze Welt ist daran interessiert, irgendwo die Massen der Juden unterzubringen, wo sie nicht durch neue Konflikte die friedlose Welt nicht zur Ruhe kommen lassen und den Zündstoff in der friedlosen Welt vermehren.« Daher fordert Theilhaber, der in der Weimarer Zeit als aufgeklärter Arzt und Schriftsteller schon früh den Zorn der Konservativen, ganz besonders aber der Nationalsozialisten auf sich gezogen hatte, als Lehre aus der Geschichte: »Wir haben aus der Entwicklung gelernt und verlangen von einer Neuordnung eine großzügige Lösung der bestehenden Fragen. Diese Bereinigung kann zum Ziel führen, wenn das arabische Element in die Lage versetzt wird, in neu zu erschließenden Gebieten mehr und besseren Boden zu erhalten, in hübschen Häusern angesiedelt ... und durch Bereitstellung landwirtschaftlicher Maschinen und Vieh reicher werden kann.« Mit anderen Worten: Theilhaber setzt sich für ein friedliches Nebeneinander beider Volksgruppen ein, schließt aber nicht aus, dass zumindest ein Teil der arabischen Bauern um den Preis einer großzügigen Entschädigung in andere arabische Länder umgesiedelt werden muss.

Unter Einwanderern aus Mitteleuropa war eine solche Haltung wie die von Bettelheim oder Theilhaber weit verbreitet. Besonders wenn sie in einigermaßen sicheren Städten wie Haifa oder Tel Aviv lebten, zeigten sie Verständnis für die Interessen und Nöte der arabischen Bevölkerung. So gehörte es zu den zentralen Forderungen der 1942 gegründeten Alija Chadascha, der »Partei der Einwanderer aus Mitteleuropa«, ein neuer zionistischer Staat müsse den Interessensausgleich mit den Arabern suchen. Araber seien Partner und Nachbarn, und nicht Feinde, betont auch das *Mitteilungsblatt* immer wieder. Am 8. Oktober 1943 veröffentlichte der Sprecher dieser Partei, Georg Landauer, im *Mitteilungsblatt* einen Grundsatzartikel zur zionistischen Politik. In diesem Kommentar fordert er ein klares Bekenntnis zur Demokratie und Gewaltfreiheit. Terror als Mittel zur Durchsetzung politischer Ziele lehnt er vehement ab, und schon gar nicht sei er gerechtfertigt, wenn es um die Gründung eines jüdischen Staates gehe. Zum Umgang mit Arabern schreibt er:

»Das gilt ebenso für unsere Beziehungen zu unserem arabischen Nachbarvolk im Land. Wir wollen in Frieden mit ihnen leben; wir wollen aber auch keine gewaltsame Aktion gegen uns dulden. Unser Programm ist so, wie es ist, weil wir Frieden wünschen. Kooperation und eine gemeinsame Lebenssphäre hier im Land und im weiten Umkreis herum. Wir wollen keinen Kampf; ein unentschiedener Kampf ist ein ewiger Krieg; ein entschiedener Kampf schafft Sieger und Besiegte. Es kann kein friedliches Zusammenleben auf einem Boden zwischen Siegern und Besiegten geben. Wir wollen die Araber nicht besiegen, wir wollen von ihnen nicht besiegt werden. Die Araber sollen sich auf allen Böden, die sie besiedelt haben, frei entfalten können. Wir, die wir Neues zu entrichten haben, wollen uns auf allen Böden, die wir uns erschließen, frei entfalten. Und wiederum glauben wir, dass die beste Friedenssicherung in Kooperation im Land ohne Gewaltanwendung von Volk gegen Volk und durch das kollektive Sicherheitssystem der siegreichen und erstarkten Demokratie erstrebt und erreicht werden kann.«

Georg Landauer, der lange die deutschen Abteilung der jüdischen Einwanderungsorganisation, der Jewish Agency, geleitet und so Zehntausenden in Nazi-Deutschland Verfolgten das Leben gerettet hatte, stellte sich mit dieser Forderung klar gegen die Mehrheit der Zionisten, die auch Gewalt gegen Araber in Kauf nahmen, um einen jüdischen Staat zu gründen. Die große Mehrheit der Zionisten um Staatsgründer David Ben-Gurion strebte einen zumindest mehrheitlich jüdischen Staat an und lehnte eine binationale Lösung à la Landauer strikt ab.

Landauers Bekenntnis zu einem gemeinsamen Staat für Juden und Araber waren ein Anschlag und eine politische Einschüchterungsaktion gegen seine Partei vorausgegangen. Mitte September hatte ein radikaler Zionist versucht, das Parteibüro in Tel Aviv in Brand zu stecken. Wer ist der wahre Zionist? Das war damals eine der entscheidenden Fragen, die mit zunehmender Aggressivität gestellt wurde, was zu immer wieder explodierenden Spannungen zwischen den Nationalistischen und den Gemäßigten aus Mitteleuropa führte. Selbstverständlich hielten die Alteingesessenen sich selbst für die wahren Zionisten und die neu Zugewanderten für ideologisch nicht gefestigt. Sie schreckten auch vor Gewalt, Drohung und Erpressung nicht zurück.

Zwei Wochen nach dem Brandanschlag, am 27. September 1943, ging im Büro von Landauer ein Brief ein, der der Partei, wie das *Mitteilungsblatt* in der folgenden Oktoberausgabe berichtet, ultimativ mit Konsequenzen drohte, falls sie bei dieser ausgleichenden Haltung bliebe: »Da in der ganzen Welt Gerüchte über Ihre öffentliche, anti-zionistische Haltung verbreitet sind, werden Sie hiermit aufgefordert, in der Öffentlichkeit (in der Presse) zu erklären, dass Sie das folgende Minimalprogramm unterstützen: freie Einwanderung und jüdische Mehrheit im jüdischen Land. Diese Erklärung wird Sie vor ernsten Konsequenzen bewahren.«

Trotz dieses Erpressungsversuchs beharrten Landauer und die anderen Parteimitglieder auf ihrer Position, eine durchaus riskante Entscheidung; denn in ähnlichen Fällen war es nicht bei leeren Drohungen geblieben, wie das *Mitteilungsblatt* in seiner Oktoberausgabe aufzählte: »Mit einem Mord begann es, andere Mordtaten aus einem feigen Hinterhalt schlossen sich an. Bombenwürfe gegen Andersdenkende. Verbrennung von Kiosken. Zerstörung von Druckermaschinen. Überfälle bei Tageslicht auf wohlhabende Bürger. Einschlagen von Fensterscheiben und Erpressung ohne Ende.« Ob all diese Verbrechen tatsächlich mit der araberfreundlichen Haltung vieler Einwanderer aus Mitteleuropa zu tun hatten, lässt sich nachträglich nicht mehr feststellen.

Doch dass dieser Horrorkatalog nicht aus der Luft gegriffen war, hatten schon zwei andere deutsch-jüdische Intellektuelle zu spüren bekommen, die wie Landauer vom Kurs des Mehrheitszionismus abwichen: der in Haifa lebende Schriftsteller Arnold Zweig und der Religionswissenschaftler und Philosoph Ernst Simon, der an der Hebräischen Universität in Jerusalem lehrte. Beide hatten auch in der Öffentlichkeit aus ihrer Einstellung in der arabischen Frage nie ein Geheimnis gemacht und sich dadurch immer wieder Anfeindungen ausgesetzt.

So wurde im Februar 1942 Ernst Simon während einer Pädagogikvorlesung an der Universität von Jerusalem von jungen Leuten attackiert. Das *Mitteilungsblatt* machte den Übergriff zum Aufmacher seiner Ausgabe vom 6. Februar 1942 und titelte: »Terroristischer Zwischenfall – Tätlichkeiten gegen Ernst Simon im Hörsaal«. Der Reporter schreibt aus Jerusalem: »Am vorigen Donnerstag spielte sich im Hörsaal der Universität von Jerusalem ein beschämender Vorfall ab. Eine Reihe von jungen Leuten, die nicht zur Universität gehören, drangen in den Vorlesungssaal ein, wo Ernst Simon seine Vorlesung abhielt. Vorher war der Katheder mit Flugblättern beklebt worden. Der Führer der Eindringlinge störte die Vorlesung und verlas eine Erklärung, worauf die jungen Menschen, unter denen sich auch einige junge Mädchen befanden, den Dozenten umringten und ihn zwingen wollten, den Hörsaal zu verlassen. Als er sich weigerte, wurde er tätlich misshandelt. Er erhielt einen Faustschlag ins Gesicht, und eines der Mädchen bedrohte ihn mit einem Hammer. Es entstand ein Handgemenge, in dessen Verlauf sich auch die Studenten gegen die Störung wehrten.«

Schon in den zwanziger Jahren hatte Ernst Simon in Palästina zusammen mit anderen aus Mitteleuropa stammenden jüdischen Intellektuellen den Friedensbund Brit Schalom gegründet, der sich für eine Verständigung mit den Arabern einsetzte. Daher sahen nicht wenige nationalistisch gesinnte Zionisten in diesem politischen Verband einen Zusammenschluss von Verrätern an der zionistischen Sache. Zu seinen Mitgründern gehören Intellektuelle wie der Religionsphilosoph Martin Buber, der Journalist und Schriftsteller Robert Weltsch oder der Religionshistoriker Gershom Scholem.

Vierzig Jahre nach der Attacke, am 6. September 1982, gesteht Ernst Simon in einem Gespräch mit dem Vertreter des Evangelischen Arbeitskreises für den christlich-jüdischen Dialog in Hessen, Otto Schenk, seine auch damals noch tiefsitzende Enttäuschung über das Verhalten der nationalen Zionisten ein: »Als ich nach Palästina kam, hatte ich das Gefühl, ich komme nach Hause. Dieses Gefühl hielt nicht lange durch. Bei einer Begegnung mit Lehrern und Erziehern wurde mir die erste große Enttäuschung bereitet: Die Juden aus Osteuropa akzeptierten mich nicht als Zionisten, als einen von uns. Erschreckend wurde mir deutlich, wie hoch und wie hart die Mauer zwischen uns und den Ostjuden war. Die zweite Enttäuschung: Ein kleiner Teil des Jischuw, der allmählich wuchs, richtete eine zweite Mauer auf, und zwar gegen die arabische Bevölkerung. Und im Gegensatz zur ersten Enttäuschung, bei der es noch Durchlässe und Löcher gab, war das Tor der zweiten Mauer wegen der Gegenseitigkeit eine seltene Ausnahme. Ich gehörte allmählich dazu wegen meiner publizistischen und journalistischen Tätigkeit im Sinn einer Verständigung zwischen den beiden Völkern.«

Aus Ernst Simons Sicht sind somit beide Seiten, die jüdische wie die arabische, für diese undurchlässige Mauer zwischen den Völkern verantwortlich, beide verhindern also eine Verständigung, sind aber voneinander abhängig; denn: »Die beiden Nationalismen, jüdische wie arabische, verhalten sich wie kommunizierende Röhren.« Er habe versucht, fährt Simon fort, das Tor durch die Mauer offen zu halten durch seine Veröffentlichungen. »Ich hatte trotzdem über viele Jahre enge Fühlung mit arabischen Studenten und Intellektuellen gehalten. Sie ist aber nach der Errichtung des Staates, wo sie besonders notwendig gewesen wäre, nicht genug gepflegt worden«, klagt er. Auch dem Philosophen gelang es also bis zu seinem Tod 1988 in Jerusalem immer weniger, die Verbindungen zwischen arabischen und jüdischen Intellektuellen aufrechtzuerhalten.

Noch massiveren Anfeindungen sah sich der deutsch-jüdische Schriftsteller Arnold Zweig ausgesetzt, der im Dezember 1933 nach Haifa eingewandert war. Auch er verstand sich zwar als Zionist, war aber ebenfalls ein glühender Verfechter einer Verständigungspolitik mit den Arabern. Den Zorn der nationalen Zionisten hatte er bereits Anfang der dreißiger Jahre auf sich gezogen. Bei seinem ersten Palästinabesuch 1932 hatte er den Zionismus zwar als ein Erfolgsmodell für eine neue Gesellschaft gepriesen, damals aber schon die nationalistischen Misstöne in der Bewegung herausgehört. Noch kurz vor seiner Rückkehr nach Deutschland hatte er gegenüber dem Jerusalemer Korrespondenten der in Berlin erscheinenden *Jüdischen Rundschau* geschwärmt, der Gesamteindruck seiner Reise sei außerordentlich positiv, schließlich habe er so etwas wie den neuen Menschen entdeckt: »Der Typus der Menschen ... besonders der jungen Menschen, der Arbeiter, der Chauffeure, alles was man auf der Straße sieht«, mache »den Eindruck des aufsteigenden Lebens«. Gleichzeitig warnte er vor einem nationalistischen Zionismus, der andere Bevölkerungsgruppen ausgrenze. Zweig meinte damals zweifellos den arabischen Teil der palästinensischen Bevölkerung. Über naiven und unkritischen Nationalismus auf beiden Seiten klagt er in dem kurzen Artikel in der *Jüdischen Rundschau*: »Auch hier scheint die Anbahnung gesellschaftlicher Verbindungen dringend nötig.« Araber und Juden sollen also zusammenarbeiten, nicht gegeneinander. 1932 begründet er seine Haltung weitsichtig, schließlich habe man »am eigenen Leib erfahren, welche verheerende Wirkung ein in die Grundlage der Gesellschaft eingebauter Nationalismus sprengstoffartig entwickeln muss«. Schon ein paar Monate später sollten ihm die politischen Ereignisse in Deutschland auf fürchterliche Weise recht geben.

Nach seiner durch die rasch zunehmenden Repressionen der Nazis erzwungenen Rückkehr in »das Gelobte Land« im Jahr 1934 sollte diese Kritik zur ständigen Begleitmusik seines dortigen Aufenthalts bis 1948 werden.

Den endgültigen Zorn der nationalen Zionisten hatte Zweig mit seinem Roman *De Vriendt kehrt heim* auf sich gezogen, der noch kurz vor der Machtergreifung Hitlers erschienen war. Diesem Roman liegt eine wahre Mordgeschichte zugrunde, die sich in den zwanziger Jahren in Jerusalem ereignet hatte. Bei seiner Palästinareise 1932 hatte Zweig sie recherchiert.

Der holländische Jude und Jurist Jacob Israël de Haan war 1919 nach Palästina ausgewandert, als Zionist zunächst, dann aber, als die Auseinandersetzungen zwischen Zionisten und Arabern immer gewalttätiger wurden, schwenkte er um. Der

Konflikt zwischen Juden und Arabern müsse beendet werden, propagierte er, und man dürfe nicht versuchen, ihn durch Krieg und Gewalt zu lösen. Offen unterstützte er den arabischen Anspruch auf Palästina und machte sich dadurch die Zionisten zu Todfeinden. Privat lebte der Homosexuelle mit einem arabischen Jungen zusammen. Am 30. Juni 1924 wurde er in Jerusalem auf offener Straße erschossen. Von wem, blieb lange unklar. Von der durch die homosexuelle Beziehung entehrten Familie des arabischen Jungen? Oder doch von Zionisten selbst?

Sechzig Jahre lang kannten nur ein paar Eingeweihte die Hintergründe der Tat. Erst 1985 stellte sich heraus: Es war ein politischer Auftragsmord der Zionisten gewesen. Der Mörder Avraham Tehomi gestand damals zwei israelischen Reportern: »Ich habe das getan, was die Haganah entschieden hatte. Nichts wurde ohne den Befehl Yitzhak Ben-Zvis [des späteren zweiten Präsidenten Israels] getan ... Ich bedaure nichts, denn er [de Haan] wollte die gesamte Idee des Zionismus zerstören.«

Diese brisante Geschichte nutzt Arnold Zweig als Vorlage für seinen Roman *De Vriendt kehrt heim*. Er lässt ihn zwar im Jahr 1929 spielen, sonst aber übernimmt er fast baugleich die wirkliche Geschichte. De Haan heißt bei Zweig de Vriendt. Auch er wird beschrieben als zunächst orthodoxer Jude, der, mit der Realität in Palästina konfrontiert, bald scharfe Kritik am Zionismus übt und sich für die Rechte der arabischen Palästinenser einsetzt. Auch er hat eine Liebesbeziehung zu einem arabischen Jungen. Auch er wird in Jerusalem ermordet. Von Zionisten? Oder von Arabern? Anders als lange im Fall de Haan lässt Zweig schon 1932 keinen Zweifel an den Tätern und ihren Motiven. Bei ihm sind es zionistische Fanatiker, die in de Vriendt einen Verräter am jüdischen Volk sehen, dem »das Handwerk gelegt werden muss, rasch und gründlich ... Ein Mann müsste nach Jerusalem fahren und diesen de Vriendt an der Schwelle seines Hauses niederschießen, am helllichten Tag, auf offener Straße, zur Warnung für alle seinesgleichen«, lässt Zweig einen der Mörder sagen. Genau so geschieht es im Roman und war es geschehen fünf Jahre zuvor in der Wirklichkeit.

Trotz dieser leicht erkennbaren Nähe zum Fall de Haan schreibt Zweig in der *Jüdischen Rundschau* vom 25. November 1932, sein Roman sei keine Dokumentation dieses Verbrechens, *De Vriendt kehrt heim* sei gemeint als »Kritik am jüdischen Nationalismus, Kritik der Nachkriegswelt an unserer jüdischen Nachkriegswelt, Aufhellung der Ideenkämpfe unserer geschüttelten Epoche, [Kritik] an den Kämpfen zwischen denjenigen Ideen, die von den Personen meines Buches getragen und verkörpert werden und die die Ideen und Prinzipien unserer jüdischen zionistischen und sozialistischen Epoche sind«.

Kein Wunder, dass der Empfang bei seiner zweiten, erzwungenen Palästinareise eher unterkühlt ausfiel. Die Einheimischen ignorierten ihn, sahen in ihm nicht selten einen Verräter an der zionistischen Sache. Der aus Berlin stammende Verleger Salman Schocken soll sogar zu ihm gesagt haben: »In Berlin waren Sie berühmt. Hier in Haifa sind Sie ein Nichts.« Und das war nicht bedauernd gemeint, erzählt mir Arnold Zweigs Sohn, Adam Zweig, der damals bei seinen Eltern in Haifa lebte. Getroffen habe ich ihn in einem Altersheim in Zürich. Ein korrekt gekleideter Herr, Jackett, Krawatte, blitzblank geputzte Schuhe, sitzt vor mir. Das Zimmer in peinlichster Ordnung, die Obstschale auf dem Tisch sorgfältig mit Weintrauben, Äpfeln, Birnen angerichtet. Es ist Herbst 2015. An der Wand zarte Aquarelle seiner Mutter, er ist erkennbar stolz auf sie. Von Ende 1933 bis 1946 hatte er im Haus seines so berühmten wie unbelehrbaren Vaters und seiner so sensiblen wie depressiven Mutter auf dem Karmelberg gelebt. Von ihm, dem großen Arnold, redet er nur im nüchternen Stil eines Biographen, als müsse sich heute noch der Sohn vom Vater distanzieren: »Arnold Zweig war alles andere als beliebt, auch weil er von oben herab war, aber auch aus politischen Gründen. Er stand weit links.« Dünkel ohne Anflug von Demut und eine schon an Starrsinn grenzende politische

Rechthaberei – nicht unbedingt gute Voraussetzungen, um sich Freunde zu machen. Und dass er – im Einklang mit anderen Intellektuellen aus Mitteleuropa – über all die Jahre an seiner Grundforderung festhielt, Zionisten und Araber sollten gefälligst aufeinander zugehen, um friedlich zusammenleben zu können, trug ebenfalls nicht zu seiner Beliebtheit bei. Veröffentlichen konnte er so gut wie nichts, die hebräischen Verlage interessierten sich nicht für ihn. Schockens Verdikt ging in Erfüllung. Er blieb ein Nichts in Palästina. Und das setzte dem Großschriftsteller der Weimarer Zeit gewaltig zu.

Fast zehn Jahre nach seiner Ankunft in Haifa bekommt er die Gewalt der national gesinnten Zionisten noch einmal geballt zu spüren. Es ist der 30. Mai 1942, ein Samstag, Schabbat also. Im Kino Esther am Dizengoff-Platz 153 in Tel Aviv will Zweig einen Vortrag über die Sowjetunion und ihren Krieg gegen Hitler halten. Morgens um halb elf sammeln sich vor dem Kino die Russlandinteressierten, die meisten sind Deutsche, denn Arnold Zweig wird Deutsch sprechen. Wer sich den Vortrag anhören will, muss Mitglied in der Liga V (für Victory), einer Organisation zur Unterstützung der Roten Armee, sein, die Zweig im Oktober 1941 mitgegründet hat, oder eine persönliche Einladung vorweisen. Man will sichergehen und mögliche Störer von der Veranstaltung fernhalten.

Doch dann kommt alles ganz anders. Zweig redet gerade auf der Bühne von der Notwendigkeit einer zweiten Front gegen Hitler, als er plötzlich stockt. Vor dem Kino Lärm, Fenster zersplittern, und dann brechen Schlägertrupps mit Eisenstangen Türen auf, Jugendliche dringen in den Zuschauerraum ein, bewaffnet mit Knüppeln und Steinen, sie zerstören in hebräischer und deutscher Sprache geschriebene Anti-Nazi-Plakate. Zweig versucht, sich in Sicherheit zu bringen. Er hat Angst. Das *Mitteilungsblatt* beschreibt den Überfall so: »Der Tumult in der Versammlung war unbeschreiblich. Eine große Gruppe von Jugendlichen brach plötzlich in den Saal ein, warf mit Steinen und schlug auf das Publikum, besonders auf die Veranstalter, die auf der Bühne saßen, ein, bis mehrere schwer verwundet waren.«

Die jungen Schläger knüppeln mit Stuhlbeinen auf die Besucher ein, Fäuste und Steine fliegen. Im Publikum bricht Panik aus. Es dauert lange, bis die Polizei endlich anrückt, um wieder Ruhe herzustellen. Fünfzehn Menschen sind verletzt, davon einige schwer, und müssen mit vier Sanitätswagen in die umliegenden Krankenhäuser gefahren werden, berichtete damals der Stadtverordnete von Tel Aviv, Felix Rosenblüth, der einige Jahre später unter seinem hebräisierten Namen Pinchas Rosen erster Justizminister des neu gegründeten Staates Israel werden sollte.

Warum dieser Überfall? Gegen wen oder was richtete er sich? Gegen Zweig persönlich? Gegen seine Gewohnheit, Deutsch zu sprechen? Hebräisch hatte er nie gelernt. Gegen die Sowjetunion? In Rosenblüths Bericht an die Stadtverordnetenversammlung heißt es: »Teilnehmer der Veranstaltung haben den Eindruck empfangen, dass die Demonstration nicht so sehr gegen den Gebrauch der deutschen Sprache gerichtet war, sondern gegen den politischen Standpunkt der Veranstalter.«

Zweigs Sohn Adam erinnert sich an diesen 30. Mai 1942: »Mein Vater hat etliche Beulen abbekommen. Aber er hat nie zu Hause über den Überfall gesprochen. Er hat nie, nie ein Wort darüber verloren, auch mir gegenüber nicht. Alles, was ich weiß, haben mir damals andere erzählt. Ich glaube, er war zutiefst verletzt und gekränkt.« Und zu den Gründen des Überfalls sagt er: »Die Zionisten haben ihn gehasst, regelrecht gehasst wegen seiner politischen Einstellung. Er hat sich Feinde gemacht, weil er eine Überzeugung hatte, zu der er gestanden hat. Aber er konnte auch ungeschickt sein, so von oben herab. Auch deswegen haben sie ihn gehasst und das Kino angegriffen.«

Erst drei Wochen nach diesem Überfall äußert sich Arnold Zweig selbst zu den Ereignissen. In der zwei Monate zuvor von ihm mitgegründeten Wochenzeitschrift *Orient* schreibt er am 26. Juni: »Hinter der Maske der Sprachbesorgnis – was entblößt sich da? Der alte, liebe Hang zum Faschismus und jener Hass gegen die russische Revolution, den die Besiegten von 1917 und 1918 tief im Busen hegen. In Palästina muss fortgesetzt werden, was in Wilna, Warschau, Leningrad verloren gegangen war: der Kampf gegen die Jewsektia, die jüdische Sektion der Dritten Internationalen.« Mit anderen Worten: Alte Rechnungen sollten beglichen werden mit dem Sturm auf das Kino Esther. Zweig verstand den Überfall als einen Racheakt der von der Revolution aus Russland vertriebenen Juden an ihm und den anderen Unterstützern der Roten Armee.

Mit der Zeitschrift *Orient* hatten Zweig und der aus der heute polnischen Stadt Kattowitz stammende Wolfgang Yourgrau sich im April 1942 ihre eigene Plattform geschaffen, eine unabhängige Wochenzeitschrift, so der Untertitel, kritisch und doch offen für möglichst viele unterschiedliche Meinungen: »Unsere Plattform steht dem alten zionistische Aktiven nicht anders zur Verfügung als dem Einwanderer, der noch hierzulande um die Klärung seiner politischen Überzeugung ringt. Gedanken und Ideologien werden niemals dadurch beseitigt, dass man sie für tabu erklärt«, schreibt Herausgeber Wolfgang Yourgrau in der ersten Ausgabe. In seiner alten Heimat Berlin hatte dieser promovierte Physiker auch als Regieassistent gearbeitet und sich in der 1931 gegründeten Sozialistischen Arbeiterpartei Deutschlands derartig exponiert, dass SA-Leute ihm im April 1933 im Geschäft seiner Mutter auflauerten und ihn zusammenschlugen. Noch im selben Jahr emigrierte Yourgrau nach Palästina, wo er für den zionistischen Gewerkschaftsbund Histadrut arbeitete. Die Zeitschrift *Orient* war der Versuch, eine kritische Gegenöffentlichkeit zum nationalistischen Zionismus zu schaffen. Diese zionismuskritische Haltung hatte zweifellos bei vielen den Hass auf Wolfgang Yourgrau und Arnold Zweig ausgelöst.

Jede Ausgabe des *Orient* präsentiert eine Mischung aus Literatur, gewöhnlich Kurzgeschichten und Gedichte, und journalistischen Elementen, vor allem Theaterkritiken, politische Analysen, verfasst meist aus der Perspektive des demokratischen Sozialismus, außerdem Wirtschaftsteil und Rechtsberatung. Selbstverständlich wird für den Kampf gegen den Nationalsozialismus breiter Raum geschaffen. Arnold Zweig schreibt über deutsche und österreichische Literaten in Aufsätzen wie »Krieg und der Schriftsteller«, Yourgrau über internationale Entwicklungen, lässt sogar den sowjetischen Außenminister Molotow zu Wort kommen.

Kein Zufall, dass sich *Orient*-Herausgeber Yourgrau eng an Carl von Ossietzkys berühmte *Weltbühne* anlehnte, die in der Weimarer Zeit durch Enthüllungen und scharfe Kommentare den Zorn der Konservativen und Nationalisten auf sich gezogen hatte. Kein Wunder, dass die Nazis diese ihnen verhasste Zeitschrift kurz nach der Machtergreifung verboten und Herausgeber Ossietzky in verschiedenen Konzentrationslagern inhaftierten. Zwei Jahre nachdem er 1936 den Friedensnobelpreis verliehen bekommen hatte, starb er an Tuberkulose.

An diese Leidensgeschichte eines mutigen Demokraten wollte der *Orient* erinnern und an seine Wochenzeitschrift anknüpfen. Doch rentabel war die kleine Kopie des großen Vorbilds nie. Sie blieb eine »Plattform einer Minderheit selbst innerhalb der europäischen Alija«, so Hans-Albert Walter im vierten Band seines Monumentalwerks *Deutsche Exilliteratur*. Gerade mal zwischen achthundert und dreitausend Exemplare habe der *Orient* pro Nummer veröffentlicht, schreibt Herausgeber Volker Riedel im Vorwort zu der 1982 in der DDR erschienenen Faksimileausgabe. Von drei- bis vierhundert Abonnenten weiß er, der Rest wurde an Zeitungsständen verkauft, was nicht immer ungefährlich für die Händler war, denn der zionismuskritische Kurs provozierte den Zorn der Angegriffenen. Kioske gingen in Flammen auf, wenn der Besitzer dem Druck der nationalen Zionisten nicht nachgab, den Verkauf einzustellen. Auch Druckereien wurden erpresst. Einige Nummern konnten nur in maschinengeschriebenen Fassungen erscheinen. Diese permanente Schikane beschädigte am Ende die Finanzierung des *Orient* zusätzlich. Es war kaum einmal genug Geld da, um fällige Honorare auszuzahlen, schreibt Riedel.

Dass der Zeitschrift der große Erfolg bei den deutschsprachigen Lesern verwehrt blieb, lag sicherlich auch an ihrer politischen Grundhaltung. Aus ihrer Sympathie für Stalin machte sie keinen Hehl. So glaubten die Herausgeber, dass nach dem Krieg sich die beiden großen ideologischen Systeme, das kapitalistische unter Führung der USA und das sozialistische der UdSSR, annähern werden. Stalins »Diktatur des Proletariats« werde sich immer mehr in Richtung Demokratie entwickeln, meinte Yourgrau zu erkennen, und genauso wie der Kapitalismus des Westens immer sozialer werden. Die Kriegskoalition der beiden großen Blöcke bestehe daher nach einem Sieg über Deutschland weiter und garantiere Frieden zwischen den Ländern. Solche kühnen wie falschen Einschätzungen haben vermutlich mit dazu beigetragen, dass der *Orient* seine Zielgruppe, die deutschsprachigen Emigranten in Palästina, kaum erreicht hat. Die meisten Jeckes waren liberal bis konservativ und lehnten totalitäre Regime wie das stalinistische ab. Auch der scharfe, zuweilen ätzende Kritikerton des *Orient* trug sicherlich nicht zu seiner Popularität bei.

Schon nach einem Jahr kam das Aus.

2. Februar 1943. Es ist abends gegen halb neun. In einer Druckerei in Jerusalem sollen gleich die Maschinen angeworfen werden, um die neue Ausgabe des *Orient* zu drucken. Zwei Tage später soll sie ausgeliefert werden. So ist es geplant. Da explodiert eine Bombe mitten in der Halle. Ein »ungeheurer Brand« entsteht: »Zwei Maschinen wurden fast völlig zerstört, das Papier verbrannte, Werkzeug wurde vernichtet, der Schaden ist kaum wiedergutzumachen«, schreibt Wolfgang Yourgrau fünf Wochen später in der letzten Ausgabe des *Orient*. Die Folgen

dieses Anschlags sind verheerend. Die Versicherungen lehnen es ab, für den Schaden aufzukommen. Die Existenz der Familie des Druckereibesitzers sei gefährdet, klagt Yourgrau in dem Artikel, »Arbeiter verloren ihren Arbeitsplatz, der Schock, das Entsetzen, die Furcht vor drohender Verarmung lähmen die unschuldig ins Unglück geratenen Eigentümer ... Alle Bemühungen, sofort in einer anderen Druckerei die Ausgabe fertigstellen zu lassen, scheitern aus einem ungemein einleuchtenden Grund: Alle jüdischen Druckereien erhielten Drohbriefe, in denen sie gewarnt wurden, diese Zeitschrift zu drucken, andernfalls es ihnen ebenso ergehen würde ...«

Die Terroristen hatten ganze Arbeit geleistet. Die Druckerei war völlig zerstört. Erst am 7. April kann diese letzte Ausgabe erscheinen, mit der Schreibmaschine geschrieben und vervielfältigt in kleinster Auflage, denn: »Die Zeitungshändler erhalten fortgesetzt Drohbriefe, einige Kioske wurden in Brand gesetzt, mehrere Kaufleute, die in der deutschsprachigen Presse inserieren, werden durch anonyme Briefschreiber, unter Verwendung schärfster Drohungen, gewarnt, in den deutschen Blättern zu annoncieren.« Für Yourgrau steht fest: »Ekel und Verachtung überkommen einen jeden, der in diesem Hexensabbat nach einem Gässchen, in dem die Vernunft Zuflucht finden kann, Ausschau hält.«

Yourgrau schreibt aber auch, er habe viel Zuspruch und Bekundungen des Bedauerns erhalten, selbst von Gegnern seiner Zeitschrift. Solche Gewalttäter innerhalb der zionistischen Bewegung gehörten einem kleinen, aber radikalen Flügel an. Wer die Bombe gelegt hatte, konnte oder wollte die britische Polizei nicht ermitteln, vermutlich aber stammten die Attentäter aus dem Umfeld der weit rechts stehenden nationalen Zionisten, von Linkszionisten häufig auch als Revisionisten gebrandmarkt. Darunter wird jene Fraktion innerhalb der zionistischen Bewegung verstanden, die jeden Ausgleich mit den Arabern ablehnt. Stattdessen war das erklärte Ziel dieser Revisionisten, einen jüdischen

Staat auf beiden Seiten des Jordans zu errichten mit eindeutig jüdischer Mehrheit. Zu ihren bekanntesten Vertretern gehörten die beiden späteren Ministerpräsidenten Menachem Begin und Izhak Shamir.

Spätestens nach dem Terroranschlag auf die Druckerei war dem bekennenden Sozialisten Arnold Zweig klar, dass er in einem zukünftigen jüdischen Staat keine Heimat finden werde. Die Bombe von Jerusalem hatte seinen Traum von einem Gelobten Land endgültig zerstört. 1948 siedelte er in den Teil Deutschlands um, der seiner Meinung nach die einzig richtigen Konsequenzen aus der deutschen Geschichte gezogen hatte, in die DDR. In Ost-Berlin beförderten die SED-Mächtigen den Rückkehrer aus dem Exil zum gefeierten Hofdichter ihres »Arbeiter- und Bauernstaates«.

Der israelische Historiker Tom Segev bringt in seinem Buch *Die siebte Million – Der Holocaust und Israels Politik der Erinnerung* die Auseinandersetzung zwischen dem liberalen deutschen Zionismus und dem traditionellen Mehrheitszionismus in Palästina so auf den Punkt: »Im Konflikt zwischen dem nationalen Inseldenken israelischer Zionisten und der Offenheit gegenüber dem Weltjudentum sprachen sich die meisten Jecken für Offenheit und universelle humanistische Werte aus. Im Konflikt zwischen religiösen und weltlich-liberalen Wertvorstellungen vertraten die meisten Jecken den letztgenannten Standpunkt. Im Konflikt zwischen sozialistischem Kollektivismus und liberalem Individualismus waren die Jecken bei den Liberalen zu finden … Im Konflikt zwischen Gewalttätigkeit, Militarismus, Extremismus sowie Feindseligkeit gegenüber den Arabern auf der einen und Friedensbereitschaft auf der anderen Seite befürworteten die Jecken Toleranz und Kompromisslösungen.«

Woher aber stammt diese liberale und antinationalistische Einstellung der Mehrheit unter den Jeckes, die etliche heute noch vertreten? Der Historiker Moshe Zimmermann hat dafür folgende Erklärung: »Die deutschen Juden hatten klar erkannt, wie gefährlich ein ungezähmter Nationalismus ist. Diese Haltung hatten sie schon unmittelbar nach dem Ersten Weltkrieg entwickelt als eine Lehre aus diesem großen Krieg. Außerdem hatten sie ja selbst erleben müssen, wie sie als Minderheit diskriminiert worden waren. Das sollte sich bei den Arabern nicht wiederholen. Nicht alle Jeckes dachten so, aber die Mehrheit. Ben-Gurion hat ihnen später sogar vorgeworfen, sie seien zu liberal.«

Am Ende hatten sich diese liberalen Einwanderer in der israelischen Politik nicht durchsetzen können. Der binationale Staat blieb eine Utopie. Ob eine solche Lösung je funktioniert hätte oder ob sie nur der humanistischen Sehnsucht einiger mit knapper Not einer Diktatur Entkommenen entsprungen war, darüber lässt sich heute nur noch spekulieren. Jedenfalls ist nicht bekannt, dass arabische Politiker in der Entstehungsphase der Republik Israel jemals bereit gewesen waren, über das Modell »Ein Land für zwei Völker« zu verhandeln, genauso wenig wie die jüdische Seite. Das Verhalten arabischer Regierungen während und nach der Staatsgründung deutet ebenfalls nicht darauf hin. Den Teilungsplan, den die UNO am 29. November 1947 als Kompromiss anbot, lehnten sie ab, auf die Proklamation des Staates Israel am 14. Mai 1948 reagierten sie mit Kriegserklärungen. Armeen aus fünf arabischen Staaten, aus Ägypten, Jordanien, dem Irak, Syrien und dem Libanon, marschierten in Palästina ein.

Um dieser Übermacht Widerstand entgegenzusetzen, brauchte der junge jüdische Staat jeden Soldaten. Auch die Neueinwanderer wurden zu den Waffen gerufen, egal ob sie vor dem Krieg eingewandert oder gerade dem Holocaust entronnen waren. Die meisten folgten der Mobilisierung freiwillig, schließlich musste ihr erst wenige Tage alter Staat verteidigt werden mit jedem Mann und jeder Frau, die eine Waffe bedienen konnten. Zum Beispiel Aron Ohnhaus, KZ-Überlebender und Mitgründer des Kibbuz Buchenwald, von dem in einem eigenen Kapitel noch die Rede sein wird. Bei Ausbruch des Unabhängigkeitskrieges 1948 war er fünfundzwanzig Jahre alt. Nach einer kurzen Einweisung an Waffen bekam er den Befehl, zusammen mit seinen Freunden einen Hügel bei Tel Aviv zu besetzen und gegen die anrückende ägyptische Armee zu verteidigen.

Oder Abraham Biemka, der schon auf dem Weg in die Gaskammern von Auschwitz gewesen war, ehe er im letzten Augenblick gerettet wurde. Er eroberte als Achtzehnjähriger mit einer Eliteeinheit der Haganah, der Palmach, den Jerusalemkorridor, die wichtige Verbindungsstraße zwischen der Küste und dem israelischen Teil Jerusalems.

Oder Ernst Wolff, der sich damals geschworen hatte, niemals wieder Deutschland zu besuchen. Er sollte bei der Luftabwehr der Haganah arabische Kampfflugzeuge am Himmel vertreiben.

Und schließlich Herbert Bettelheim, der einstige hochbegabte Musikstudent aus Wien, der bei seiner Ankunft in Haifa zehn Jahre zuvor von einem Meer von Hakenkreuzfahnen im Templerbezirk empfangen worden war. Das Nazisymbol ließ ihn nicht mehr los. Er erzählt: »Als Erstes entdeckte ich auf dem Gewehr, das man mir in die Hand gedrückt hatte, ein Hakenkreuz. Die Tschechen hatten uns mit Waffen aus Wehrmachtsbeständen versorgt.« Einen Araber, sagt er, habe er nicht getötet.

Noch heute schwärmt Bettelheim stolz von seinen guten Beziehungen zu seinen arabischen Nachbarn in Haifa. Bei seiner Hochzeit 1947 hätten Gäste aller Konfliktparteien mitgefeiert, Engländer, Araber und natürlich Juden: »Das war zum letzten Mal, dass alle zusammensaßen. Meine Frau hatte Freunde aus der englischen Firma, in der sie gearbeitet hatte, eingeladen, Engländer, aber auch Araber. Auch ich hatte englische und arabische Freunde. Aber nach der Unabhängigkeit war das alles vorbei. Da blieben uns nur noch unsere jüdischen Freunde.«

Der Stichtag für diesen Umschwung freundlicher Gefühle in schieren Hass war der 29. November 1947. An diesem Tag empfahl die Vollversammlung der Vereinten Nationen, Palästina in einen jüdischen und einen arabischen Staat zu teilen. Die Araber waren geschockt und rüsteten zum Krieg. In jüdischen Städten tanzten die Menschen auf den Straßen, doch es war ein Tanz auf dem Vulkan, wie sich schnell herausstellte.

Aus dem von Juden wie Arabern bewohnten Haifa berichtet das *Mitteilungsblatt* am 26. Dezember 1947 von zunehmender Gewalt und Angst zwischen den beiden Bevölkerungsteilen: »Etwa 500 [jüdische] Familien (2000 Seelen) haben die untere Stadt und das östliche Hafengebiet verlassen und sich auf den Hadar begeben ... Mangel an Voraussicht hat zu Anarchie geführt. Schulen wurden besetzt, Privathäuser wurden besetzt.« Der Stadtteil Hadar in Halbhöhenlage gehörte damals zu den elegantesten, hauptsächlich von Juden bewohnten Vierteln der Stadt, Araber lebten in den unteren Stadtteilen. Haifa war zu jener Zeit also eine geteilte Stadt mit klarer Front zwischen den Konfliktparteien, ähnlich wie Jerusalem. Auch dort wuchsen die Spannungen zwischen Juden und Arabern.

Der Krieg in Jerusalem begann praktisch am Tag der Abstimmung in der Vollversammlung, erinnert sich die deutschstämmige Marli Shamir, die später als eine der besten Fotografinnen Israels weltberühmt werden sollte. In einem Brief an ihre Schwester Hilde beschreibt sie die ersten Wochen nach dem Entscheid: »Am Abstimmungstag der UNO wurde so viel geschossen, dass keine Autobusse mehr in unser Viertel fuhren. Viele Teile der Stadt waren abgeschnitten. Wir blieben einige Nächte bei einem Bekannten ... Jerusalem war praktisch schon seit Wochen belagert; das heißt, es kam keine Ware mehr rein, die Geschäfte waren gähnend leer. Und die Engländer waren mit ihrer Abreisevorbereitung beschäftigt ... Mutti lernte Holz sammeln, vor dem Haus Feuer machen und aus einer bestimmten Grassorte Gemüse zu kochen. Es gab ja weder Petroleum noch Gas, auch kein Benzin.«

Am 19. Dezember 1947 hatte das *Mitteilungsblatt* über Jerusalem gemeldet: »Die Stadt ist in zwei feindliche Lager geteilt. An den Grenzen herrscht eine dauernde Spannung, Zwischenfälle machen es unmöglich, dort einen geregelten Verkehr und ein normales Geschäftsleben aufrechtzuerhalten ... Das Hauptproblem bilden aber die gemischten Viertel. Der alte Jischuw [alteingesessene jüdische Bevölkerung] lebt – teilweise traditionell – in arabischen Vierteln.« Auch viele Neueinwanderer, darunter viele aus Nazi-Deutschland Geflohene, leben wegen der billigeren Mieten in solchen Vierteln. Doch »den jüdischen Bewohnern von Hakaa wurde von ihren arabischen Hauswirten gekündigt, die vorausgezahlte Miete zurückgezahlt, und die suchen heute in der schon ohnedies überfüllten Stadt irgendwo unterzukommen«. Andere mussten von der Haganah evakuiert und ebenfalls im jüdischen Teil Jerusalems untergebracht werden. Auch die Eltern von Marli Shamir leben im arabischen Teil der Stadt und müssen von dort in Sicherheit gebracht werden: »Mit meinen Eltern hatten wir telefonischen Kontakt, und nach zwei Wochen hatten wir das Glück, einen Mann zu finden, der sie und ihr Gepäck aus dem arabischen Viertel brachte.«

Am 4. Juni 1948 berichtet im *Mitteilungsblatt* ein Arzt, der sich nur als Dr. F. vorstellt, aus dem belagerten Jerusalem: »Es gibt keinen Menschen in Jerusalem, der nicht schon ein oder mehrere Male in akuter Lebensgefahr war. Wenn ich von mir selber sprechen darf, so kann ich folgendes Erlebnis berichten: die Gewehrkugel, die in das Zimmer des Freundes drang, bei dem ich an Schabbat-Nachmittag zu Besuch war; zwei Kanonenvolltreffer, die eines der jüdischen Krankenhäuser im Zentrum der Stadt trafen, als ich dort eine Visite machte, ein anderer Volltreffer im ersten Stock eines Hauses, in dessen Parterrewohnung ich arbeitete.«

In der arabisch-jüdisch gemischten Stadt Haifa werden Araber, die nicht aus der Stadt geflohen sind, ab Mitte 1948 zwangsumgesiedelt, wie ein Leserbrief im *Mitteilungsblatt* vom 9. Juli 1948 kritisiert: »Die in Haifa gebliebenen 3000 Araber wurden in einen besonderen Stadtteil überführt, nachdem sie vorher in verschiedenen Stadtteilen gelebt hatten, die betroffenen Araber selbst waren ... von der Überführung nicht gerade begeistert, wenn sie auch keinen Widerstand geleistet haben.« Sicherheitsgründe habe das Militär ihm genannt, schreibt der *Mitteilungsblatt*-Leser, doch scheinen ihn diese Gründe nicht wirklich zu überzeugen. Vielleicht weil er die aktuelle Lage der Araber mit der der kürzlich noch verfolgten Juden gleichsetzt, versteckt er sich am Ende seines Briefes hinter dem Kürzel »T. Z., Haifa«: »Es ist nicht anzunehmen, dass wir dadurch besondere Sympathien bei den Haifaer Arabern erwerben können ... Mancher Jude wurde dadurch ein wenig an eigene Erlebnisse erinnert.«

Allerdings brachte nicht jeder Kommentar im *Mitteilungsblatt* so viel Verständnis für die vertriebenen, geflohenen oder umgesiedelten palästinischen Araber auf. Am 6. August 1948 – die ersten Runden des Unabhängigkeitskrieges sind gerade durch einen brüchigen Waffenstillstand beendet – kommentiert ein »G. BYK« in seinem Artikel über »Die arabischen Flüchtlinge«: »350000 arabische Flüchtlinge sind aus ihren Wohnstätten vertrieben, ihrer Existenzbasis beraubt, nicht, weil die Juden das so gewollt haben, sondern als direkte Folge der arabischen Aggression. Es kann uns nicht zugemutet werden ... über eine Rücksiedlung der Flüchtlinge auch nur zu verhandeln, solange nicht Frieden geschlossen ist.«

Und Herbert Bettelheim, der sich so gern an seine multikulturelle Hochzeit 1947 erinnert? Was ist aus seinen Arabern geworden? »Ich weiß es nicht. Viele sind verschwunden. Einer, den ich kannte und der geblieben war, hat mir später das Autofahren beigebracht. Das Altersheim, in dem ich lebe, hat auch arabische Angestellte.« Immerhin scheint heute das Zusammenleben von arabischen und jüdischen Israelis in Haifa einigermaßen zu funktionieren.

Bettelheims Telefon klingelt. Seine Tochter Irit Bassat aus Jerusalem ist dran. Sie habe sich verspätet, entschuldigt sie sich, werde aber bald da sein. Während unseres Gesprächs wird sie sich im Hintergrund halten. Beim Thema Araber ruft sie aber energisch dazwischen: »Ich komme in Jerusalem gut mit den Arabern aus. Aber uns wird ja schon in der Schule beigebracht, mit Arabern könne man nicht reden.« Sie muss es wissen, sie ist Lehrerin.

Und die Rexinger Auswanderer, die sich zehn Jahre zuvor mit Shavei Zion eine neue Heimat geschaffen hatten? Die sich immer wieder gegen arabische Überfälle hatten wehren müssen? Über die Vertreibung und Flucht der Araber am Ende des Krieges schreibt der Chronist von Shavei Zion, Pinchas Erlanger, lapidar: »Die verlassenen Böden wurden von den jüdischen Siedlungen übernommen. Die von Shavei Zion bebaute Fläche stieg von 65 Hektar auf 240 Hektar, und die Zahl der Familien erhöhte sich von 35 auf 70.«

Oder Aron Ohnhaus, der Mitbegründer des Kibbuz Buchenwald? Er antwortete bei unserem Gespräch auf die Frage nach den Palästinensern, die bis 1948 als Pächter rund um seine Siedlung gelebt hatten: »Wir leben seit achtundsechzig Jahren hier in diesem Paradies, die leben genauso lange in Flüchtlingslagern in Gaza.« Die 476 Pächter, palästinische Bauern und ihre Familienangehörigen, hatten auf den Schutz durch die ägyptischen Truppen gehofft, waren dann aber von einem Palmach-Bataillon vertrieben worden. Ohnhaus selbst hatte damals keinen einzigen Schuss abgefeuert.

Den Kibbuz Sa'ad dicht an der Grenze zum Gazastreifen hatte die ägyptische Armee vollständig zerstört. Nach Kriegsende bauten ihn die Kibbuzniks wieder auf. Ines Ariel, der es als junges Mädchen noch kurz nach Kriegsbeginn gelungen war, von Hamburg nach Montevideo zu fliehen, schloss sich diesem Kibbuz erst 1950 an. »Manchmal kommen Palästinenser aus dem Gazastreifen und kaufen bei uns Plastikabfall aus unserer Plastikfabrik ein«, erzählt einer der Kibbuzniks bei meinem Besuch, »aber nur manchmal!« Das sei in Friedenszeiten der einzige Kontakt zu ihnen.

Jene rund 160000 Araber, die 1949 im Kernland des neuen Staates blieben, also während des Unabhängigkeitskrieges weder geflohen noch von den israelischen Streitkräften vertrieben worden waren, hatten es die nächsten Jahre schwer. Schon in der Juniausgabe 1949 zitiert das *Mitteilungsblatt* einen Artikel der sozialistischen Zeitung *Davar* (Das Wort), in dem der Kommentator beklagt, dass in einigen Städten Araber auch 1949 noch in abgeriegelten Ghettos hausen müssten: »Die Araber, die in Jaffa hinter dem Stacheldraht leben, sind selbst am Tag nicht berechtigt, ohne besondere Erlaubnis hinauszugehen. Wenn ein jüdischer landwirtschaftlicher Betrieb Arbeiter braucht, die man im Land nicht findet, die es aber hinter dem Stacheldraht in Jaffa gibt, dann muss der Chawer [hebr. Wärter], der die Angelegenheit der Araber in Jaffa für das Ministerium für Minderheiten bearbeitet, Mauern der Bürokratie durchstoßen, um Ausreiseerlaubnis für jene Araber hinter den Stacheldrahtgittern zu erhalten.« Dies sei nicht nur eine Zumutung für die betroffenen Araber, sondern auch »ein Vergehen an uns selbst, an unseren Institutionen, an unseren Ministerien, an unseren Gesetzen und an den Erklärungen unserer Führer unseres Staates«.

Die in Israel gebliebenen Araber standen lange im Verdacht, als fünfte Kolonne der arabischen Nachbarn das Land zu destabilisieren. 1952 endlich bekamen sie zwar die israelische Staatsbürgerschaft, doch noch bis 1966 unterstanden sie der Militärverwaltung, die ihre Bewegungsfreiheit durch Kriegsrecht und Sondergesetze stark beschnitt und einer ständigen Kontrolle unterwarf. Reisegenehmigungen konnten verweigert, Ausgangssperren und Haftstrafen ohne Gerichtsverfahren verhängt werden, selbst Ausweisungen waren möglich. Erst ab 1966 wurden sie den jüdischen Bürgern des Landes weitgehend gleichgestellt, zumindest auf dem Papier. Im israelischen Parlament, der Knesset, waren sie indes von der ersten Wahlperiode an mit eigenen Politikern vertreten. Sie hatten schon Wahlrecht, als sie noch hinter Stacheldraht leben mussten. Von einem solchen Recht, sich an Parlamentswahlen zu beteiligen, können palästinensische Flüchtlinge in einigen der arabischen Nachbarländer Israels auch heute noch nur träumen. Doch die meisten der 1,2 Millionen israelischen Araber sehen sich nach wie vor als Bürger zweiter Klasse.

5

RÜCKKEHR AUS DER HÖLLE

Fast jede Nacht kommt der Angsttraum wieder. »Ich sehe meine Mutter vor mir auf der Pritsche liegen und langsam sterben. Und ich kann nichts machen, bin verzweifelt und gelähmt.« Die Mutter hat Typhus, der ganze Körper glüht, sie krümmt sich und stöhnt auf, wenn die Schmerzwelle sie wieder packt, Schweiß bricht aus. Doch kein Arzt kümmert sich um die Mutter, weil es keine Ärzte gibt an diesem Ort. Er ist die Hölle, vielleicht auch nur der Vorhof zur Hölle. Irgendwo in der Einöde zwischen Ukraine und Rumänien. Eiskalt ist es in den Baracken. Kein sauberes Wasser, kaum etwas zu essen. Die achtjährige Tochter wacht am Krankenlager der Mutter und hofft auf ein Wunder.

Die Mutter – nicht die Einzige, die an diesem gefährlichen Fieber und qualvollen Bauchschmerzen leidet. Dies ist aber kein Ort, an dem eine Typhuskranke wieder gesund werden kann. Sterben ist hier fester Bestandteil des Alltags. Das war im Jahr 1941. In einem Konzentrationslager in diesem gottvergessenen Winkel, der Transnistrien heißt. Auch hier wüteten SS und Gestapo zusammen mit ihren rumänischen Helfern. Anfang des Jahres hatten sie Mutter und Tochter zusammen mit Tausenden anderer rumänischer Juden hierher verschleppt. Das Konzentrationslager gibt es seit 1944 nicht mehr, der Albtraum ist geblieben. Bis heute.

»Ich bin jedes Mal wie gelähmt, wenn ich den Traum habe.

Und ich habe ihn fast jede Nacht.« Immer wieder dieser Angsttraum vom Sterben der Mutter und von der eigenen Hilflosigkeit. Sie kämpft mit sich, um nicht in Tränen auszubrechen, als sie das erzählt: »Dann sagte sie mir, ich soll rausgehen. Ich bin zur Tür gegangen, habe mich noch mal umgedreht, da habe ich gesehen, dass sie stirbt. Sie wollte mir eigentlich diesen Anblick ersparen.« Acht Jahre alt war Chava Hershkovitz damals.

Als ich sie im November 2015 im Heim für Überlebende in Haifa besuche, ist sie eine alte Dame von zweiundachtzig Jahren, immer noch energisch, eine Person, die – das spürt man sofort – auch mal Kommandos geben kann und erwartet, dass man auf sie hört. Ihr Gesicht reich an Falten, Sorgenfalten, Furchen, die die immer wiederkehrenden Albträume in ihr Gesicht gegraben haben, aber auch viele Lachfalten. Sie hätte so gern, erzählt sie, ein ganz normales Leben geführt ohne diese bösen Erinnerungen. »Sie kommen aber jede Nacht. Jede! Und manchmal wache ich schreiend auf. Und mein Puls rast, mein Herz klopft wie verrückt.« »Tuck, tuck, tuck«, sagt Chava und klopft dabei dreimal schnell mit dem Knöchel auf den Tisch, als müsse sie mich von dem rasenden Puls und dem klopfenden Herz überzeugen. »Und noch etwas muss ich sagen. Es ist schon lange her, aber ich werde diese Erinnerungen nicht los. Sie verfolgen mich seit über siebzig Jahren. Jetzt im Alter, glaube ich, ist es eher schlimmer als besser geworden.« Dabei hatte sie gehofft, dass die Zeit vielleicht die Wunden heilt und sie vergessen lässt. Zumindest nachts wollte sie durchschlafen können, ohne aufgeschreckt zu werden. Wir sitzen zusammen im Keller des Altersheims. »Im Computerraum«, sagt Chava stolz. »Wir arbeiten auch am Computer.« Ein bisschen klingt es wie: »Wir sind zwar alt, aber nicht blöd, sondern immer noch auf der Höhe der Zeit.«

Einfach zu finden war das Heim nicht. Selbst mein Taxifahrer musste nachfragen, wo denn diese schmale Gasse, diese Kassel Street, in Haifa sein könnte. Als er in sie einbiegt und vor einer langgestreckten Mauer hält, nickt er nur und murmelt: »Ach, darum geht es.« Auf der Mauer große Wandbilder: das Eingangstor von Auschwitz, der kleine Junge mit erhobenen Händen vor SS-Soldaten, bärtige Juden aus Osteuropa in traditioneller Kleidung. Bilder, die jeder Israeli kennt. Hinter der Mauer – ein kleines Museum in der Form eines geschlossenen Güterwagens. Er soll daran erinnern, dass die Juden aus ganz Europa in solchen Waggons wie Vieh abtransportiert worden waren. Daneben das Altersheim, das sich »Warm Home for Holocaust Survivors« nennt.

Hier treffe ich sie, die alten Menschen, die als Kinder Konzentrationslager der Nazis überlebt haben, die heute noch von Albträumen verfolgt werden, denen die Erinnerungen auch im hohen Alter zur schwer erträglichen Last geworden sind, wie es Chava erzählt hat.

2008 hat die israelische Nichtregierungsorganisation Yad Ezer Le'Chaver (Helping Hand to a Friend) beschlossen, das Heim zu gründen. Verarmten Überlebenden sollte es eine letzte Heimat sein in einer Gemeinschaft von Menschen, die alle ähnliche Erfahrungen gemacht haben. 2009 konnten die Ersten einziehen. Rund 190 000 Shoa-Überlebende gibt es heute noch in Israel, von denen ein gutes Viertel unter der Armutsgrenze lebt, Menschen also, die sich ein würdiges Altern nicht leisten können, die zum Beispiel nicht in der Lage sind, einen Platz in einem normalen Altersheim zu finanzieren, die schon in Not geraten, wenn sie einen Arztbesuch bezahlen müssen, für die selbst ein Taxi zu teuer ist. Zahlen und Fakten, die man im Büro der »Vereinigung der Einwanderer aus Mitteleuropa« (Irgun Olej Merkas Europa) in Tel Aviv abfragen kann. »Viele dieser verarmten Überlebenden sind irgendwie zwischen die Stühle geraten«, erklärt Devorah Haberfeld, die Sprecherin des Vereins. »Sie sind zum Beispiel mit dem Papierkram nicht klargekommen, mit den Anträgen, die sie bei der deutschen Regierung stellen mussten, um eine Rente zu bekommen. Oder sie können sich keinen Rechtsanwalt leisten.« Viele haben daher zu spät oder gar keine Anträge gestellt. Ihnen hilft der Verein mit kleinen Einmalzahlungen oder Zuschüssen zur schmalen Rente.

Auch die sogenannten Wiedergutmachungszahlungen, die 1952 nach den Verträgen von Luxemburg zwischen der Bundesrepublik und dem Staat Israel überwiesen wurden, so Devorah Haberfeld, halfen vielen nur vorübergehend, zumal es nicht eben einfach war, die Anträge auszufüllen. Erfasst waren in dem Abkommen zunächst nur Opfer, die aus dem deutschen Kulturraum stammten, also in erster Linie die deutschstämmigen Auswanderer und Überlebenden. Deutsche Behörden forderten Dokumente wie Zeugnisse, Mietverträge oder Arbeitsverträge als Beweise. Selbst ein KZ-Aufenthalt musste penibel nachgewiesen werden, am besten mit Zeugen, ebenso nachgewiesen werden mussten dort entstandene physische oder psychische Schäden. Offensichtlich glaubten die deutschen Behörden, man könne ein Konzentrationslager auch ohne Schäden überstehen, so wie ein Ferienlager vielleicht. Jeder Tag in einem KZ schlug mit 5 DM zu Buche. Wer also zum Beispiel vier Jahre in Auschwitz hatte zubringen müssen und wie durch ein Wunder noch am Leben war, konnte mit einer Einmalzahlung von 7200 DM rechnen. Wer nicht nach Deutschland fahren wollte, weil er etwa den Kontakt zu den Deutschen sieben Jahre nach Kriegsende ablehnte oder nicht ertragen konnte, hatte das Nachsehen. Entweder bekam er nichts oder aber zumindest weniger als bei einem persönlichen Gespräch mit dem zuständigen Beamten. Andere ließen sich durch teure Rechtsanwälte vertreten, die dann einen nicht unerheblichen Teil der erstrittenen Entschädigung als Honorare einstrichen.

Laut dem israelischen Historiker und Holocaust-Experten Tom Segev haben in den fünfziger Jahren rund eine Viertelmillion Israelis Entschädigungsleistungen aus Deutschland erhalten: »Die monatlichen Renten aus Deutschland hoben das Einkommen eines durchschnittlichen Empfängers um etwa 30 Prozent über das eines Israelis, der kein deutsches Geld bekam. Nicht zuletzt deshalb vertiefte sich der Graben zwischen Aschkenasim [Juden, die aus Mittel-, Nord- oder Osteuropa eingewandert waren] und orientalischen Juden noch mehr.« Das klingt nach einer hohen Belastung für die bundesdeutschen Steuerzahler. Tom Segev rechnet aber vor, dass dies nicht der Fall ist. Umgerechnet zahle jeder Deutsche fünfundsiebzig Jahre lang rund 26 DM pro Jahr an Entschädigung nach Israel.

Als die israelische und die deutsche Seite 1952 den Vertrag von Luxemburg unterzeichneten, hatte niemand voraussehen können, dass von den achtziger Jahren an noch einmal Tausende Überlebende aus Osteuropa in Israel einwandern würden. Während des Kalten Krieges war es osteuropäischen Opfern verwehrt, Entschädigungsanträge in Westdeutschland zu stellen. Rund zweihunderttausend solcher Überlebender des Hitler-Regimes leben heute noch in Israel, Zigtausende unter oder knapp an der Armutsgrenze. Immerhin hat das deutsche Finanzministerium die Vorschriften für einmalige Unterstützung in Notfällen oder für Rentenzahlungen seit der Jahrtausendwende erheblich erleichtert. Dennoch ist der Anteil der Armen unter den Überlebenden nach wie vor hoch.

Gerade für solche ist das Warm Home for Holocaust Survivors fast so etwas wie ein rettender Hafen, um die letzten Jahre des Lebens in Würde zu verbringen. Wer etwas bezahlen kann, zahlt. Chava Hershkovitz zum Beispiel bekommt seit den fünfziger Jahren ungefähr 400 Euro im Monat als Rente aus Deutschland überwiesen: »Wegen meiner Gesundheitsschäden. Ich musste allerdings auch meine Deutschkenntnisse nachweisen, um anerkannt zu werden. Aber der deutsche Staat zahlt.« Der Aufenthalt derer hingegen, die nichts bezahlen können, wird durch Spenden finanziert.

Der Empfang ist herzlich. Shimon Sabag, der Leiter und Gründer, erwartet mich schon und reicht mich direkt weiter an seine Vertreterin Tami Sinar. Sie, die Tochter eines Auschwitz-Überlebenden, erklärt gleich zu Beginn unseres Rundgangs durch das

Heim: »Wegen der Geschichte meines Vaters arbeite ich hier.«
Immerhin bietet das Warm Home gegenwärtig Zimmer für über
hundert Überlebende. Doch die Warteliste ist lang und das Geld
knapp.

»Ohne die Hilfe der International Christian Embassy Jerusalem müssten wir das Projekt vielleicht dichtmachen«, sagt
Tami Sinar in ihrem Büro. Diese Christliche Botschaft ist eine
evangelikale Organisation mit Sitz in Jerusalem, die Spenden
unter anderem in Deutschland sammelt und das Haifa Home
finanziell erst möglich gemacht hat. Geld vom israelischen Staat
bekämen sie nicht, die Jüdische Claims Conference, die den Ent-
schädigungstopf für Wiedergutmachungszahlungen verwaltet,
steuere nur sehr wenig bei, klagt Tami. Warum, weiß sie nicht.
»Ich verstehe deren Politik nicht. Überhaupt nicht.« Auch israelische Spender gebe es nur wenige. »Ich glaube, die Israelis leben
sehr ichbezogen, außerdem ist das Leben in Israel heute sehr
teuer.« Dafür haben Freiwillige der israelischen Streitkräfte und
Polizei bei der Einrichtung der Gebäude geholfen. Unterstützung bekamen die »Helfenden Hände« auch von Volontären aus
Deutschland, Polen und anderen europäischen Ländern. Sogar
junge Inder und Japaner arbeiteten zeitweilig beim Aufbau der
Einrichtung mit.

Bei meiner Frage nach deutscher Unterstützung schüttelt sie
nur den Kopf. »Nein, von der deutschen Regierung kommt
nichts. Einzelne Bewohner erhalten eine Rente als Überlebende.
Aber zum Unterhalt oder Ausbau des Hauses trägt der deutsche
Staat nichts bei.« Umso dankbarer sind sie daher in Haifa den
fundamentalistischen Protestanten von der International Christian Embassy in Jerusalem.

Dann drängt Chava: »Irit und Stella warten auf uns.« Mit
einem lauten Schalom stellen mich Tami und Chava den zwei
Heimbewohnerinnen vor, ziemlich laut sogar, denn eine der
beiden Damen ist schwerhörig. Außerdem reden in dem Raum
andere Bewohnerinnen aufgeregt durcheinander, nicht wegen

meines Besuchs, sie drängen sich um einen Tisch in einer Ecke, um sich für einen Wettbewerb registrieren lassen, der sich »Schönheitskönigin des Haifa Home« nennt, die Wahl zu einer Art »Miss Holocaust-Überlebende«. Ein solcher Wettbewerb findet tatsächlich einmal im Jahr statt.

Irit Danziger und Stella Kresches haben auf uns in einer anderen Ecke des Raums gewartet. Die beiden sind Schwestern, und noch ehe ich mein Aufnahmegerät eingeschaltet habe, fangen sie an zu erzählen. Vom Einmarsch der Deutschen in Polen, von der Angst und der Flucht der Familie in die Stadt Drohobytsch, die damals polnisch war, heute in der Ukraine liegt, vom Ghetto dort, vom Vater, den die Deutschen erschossen hatten in einem Wald hinter der Stadt zusammen mit hunderten anderen Juden, vom permanenten Hunger und wieder der Angst; denn alle wussten: Irgendwann wird das Ghetto geräumt, und Räumen heißt Deportation in ein Vernichtungslager. »Das war uns bekannt!«

Dann erzählen sie von einem SS-Mann. »Der hat uns versprochen, uns zu warnen, sobald das Ghetto geräumt werden soll.« Ein guter SS-Mann? Ich freue mich schon fast ein wenig. Das hat es also auch gegeben? »Nein«, unterbricht Irit Danziger, »mein Onkel hat ihm viel Geld zahlen müssen für die Warnung. Fast unser ganzes Geld. Und wer damals kein Geld hatte, konnte nicht überleben.« Also doch kein guter SS-Mann, nur ein bestechlicher.

Immerhin aber, der SS-Mann hielt Wort und warnte tatsächlich, und die Familie konnte rechtzeitig abtauchen, sich verstecken im Keller eines Wohnhauses in Drohobytsch. Auch wieder gegen viel Geld. »Die Ukrainerin hat es aber auch getan, um uns zu helfen«, es ist Stella, die versucht, die Beschützerin in Schutz zu nehmen. Alle anderen Bewohner des Ghettos wurden deportiert und ermordet, durch Gas, durch Arbeit, durch Hunger und Entkräftung.

Dann erzählen sie noch von dem Leben in der Dunkelheit.

Achtzehn Monate mussten sie in dem Keller ausharren, zwischen Ungeziefer, Schmutz und Ratten, eingehüllt in einen Gestank, der von Monat zu Monat schlimmer wurde. Noch nicht einmal bei Nacht durften sie raus, um frische Luft zu schnappen. Zu gefährlich. Denunzianten gab es überall. Und wer damals versteckte Juden anzeigte, konnte mit einer Belohnung rechnen. »Weder Polen noch Ukrainer liebten die Juden, die wenigsten jedenfalls.« Und wieder verteidigt Stella die Ukrainerin, in deren Keller sie gelebt hatten: »Die hat ihr Leben riskiert. Sie wäre mit uns nach Auschwitz gebracht worden, wenn wir entdeckt worden wären. Ihre Schwester ist dort ums Leben gekommen. Die hatte auch eine Familie versteckt.«

Sie erzählt von der Langeweile, von Streit und dem Versuch der Mutter, ihr Lesen und Schreiben beizubringen bei Kerzenlicht oder dem schwachen Schein einer Petroleumfunzel. »Meine Schwester war ja schon zur Schule gegangen, ich war damals noch zu klein.«

Die beiden Schwestern haben sich in Fahrt geredet. Fehlt der einen ein deutsches Wort, ergänzt es die andere. Erinnert sich die eine nicht, dann hat die andere den Lebensfetzen sofort greifbar. So erzählt Stella von der Mutter, die lange in Wien gelebt hatte, und Irit vom Vater, der Berlin so sehr geliebt hatte, bis die Deutschen ihn erschossen. Von der Großmutter, in deren Bücherregalen Gesamtausgaben von Goethe und Schiller gestanden hatten. »Lest ihr noch Goethe und Schiller in Deutschland?« Irit meint die Frage noch nicht einmal ironisch.

»Eines Tages hörten wir draußen Explosionen und Schüsse. Es war wieder Krieg in der Stadt. Wir hatten wieder Angst.« Doch der Lärm bedeutete ihre Befreiung. Die Russen eroberten die Stadt. Das war am 6. August 1944. Die kleine Familie sah nach achtzehn Monaten zum ersten Mal wieder Tageslicht.

Nun wurde ihr Leben besser, aber noch lange nicht gut. Die Angst blieb auch in den nächsten Jahren. Sie kehrten nach Polen zurück, nach Gleiwitz, dort, wo die ersten Schüsse des Krieges abgefeuert worden waren. Dort gab es viele leerstehende Wohnungen geflohener Deutscher. Es gab aber auch wieder Pogrome, diesmal der Polen. Die Angst blieb also auch in Polen.

1949 dann endlich Israel. Das Gelobte Land. »Wieder mussten wir alles neu anschaffen, denn wir hatten ja nichts mitnehmen dürfen.«

»Und Hebräisch? Wo habt ihr das gelernt?«

»Bei Autobusfahrten oder im Kibbuz. Wir hatten keine Zeit für Kurse, außerdem waren die teuer.«

Und auch das mussten Irit und Stella bald nach ihrer Ankunft lernen: Sie leben zwar hier endlich in einem eigenen Staat, einem jüdischen Staat, in dem für die Judenheit Gelobten Land, in Eretz Israel. Doch es war ein Traumland mit dunklen Schatten für die Überlebenden: »Die alteingesessenen Israelis haben uns nicht verstanden. Sie wollten unsere Geschichten nicht hören. Sie waren mit sich selbst beschäftigt, sie mussten ja einen neuen Staat aufbauen. Sie waren von allen Seiten bedroht.«

Und Stella ergänzt: »Ich habe nicht wirklich Schlimmes erlebt, aber viele glaubten, wir übertrieben mit unseren Geschichten. Sie winkten jedes Mal ab, wenn wir erzählen wollten. Einmal habe ich im Radio sogar gehört, dass einige der alten Israelis die Überlebenden Seife genannt hatten. Du weißt, warum?«

Sicher weiß ich, warum.

Also schwiegen die beiden Schwestern, versuchten, die Erinnerung an den Keller und all das andere Grauen im Innern zu versiegeln, sie hofften, die tiefen Wunden würden vernarben.

Sie schlugen sich mit schlecht bezahlten Jobs durch, mit Büroarbeit die eine, bei der Polizei die andere, Zeit, viel zu lernen, hatten sie ja kaum gehabt in ihrer Jugend. Auch die Wiedergutmachungszahlungen Anfang der fünfziger Jahre halfen nur vorübergehend. Mit ihren Kindern und Ehemännern sprachen sie nie über das Erlebte. Vielleicht gerade deswegen verfolgen sie noch heute diese Angstträume. Auch eine Therapie haben sie nie gemacht. Anfangs waren derartige Hilfen nicht vorgesehen im

Staat Israel. Und als es solche Angebote von den siebziger Jahren an gab, wollten die beiden Schwestern nicht mehr.

Eine andere Bewohnerin des Haifa Home, Judith Rosenzweig, die als junges Mädchen Theresienstadt, Auschwitz und am Ende des Krieges auch noch den Todesmarsch nach Bergen-Belsen überlebt hatte, ehe sie endlich von den Briten befreit wurde, erzählt in dem Buch über Theresienstadt *Die Mädchen von Zimmer 28*, eine vor dem Krieg nach Palästina ausgewanderte Tante habe sie nach ihrer Ankunft in Israel gefragt, was denn nun gewesen sei in Europa. Als Judith von den Konzentrationslagern erzählen wollte, unterbrach die Tante sie mit den Worten: »Nun fang du nicht auch noch an zu übertreiben. So schlimm wird es schon nicht gewesen sein.« Kein Wunder, dass auch sie nach dieser Zurechtweisung nicht mehr über das Erlebte reden wollte, weder mit ihren Freunden in Israel noch mit ihrem Ehemann, selber ein Überlebender, noch mit ihren Kindern.

Die sechsundachtzigjährige Judith Rosenzweig brachte ihr Leben bei unserer kurzen Begegnung auf eine klare Formel: »Der Krieg geht in uns weiter bis heute. Wir haben ja alle Menschen verloren. Die Eltern, die Onkel und Tanten, Geschwister. Der Krieg geht weiter in uns.«

Auch andere Überlebende mussten diese Erfahrung nach ihrer Ankunft in Israel Ende der vierziger, Anfang der fünfziger Jahre immer wieder machen: Die im Land Geborenen, aber auch jene, die vor dem Krieg rechtzeitig ausgewandert waren, blickten auf die neu Eingereisten herab. Nicht selten verachteten sie Überlebende wie Judith Rosenzweig oder Chava Hershkovitz sogar, die sich immer wieder Fragen anhören mussten wie: »Warum seid ihr geblieben? Warum nicht geflohen wie andere? Warum habt ihr euch diesen Terror gefallen lassen? Warum habt ihr nicht gekämpft?«

Für die Überlebenden, die glaubten, endlich am Ziel zu sein und eine verständnisvolle Heimat gefunden zu haben, war das eine äußerst bittere Erfahrung. Der neue Staat brauchte starke und stolze Pioniere, sonnengebräunte Kämpfer, die sich zur Wehr setzen können. Aus Europa kamen aber bleiche, vom SS-Terror gedemütigte Dulder, denen die Konzentrationslager tiefe äußere wie innere Wunden geschlagen hatten. Die Aufnahme der dem europäischen Holocaust Entkommenen in die israelische Gesellschaft war daher ein langer und schmerzvoller Prozess, schreibt der Psychologe Natan Kellermann in seinem Buch *Holocaust Trauma: Psychological Effects and Treatment.* »In den ersten Tagen des jüdischen Staates war das Bild der hilflosen und verfolgten jüdischen Opfer aus Europa ein beschämender Kontrast zu dem frischen nationalen Mythos vom starken und heroischen neuen israelischen Juden, der zurückgeschlagen hatte. Obwohl die Überlebenden der Shoa rund die Hälfte der Einwanderer nach dem Zweiten Weltkrieg stellten, betrachteten die Israelis sie mit einer Mischung aus Misstrauen (Warum hat er überlebt?), Verachtung (›Sie sind wie die Schafe zur Schlachtbank gegangen.‹) und/oder Mitleid (Gott möge euch Armen beistehen). Keine dieser Haltungen half den Überlebenden wirklich.«

Natan Kellermann hat über zehn Jahre lang im Auftrag der israelischen Organisation AMCHA, die Überlebenden und deren Kindern psychologische Unterstützung anbietet, die Auswirkungen der Holocaust-Traumata auf die Opfer erforscht. Seinen Nachfolger als klinischer Direktor dieser NGO treffe ich im Jerusalemer Büro von AMCHA. Der in Wien geborene Psychiater Dr. Martin Auerbach, selbst Kind von Überlebenden, bestätigt, dass das Nicht-zuhören-Wollen viele Überlebende stumm gemacht hat: »Es gab anfangs in der israelischen Gesellschaft so etwas wie einen Schweigepakt zwischen den Überlebenden und denen, die schon länger hier lebten: Wir fragen nicht, ihr erzählt nicht. Viele sind ja um den Unabhängigkeitskrieg herum eingewandert. Deshalb wurde von ihnen erwartet, dass sie sich schnell anpassen. Wenn sie nicht gerade Widerstandskämpfer gewesen waren, wurden sie häufig als schwach angesehen. Das ließ sie verstummen. Untereinander konnten die Überlebenden reden, wenn sie wollten, aber selten mit denen, die schon lange hier lebten. Deswegen haben viele Überlebende andere Überlebende geheiratet.«

Das trifft auf fast alle Bewohner des Warm Home in Haifa zu. Auch auf die beiden Schwestern Irit und Stella. Auch ihre Ehemänner waren Opfer der Nazis. Nach zwei Stunden beenden die beiden das Gespräch mit mir. Sie sind erschöpft und aufgewühlt von den Erinnerungen, aber fröhlich. »Es tut uns gut, darüber zu reden. Du hast uns zugehört. Danke!« Jetzt aber ist etwas Anderes angesagt: Es ist Mittag, Essenszeit.

»Du gehst mit uns essen!« Was bleibt mir übrig – Chava duldet keinen Widerspruch. Die Damen wären auch zu enttäuscht, wenn ich sie jetzt verließe.

Dieser Speisesaal im Parterre eines der Häuser – ein heller, großer Raum mit dunkelbraunen Holztischen, um die jeweils vier Holzstühle gestellt sind, außerdem eine lange Theke, an der der Koch und seine Helfer das Essen ausgeben. Ein schwerer Kohlgeruch liegt in der Luft. Alle Tische sind besetzt. Es wird gelacht, gerufen, kommentiert, gelegentlich auch mal ein bisschen gespottet. Chava hat mich an ihren Tisch bugsiert und versorgt mich mit allem, was es an diesem Tag gibt: Gemüse, Salat, Fleisch, Fisch, Suppe, von allem viel zu viel, und natürlich Nachtisch, einen Pudding, viel zu süß für meinen Geschmack. Aber Chava korrigiert: »Wir wollen das so.«

»Wir sind hier eine große Familie«, sagt sie, beugt sich zu mir herüber und deutet auf eines der Familienmitglieder: »Da drüben sitzt Shoshana. Mit der redest du besser nicht.« Ich schaue sie verwundert an. »Wenn die anfängt zu reden, dann hört sie nicht mehr auf. Sie redet ununterbrochen über ihre Geschichte.« Offenbar herrscht nicht nur eitel Harmonie in dieser großen Familie von Holocaust-Überlebenden. Shoshana blickt aufmerksam zu uns herüber. Anscheinend hat sie gespürt, dass Chava über sie redet, und hofft tatsächlich, dass sie ihre Geschichte loswerden kann, wahrscheinlich zum hundertsten Mal. Auschwitz hat sie zwar überlebt, aber Auschwitz lebt in ihr weiter.

Später erklärt mir die stellvertretende Heimleiterin Tami Sinar: »Es gibt beides: totales Verschweigen oder ein ununterbrochener Redefluss. Bei den einen sind die Erinnerungen verschlossen, aber nicht weg, sie kommen als Angstträume immer wieder hoch, bei den anderen sind die Erinnerungen so überwältigend, dass sie immerzu aus ihnen herausquellen wie bei einem Gefäß, das ständig überläuft. Ich habe den Eindruck, dass sie es gar nicht kontrollieren können. Beides ist nicht gesund. Die Überlebenden sind keine freien Menschen, sie sind es auch nicht nach ihrer Befreiung aus den Lagern geworden. Die Erinnerungen verfolgen sie ständig und halten sie im Griff. Wie sollen sie vergessen? Wie kann man vergessen, dass man drei oder vier Jahre gehungert hat, schmutziges Wasser trinken musste oder nur Kartoffelschalen zu essen bekam? Dass man ständig vom Tod bedroht war? Zu erleben, dass um dich herum Menschen, die du liebst, umgebracht werden – wie soll man das vergessen?«

Dann erzähle ich ihr, Chava habe mich zu einem Schönheitswettbewerb eingeladen, den das Heim regelmäßig für die Überlebenden veranstaltet. Ich solle doch unbedingt kommen, hatte sie gedrängt. »Was hat es damit auf sich? Ich finde das befremdend.«

»Das kann ich verstehen«, bestätigt Tami, »die meisten Außenstehenden reagieren so. Diesen Wettbewerb gibt es aber tatsächlich. Wir wollen, dass sich diese Frauen schön fühlen. Sie werden geschminkt, sie können sich etwas Besonderes anziehen, die Frisur wird von einem Coiffeur gerichtet. Sie fühlen sich dann als etwas Besonderes. Genau das wollen wir erreichen, sie sollen sich als etwas besonders Schönes fühlen. Ich kann Schönheitswettbewerbe mit jungen Mädchen nicht verstehen. Die brauchen das nicht. Aber unseren Frauen mit den großen inneren Wunden, denen hilft das.«

Meine Zweifel sind nicht wirklich beiseite geräumt, bis ich

mir im Internet bei YouTube Videos mit den Schönheitswettbewerben der letzten Jahre ansehe. Tami könnte tatsächlich recht haben. Die Bilder dieser Catwalks am Krückstock sind sicherlich gewöhnungsbedürftig. Herausgeputzte Achtzigjährige defilieren unsicher auf dem Laufsteg, manchmal von Gehhilfen gestützt, begutachtet von einer Jury und beobachtet von Fernsehkameras. Am 22. August 2013 zum Beispiel wurde Shoshana zur schönsten Überlebenden gekürt. Und wie sie in ihrem schwarzen Kleid mit der breiten Schärpe dasteht, strahlt und stolz in die Kamera blickt, lässt ahnen, dass es hier um mehr geht als um einen trivialen Schönheitspreis. Das mit weißen Glassteinen besetzte Krönchen im schlohweißen Haar ist nur Beiwerk zu einer guten Tat. Eine Teilnehmerin sagte damals: »Es ist ein unglaubliches Gefühl, dass ich heute hier sein kann bei diesem wichtigen Ereignis. Ich habe das Gefühl, dass dies ein Tag des Sieges für uns ist, weil wir der ganzen Welt zeigen, dass wir trotz unserer Vergangenheit lächeln und uns amüsieren können.« Manche in Israel fürchten allerdings auch, diese Veranstaltung sei nicht gut, sondern höchstens gut gemeint. Die Alten würden sich zum Affen machen, ohne dass sie es merkten, würden missbraucht von Fernsehreportern.

Chava Hershkovitz, meine Begleiterin bei dem Besuch im Heim, hatte das Krönchen 2012 gewonnen. Siebenhundert Überlebende aus dem ganzen Land waren damals angereist, um diese Kür der »Queen Holocaust« in der Festhalle von Haifa mitzuerleben. Selbst Minister und Botschafter aus Jerusalem und Tel Aviv saßen bei der Veranstaltung in der ersten Reihe. Fernsehkameras wurden aufgebaut, die vierzehn Kronanwärterinnen geschminkt und gepudert, die weißen Haare onduliert, ehe sie zu Musik über den Laufsteg mehr schlurften als schritten vor den Augen der Jury, die aus amtierenden und ehemaligen Schönheitsköniginnen des Landes bestand. Alle Kandidatinnen wirkten angespannt und nervös. Dieser Wettbewerb – für sie offensichtlich eine ernste Angelegenheit. Auf dem Siegerfoto blickt Chava feierlich in die Kamera, die Haare sorgfältig gekämmt, über dem schwarzen Kleid die breite Schärpe der Preisträgerin.

Heute will sie über ihr Glücksgefühl von damals nicht mehr so recht sprechen: »Die Krone war nicht so wichtig«, winkt sie ab. »Damals waren zweiundfünfzig Journalisten aus der ganzen Welt hier. Meiner Meinung nach gerät der Holocaust immer mehr in Vergessenheit. Deshalb möchte ich darüber sprechen, wo immer es möglich ist. Und dieser Wettbewerb war eine gute Gelegenheit. Wichtig ist zu sprechen, damit die Leute nicht vergessen. Das war der Grund, warum ich mitgemacht habe.«

Sie ist enttäuscht, als ich ihr sage, zu dem Wettbewerb im November 2015 könne ich nicht kommen. Und dann muss ich sie noch einmal fragen: »Hast du dich damals nicht doch auch ein bisschen gefreut?«

Chava lacht verlegen und sucht einen Moment lang nach den richtigen Worten. Dann: »Na ja, es war auch schön. Klar. Wenn man so etwas macht, macht es immer auch Spaß. Wir können dabei vergessen. Wir haben hier zum Beispiel jeden Mittwoch Tanz. Das sind dann zwei Stunden mit Musik, in denen wir ein bisschen vergessen können.«

6

KIBBUZ BUCHENWALD

Aron Ohnhaus und Avraham Biemka kennen sich nicht, auch wenn sie den Schrecken von Auschwitz zur gleichen Zeit erlebt haben. »Damals hat uns nur die Frage interessiert: Wie kann ich es verhindern, nach Auschwitz-Birkenau zu kommen? Wie kann ich überleben?«, erklärt Aron Ohnhaus. Auschwitz-Birkenau – das war der Ort, wo hinkam, wer zur Arbeit nicht taugte, wo die Mordmaschinerie mit ihren Gaskammern und Verbrennungsöfen auf Hochtouren lief. »Ab nach Birkenau« war ein Todesurteil. Wer für Birkenau selektiert wurde, kam nicht mehr zurück, das wussten alle in Auschwitz.

Aron Ohnhaus lebt heute zusammen mit seiner Frau in einem Kibbuz in der Nähe von Tel Aviv, dem Kibbuz Netzer Sereni, der andere, Avraham Biemka, im Kibbuz Chazerim in der Nähe von Beerscheba im Süden Israels, ebenfalls zusammen mit seiner Frau in einem kleinen Haus, das der Kibbuz ihnen zur Verfügung gestellt hat. Der eine ist 1921, der andere 1929 geboren. Beide gerieten als Jugendliche in die Todeszone von Auschwitz, obgleich sie geglaubt hatten, ihr schon entkommen zu sein. Das ist das eine Gemeinsame, außerdem noch: Beide stammen aus Deutschland, Biemka aus Kolberg, heute Kołobrzeg in Polen, damals am Rande Deutschlands gelegen, Ohnhaus aus Essen, der Mitte des Landes also. Beide verstanden sich als Zionisten; Ohnhaus hatte sich schon lange vor dem Zweiten Weltkrieg entschieden, dieses Nazi-Deutschland so bald wie möglich zu verlassen: »Ich werde nach Palästina auswandern, das ist mein Gelobtes Land.« Zurückkehren? Das konnte er sich damals nicht vorstellen: »Nie wieder Deutschland!« Das stand für ihn fest.

Und schließlich noch eine Gemeinsamkeit: Beide versuchten, sich auf das neue Leben in Palästina in jüdischen Trainingslagern noch während der Nazizeit vorzubereiten. Mitten in Deutschland. So etwas war tatsächlich möglich damals. Das Besondere an diesen Camps – sie wurden von Zionisten selbst geleitet, einige der Lehrer waren eigens zu diesem Ausbildungszweck aus Palästina in das Feindesland eingereist, mit dem Einverständnis der Nazis. Also keine geheimen Schulungsstätten irgendwo im Wald, sondern offiziell von den Nazis zugelassene Einrichtungen. Ihr einziger Zweck: möglichst vielen jüdischen Jugendlichen die Ausreise aus Deutschland zu ermöglichen. Andere Jugendorganisationen wie die Pfadfinder waren zu der Zeit schon lange verboten. In einem solchen Lager lebte Biemka, damals neun Jahre alt, mit seinen Eltern bis zur Deportation 1943.

Genauso Ohnhaus. Auch er nahm ab 1939 an mehreren solcher Trainingsprogramme teil, einige Zeit sogar im Ausbildungslager Neuendorf, in dem auch Avraham Biemka auf das Leben in Palästina vorbereitet wurde. Allerdings erst später. Kennenlernen konnten sie sich daher auch hier nicht. Nach seiner Befreiung aus dem Konzentrationslager Buchenwald ging Ohnhaus wieder in ein Vorbereitungslager, nach Gut Geringshof bei Fulda. Dort warteten er und seine Freunde aus dem Konzentrationslager auf die Ausreise in das Gelobte Land, geeint durch den festen Entschluss zusammenzubleiben. »Wir hatten Auschwitz und zuletzt Buchenwald überlebt, daher wollten wir uns nicht trennen. Deswegen haben wir das Ausbildungslager Geringshof in Kibbuz Buchenwald umgetauft und diesen Namen nach Israel mitgenommen.« Für Ohnhaus und seine Freunde war diese Umdeutung des Namens auch so etwas wie ein Akt der Befreiung. Aus dem Konzentrationslager der Nazis wird ein jüdischer Kibbuz. Aus Horror wird Hoffnung.

Beide Überlebende habe ich besucht, um mehr über diese Ausbildungslager, das Leben vor der Hölle und das Leben danach zu erfahren.

Zu Avraham Biemka fahre ich mit dem Zug. Eine gute Stunde von Tel Aviv quer durch das Land in Richtung Süden. Die Landschaft, zunächst grün und fruchtbar, ein paar Wälder, wird immer karger, je weiter sich der Triebwagen der Stadt Beerscheba am Rande der Negev-Wüste nähert. Dort ist Endstation. Im sogenannten arabischen Viertel, aufwändig restauriert und umgebaut zu einer belebten Fußgängerzone mit Geschäften und Restaurants, übernachte ich. Araber gesehen habe ich allerdings keinen einzigen in diesem arabischen Viertel.

Am nächsten Morgen holt mich ein Kibbuznik ab, Raphi Cimerman, ein freundlicher älterer Herr, der mir am liebsten sofort sein ganzes Land zeigen und sein ganzes Leben erzählen würde. Die halbe Stunde Autofahrt zum Kibbuz reicht da natürlich nicht aus. Chazerim ist ein Bilderbuchkibbuz mitten in der Wüste, grün, blühend und wohlhabend. Den spürbaren Wohlstand verdanken die Kibbuzniks einem Mangel, dem Mangel an Wasser. Denn in den sechziger Jahren hatten Kibbuz-Ingenieure aus dieser Not eine Tugend gemacht und die Tröpfchenbewässerung professionalisiert, die im Wesentlichen darin besteht, auf den Feldern Schläuche auszulegen, aus denen in regelmäßigen Abständen geringe Wassermengen in den Boden neben jeder einzelnen Pflanze tropfen, immer gerade so viel, wie sie für ihr Wachstum braucht. Besonders geeignet ist diese Technik natürlich für Länder mit chronischem Wassermangel, wie Israel eines ist. Inzwischen vertreibt der Kibbuz solche Anlagen in der ganzen Welt. Raphi Cimerman erzählt diese Erfolgsgeschichte mit unverkennbarem Stolz in der Stimme. Ein paar markante Sehenswürdigkeiten zeigt er mir noch, ehe er mich bei Avraham Biemka ablädt. Wie die meisten Häuser in einem Kibbuz ist auch seines klein, aber liebevoll eingerichtet. Sofaecke, Schrankwand mit einem großen Fernseher, den der Sechsundachtzigjährige virtuos auch als Computer benutzt.

Zunächst klingt seine Geschichte wie die vieler Holocaust-Überlebender. Pogromnacht mit der geplünderten und später als Eisenwarenlager missbrauchten Synagoge von Kolberg und dem Lehrer, der ihm ins Ohr flüstert: »Du brauchst morgen nicht mehr in die Schule zu kommen.« Der Überfall der SS-Männer auf das Schuhgeschäft der Eltern. Verhaftet wurden sie nicht, dennoch beschlossen sie, so schnell wie möglich in die USA auszureisen. Als die Amerikaner ihnen keine Visa gaben, entschieden sie sich für Palästina – und das bedeutete: Die Familie Biemka musste Landwirtschaft lernen. »Wir wussten, für Palästina brauchen wir eine landwirtschaftliche Ausbildung. Ohne die geben uns die Engländer keine Einreisevisa«, erklärt Biemka diesen ungewöhnlichen Schritt. Die einzigen Orte, wo deutsche Juden sich vom Kaufmann zum Bauern umschulen lassen konnten, waren die von jüdischen Organisationen eingerichteten Vorbereitungslager, auf Hebräisch Hachscharot genannt, die tatsächlich damals, sogar noch nach Beginn des Zweiten Weltkriegs, in Nazi-Deutschland von Zionisten betrieben wurden.

Die ersten Hachscharot hatten deutsche Zionisten in den zwanziger Jahren gegründet. Wer nach Palästina auswandern wollte, sollte sich hier für das neue Leben in den Kibbuzim fit machen lassen. Nach 1933 hatten die Nazis und die »Reichvertretung der Juden in Deutschland« in einem Vertrag vereinbart, diese Ausbildungslager weiterzuführen und sogar noch auszubauen; denn die Nachfrage besonders unter jungen jüdischen Deutschen war groß. Und Nazi-Deutschland war jedes Mittel recht, Hauptsache, die Juden verließen das Land. Allein 1934 konnten die Zionisten rund dreieinhalbtausend Jugendliche in solchen Einrichtungen ausbilden. Und es wurden von Jahr zu Jahr mehr angesichts der rasch eskalierenden Verfolgung und Diskriminierung der Juden im Nazireich. Nur weg aus diesem Deutschland. Weit weg, übers Mittelmeer nach Palästina. In einen eigenen Staat. Das war der Wunsch der Jugendlichen. »1936 unterhielt die Hachschara 139 verschiedene Einrichtungen«, schreibt der israelische Historiker

Moshe Zimmermann, »in denen jährlich bis zu 5000 Personen ausgebildet wurden. Diese Einrichtungen verzehrten mehr als ein Viertel des Jahresetats der Reichsvertretung [der Juden], obwohl höchstens 15 Prozent der jüdischen Jugendlichen in Deutschland überhaupt in die Hachschara aufgenommen wurden.« Wichtigstes Aufnahmekriterium neben dem Alter waren die erklärte Bereitschaft und die Eignung der jungen Männer und Frauen, einen landwirtschaftlichen oder handwerklichen Beruf zu lernen, um nach Abschluss der Schulung in einem Kibbuz in Eretz Israel, also im Land Israel, zu arbeiten.

In ihrer vorletzten Ausgabe vor ihrem Verbot nach den Novemberpogromen 1938 beschreibt die in Berlin erscheinende *Jüdische Rundschau* das Leben in einem solchen Camp: »Vor zwei Jahren begann die erste Gruppe ihre Ausbildung. 80 Jugendliche lebten in dem in einer großen Waldung liegenden Haus, eine besondere Steinbaracke für die Schlafräume der Jungen wurde eingerichtet. Ein vortrefflicher Obstgarten ermöglichte eine gründliche gärtnerische Ausbildung, der Sandboden wurde an vielen Stellen in harter Arbeit fruchtbar gemacht und zu Gemüsegärten umgewandelt, Treibhäuser wurden eingerichtet, weite Wiesen und Felder wurden landwirtschaftlicher Arbeit nutzbar gemacht.« Geradezu hymnisch feiert Reporter Herbert Sonnenfeld in seinem Zeitungsartikel den Idealismus der jungen Leute: »Zwei Jahre stehen zur Verfügung, nicht mehr. In diesen zwei Jahren soll jeder Junge ein guter Landwirt und Gärtner werden, jedes Mädchen eine gute Hausfrau, wie die Landwirtschaft sie braucht, sein.« Darüber hinaus sollen sie »Disziplin, Ungebundenheit, Selbstvertrauen und Festigkeit« lernen, außerdem »die hebräische Sprache, allgemeine und jüdische Geschichte« und sich in »Arbeitsgemeinschaften über Kunst und Literatur, Naturkunde und Musik« Allgemeinwissen aneignen. Die klassischen Ausbildungsfächer für einen Kibbuz. Am Ende seines Berichts jubelt Reporter Sonnenfeld über diesen neuen jüdischen Menschen, geschult und erzogen mitten in Nazi-Deutschland: »Es ist eine große Freude, diese Ersten zu sehen, die für ihr Leben einen neuen Sinn gefunden haben, nämlich sich für den Aufbau Palästinas vorzubereiten.«

Der Besuch solcher Kurse erhöhte für viele die Überlebenschance. Wer sich nach Palästina retten wollte, musste entweder viel Geld mitbringen, dann hatte er Aussicht, sein Einreisevisum von der britischen Mandatsmacht über ein sogenanntes Kapitalistenzertifikat zu bekommen. Oder er versuchte es mit einem sogenannten Arbeiterzertifikat. Das bekamen junge Menschen mit einer praktischen Berufsausbildung, die sie zum Beispiel in einem der Ausbildungslager erworben hatten. Bevorzugt wurden Handwerker und Landwirte. In den dreißiger Jahren verfolgten die Nazis noch das Ziel, möglichst viele Juden zu zwingen, das Land zu verlassen, daher genehmigten sie die Hachscharot, aber natürlich nur, um so die Anzahl der jüdischen Auswanderer zu erhöhen.

Doch haben solche Vorbereitungen den jungen Flüchtlingen aus Nazi-Deutschland tatsächlich den Neuanfang in Palästina erleichtert? Der deutsch-jüdische Dichter und glühende Zionist Manfred Sturmann begab sich 1937 auf eine Erkundungsrundreise durch Palästina und besuchte unter anderem auch Kibbuzim, die in jener Zeit von jungen aus Deutschland ausgewanderten Juden aufgebaut wurden. Enthusiastisch berichtete er in seinem *Palästinensischen Tagebuch* über den ein Jahr zuvor ins Leben gerufenen Kibbuz Hasorea im Norden des heutigen Israels. Die Gründer dieses Kibbuz stammten aus dem Kreis der »Werkleute«, einer Jugendbewegung, die in Deutschland versucht hatte, Wandervogelromantik mit zionistischen Idealen zu verbinden. Der Anfang am Fuß der Karmelberge war schwer, wie Manfred Sturmann schildert:

»Der Kibbuz Hasorea bei Joknam [Yokneam] ist eine junge Gründung der Werkleute aus Deutschland ... Man wohnt in Zelten und Baracken, das erste Steinhaus befindet sich im Bau. Aber dieser Anfang ist von einer Gesinnung getragen, die allein schon Bürge für eine freundliche Zukunft ist.

Wir finden im Kibbuz ausschließlich sehr junge Menschen, die eine wundervolle Kameradschaft und Einigkeit verbindet ... Dieses Anfangsstadium stellt an jeden einzelnen die härtesten Anforderungen. Schwere Außenarbeit, harte Lebensbedingungen, komplizierte Bodenverhältnisse, die schlechte strategische Lage – dies alles macht die Tage in Hasorea nicht rosig. Aber es geht vorwärts, und sie werden sich durchkämpfen.«

Die Ausbildung in Deutschland brachte also Früchte hervor. Manfred Sturmann kehrte 1937 nach Deutschland zurück, um diesen Reisebericht, der das Leben in Palästina in den rosigsten Farben beschrieb, noch im selben Jahr im Jüdischen Buchverlag, Berlin, zu veröffentlichen. Den Aufstand der Araber, der ein Jahr vor seiner Erkundung begonnen hatte, streift er in dem schmalen Bändchen nur am Rande. Niemand sollte abgeschreckt werden. Umschulen und auswandern – alles andere wird sich später schon automatisch ergeben: Das war die Botschaft dieser zionistischen Werbeschrift. Ein Jahr später übersiedelte ihr Verfasser selbst nach Palästina.

Solcher Schriften bedurfte es aber kaum, um die Jugendlichen zu motivieren. Der Terror gegen die Juden in Deutschland wurde immer unerträglicher, damit wuchs auch der Wunsch, ihm durch Auswanderung zu entkommen. Da aber die Briten sich zunehmend weigerten, ohne Zertifikate Einreisevisa auszustellen, waren die zionistischen Vorbereitungskurse einer der wenigen Fluchtwege aus Deutschland. Doch selbst mit einem Hachschara-Zeugnis in der Tasche hatte man seine legale Ausreise noch nicht gesichert. Erst wer eine Einreisegenehmigung der Briten vorzeigen konnte, bekam, natürlich gegen Zahlung weiterer Gebühren, eine Ausreiseerlaubnis der deutschen Behörden.

Siebzehn solcher Hachschara-Lager gab es noch kurz vor Kriegsbeginn; ab 1941 sollten sie jedoch immer mehr zur Falle für die Ausbilder und die Auszubildenden werden. Der Historiker Moshe Zimmermann stellt in seinem Buch *Deutsche Juden von 1914 bis 1945* fest: »Im Juli 1941 gab es noch 26000 jüdische Jugendliche in Deutschland. Sie wurden in den Tod geschickt.«

Familie Biemka hoffte noch 1940, diesem Schicksal entgehen und ausreisen zu können. Vor der Übersiedlung stand aber die Umschulung. Vom Schuhverkäufer zum Spargelstecher. »Wir gingen 1940 nach Neuendorf im Sande bei Fürstenwalde in Brandenburg. Dort haben meine Eltern im Kuhstall gearbeitet, auf den Feldern Unkraut gejätet, viel Spargel gestochen. Ich selbst war noch zu jung, habe deswegen zum Kinderhaus gehört, wo wir gemeinschaftlich erzogen wurden.« Ganz im Sinne der Kibbuz-Bewegung.

Während die Erwachsenen auf den Feldern des Landwirtschaftsbetriebs Neuendorf arbeiteten, sollten die Jungen zu neuen zionistischen Menschen erzogen werden. Neben einer praktischen Berufsausbildung sollten sie Verantwortung für den anderen lernen, Opferbereitschaft, Selbstvertrauen, und natürlich stand Unterricht in Hebräisch auf dem Lehrplan, auch Bibelkunde sowie Kunst und Literatur gehörten dazu, also die klassischen Fächer einer Ausbildung für das Leben in einem Kibbuz, alles mitten im Krieg, alles für junge Juden, die von der Auswanderung träumten, aber vielleicht auch schon ahnten, dass es den meisten nicht gelingen würde. Für sie waren diese Schulungscamps mitten in Nazi-Deutschland zionistische Inseln der Sehnsucht nach einem besseren Leben im Gelobten Land, in Eretz Israel.

»Ich war damals elf Jahre alt«, erzählt Biemka. »Damals habe ich Schiller, Goethe und Heine kennengelernt. Also auch Dichter, die die Nazis verboten hatten. Besonders gut gefallen hat mir *Die Bürgschaft* von Schiller.« Spricht's und beginnt, das Gedicht vom geplanten Tyrannenmord aufzusagen.

Warum aber duldeten die Nazis solche zionistischen Vorbereitungslager für ein Leben in einem sozialistisch ausgerichteten Kibbuz im fernen Palästina sogar noch nach Kriegsbeginn, wo sie doch den Antisemitismus zur Staatsdoktrin erhoben und auf der Wannsee-Konferenz im Januar 1942 die vollständige Vernichtung der Juden beschlossen hatten? Die Tötungsmaschinerie der Konzentrationslager wie Auschwitz oder Bergen-Belsen war zu der Zeit längst angeworfen, Deportationen gehörten ab 1940 zur Normalität in Deutschland. Die Hachschara-Lager waren in all diesen Jahren eskalierender Judenverfolgung die absolute Ausnahme. Dennoch konnten sie eine Zeitlang weiterarbeiten; denn bis zum Beginn des Zweiten Weltkriegs sollten nach den Plänen der Nazis möglichst viele Absolventen solcher Lager das Land in Richtung Palästina verlassen. Selbst nach dem 1. September 1939 war noch für einige Monate eine Auswanderung möglich.

Für die Zeit ab 1941, als kein Jude mehr offiziell das Land in Richtung Palästina verlassen konnte, sieht Avraham Biemka einen anderen Grund für die Duldung: »Wir waren ihnen nützlich. Wir produzierten Gemüse und waren bessere Arbeitssklaven, Gemüse und andere Landwirtschaftserzeugnisse mussten wir abliefern. Viele von uns haben damals schon in ihren Fabriken gearbeitet. Sie haben uns gebraucht.«

Letztendlich waren die Hachschara-Camps spätestens ab 1941 von Nazis überwachte, aber von Zionisten verwaltete Arbeitslager, die im Auftrag des Regimes Lebensmittel zu produzieren und Arbeitskräfte für Fabriken zur Verfügung zu stellen hatten. Dennoch ging es den Menschen in diesen Lagern anfangs besser als den Deportierten in den Konzentrationslagern. Es gab keine unmittelbaren Misshandlungen durch die SS, vor allem aber konnten sich die dort internierten Juden eine Zeit lang zumindest noch der Illusion relativer Sicherheit und dem Gefühl hingeben, weniger eingesperrt zu sein als KZ-Häftlinge, auch wenn sich dies am Ende als eine furchtbare Selbsttäuschung herausstellen sollte.

Auch hatten die Jugendlichen und Kinder eigene jüdische Lehrer. »Ich möchte Ihnen noch von einer Lehrerin erzählen, die mich tief beeindruckt hat.« Biemka sucht im Internet den Namen und ein Bild dieser Pädagogin. Es ist Clara Grunwald, eine Anhängerin der Montessori-Pädagogik, die Biemka als freundliche ältere Dame beschreibt. In den zwanziger Jahren hatte sie in verschiedenen Städten Montessori-Kinderhäuser gegründet, in denen besonders benachteiligte Kinder gefördert werden sollten. Nachdem sie 1933 aus dem Schuldienst entlassen worden war, organisierte sie die Ausreise bedrängter Juden aus Deutschland, versteckte politisch und rassisch Verfolgte in ihrer Wohnung. Nach Neuendorf war sie 1941 freiwillig gekommen.

»Wir haben sie geliebt. Uns hätte nichts Besseres passieren können.« So war es den Lehrern des Lagers eigentlich verboten, den Schülern Lesen und Schreiben beizubringen. Doch Clara Grunwald umging solche Auflagen mit Phantasie. So ließ sie die Kinder mit Stöcken Wörter in den märkischen Sand schreiben. Sollte eine Kontrolle kommen, konnten sie die Spuren schnell verwischen. »Wir fühlten uns sicher bei ihr.« Clara Grunwald war für die Kinder so etwas wie ein warmes Licht in dieser kalten Dunkelheit. Denn auch im selbstverwalteten Ausbildungslager bekamen die Menschen mit, dass ihre Lage als Juden immer verzweifelter wurde. Im April 1943 kam der so lange befürchtete Befehl. Die Gestapo löste das Lager auf. Clara Grunwald und die verbliebenen zweihundert Juden wurden nach Auschwitz oder Theresienstadt deportiert, viele von ihnen unmittelbar nach der Ankunft in Birkenau ermordet. Die fünfundsechzig Jahre alte Clara Grunwald gehörte dazu.

»Ich erinnere mich auch an den Leiter des Hachschara-Lagers, Martin Gerson war sein Name. Er war sehr streng. An seiner Bürotür stand: ›Gartenbauoberinspektor‹.«

Dieser Martin Gerson war eine Legende unter deutschstämmigen Zionisten. Sein ganzes Leben hatte er der Ausbildung der Jungzionisten für den neuen Staat gewidmet. Nach 1933 gab ihm die Reichsvertretung der deutschen Juden die Aufsicht über die jüdischen Ausbildungseinrichtungen in Deutschland. In dieser Funktion war es ihm sogar gelungen, Jugendliche aus dem KZ Buchenwald freizubekommen. Mitte 1941 zog Gerson mit seiner Familie in das Ausbildungslager Neuendorf im Sande um, wahrscheinlich ahnend, dass dies seine letzte Station sein könnte; denn die Auswanderung war mit Ausbruch des Krieges immer schwieriger, ab 1940 nahezu unmöglich geworden.

Dabei hätte er sich schon 1935 in Sicherheit bringen können. Damals war er für einen Monat nach Palästina gereist, um sich über das Leben dort zu informieren. Doch er kehrte zu seinen Schülern zurück. Diese Anhänglichkeit an seine Schützlinge, für die er sich verantwortlich fühlte, sollte ihm am Ende zum Verhängnis werden. Am 17. Juni 1943 wurden er und seine Familie in das Ghetto Theresienstadt transportiert. Als im Herbst 1944 einige seiner Schüler für Auschwitz selektiert werden sollten, schloss er sich ihnen freiwillig an. Kurz nach der Ankunft im Vernichtungslager schickte ihn die SS in die Gaskammer.

Auschwitz war im April 1943 auch das Ziel der Viehwagen, in die die Familie Biemka verladen wurde. »In den Güterwagen war es fürchterlich. Die Menschen hatten kaum Platz zu sitzen, es gab keine Toiletten, kein Wasser, kaum etwas zu essen. Das ging so einige Tage und Nächte. Dann stand der Zug.«

SS-Männer rissen die Schiebetüren auf, bellten Befehle. »Und dann sahen wir, wo wir waren. Es war die Rampe in Birkenau. Wir mussten aus den Wagen springen. Dann bewegten wir uns in einem Strom von Menschen langsam vorwärts. Ein Teil wird von einem SS-Mann nach links, ein anderer Teil nach rechts geschickt.« Links bedeutete den sofortigen Tod, rechts hieß arbeiten, wahrscheinlich also den langsamen Tod. »Aus unserem Transport wurden einige hundert zu Arbeit bestimmt. In diesem Durcheinander verlor ich meine Eltern aus den Augen.« Seine Stimme beginnt zu zittern bei dieser Erinnerung. »Ich sah sie nicht mehr. Es war so furchtbar. Schreien, verzweifelte Rufe, Bellen von Hunden. Ich war damals dreizehn Jahre alt. Ich stand auf den Zehenspitzen und suchte meine Eltern. Plötzlich sah ich meinen Vater. Ich rannte zu ihm hin. Wir waren auf der rechten Seite. Wenn ich in dem Augenblick meine Mutter gesehen hätte, dann wäre ich nicht hier. Ich wäre zu ihr gelaufen. Sie ging direkt in die Gaskammer.« Dann sagt er: »Wenn ich heute hier sitze und Ihnen das erzähle, dann nur, weil ich Glück hatte. Es war nicht Stärke, nicht besondere Klugheit, warum ich überlebt habe. Es war reines Glück.«

Dann zeigt er mir seine KZ-Nummer: 116953, sein Vater bekam die nächsthöhere. Beide kamen in das dem Werk der I. G. Farben angegliederte, sechs Kilometer östlich vom Stammlager errichtete Arbeitslager Buna.

Auch Aron Ohnhaus hat uns seine KZ-Nummer von Auschwitz gezeigt. Die Ziffern 105004 sind auf dem linken Unterarm eintätowiert. »Wir haben überlebt, weil wir zusammengehalten haben. Wir haben sogar manchmal Brot geteilt.« Was sehr ungewöhnlich war bei dem wenigen Essen, den die Häftlingen zugestanden wurde. Und Biemka sagt noch einmal: »Bei mir war es reines Glück, es war reines Glück, dass ich überlebt habe. Einmal war ich schon für die Gaskammer selektiert. Ich wartete zusammen mit den anderen in einer abgeschlossenen Baracke, wir sollten alle nach Birkenau, also ins Gas. Das wussten wir. Da sah ich einen Kapo, von dem ich wusste, dass er mich mochte. Ich habe an die Fensterscheibe geklopft, hab geschrien, mich irgendwie bemerkbar gemacht. Und er hat es tatsächlich geschafft, dass ich wieder von der Todesliste gestrichen wurde. Es war für mich natürlich leicht, diese Todesbaracke zu verlassen, aber schwer, die anderen zurückzulassen. Sie sind alle wenig später vergast worden.«

Und Aron Ohnhaus, der sich auch in einem der Trainingscamps auf die Ausreise vorbereiten wollte, stattdessen aber in einem KZ landete? »Im Jahr 1939 habe ich mein Elternhaus verlassen«, schreibt er in dem Erinnerungsbuch *Wer hätte das geglaubt. Erinnerungen im Kibbuz Buchenwald – Netzer Sereni,* »und mich der Hachschara in Neuendorf angeschlossen, ich war gerade mal sechzehn Jahre alt. Es kamen noch andere Jungen und Mädchen dahin, alle etwa im gleichen Alter oder jünger. Alle kannten nur ein Ziel: Palästina.« Ein Jahr hält Ohnhaus in dem

Lager aus. Dann begibt er sich auf eine Reise zu anderen Vorbereitungslagern: Ellgut, Skaby. Ende 1941 landet er in einem bei Paderborn, zu einer Zeit, als an eine Ausreise schon nicht mehr zu denken ist. Die Hachschara-Bewegung haben die Nazis schon Monate vorher in diesem dritten Kriegsjahr verboten. In Paderborn schließt er sich einer Gruppe junger Zionisten an, die ihre Lage genau kennen. Sie wissen, Deutschland verlassen können sie nicht mehr. »In dieser Gruppe war das gemeinschaftliche Leben sehr ausgeprägt, mit anderen Worten – es war wie das Leben in einer Familie. Uns allen war klar, dass wir ohne gegenseitige Hilfe nicht überleben können.« Ohnhaus gerät fast ein bisschen ins Schwärmen, als er uns von dieser Notgemeinschaft erzählt.

Zwei Dinge haben ihm seiner Meinung nach das Leben gerettet: »Einmal haben wir nur für das Jetzt gelebt, ständig überlegt, wie schaffe ich es, nicht nach Birkenau zu kommen, also in die Gaskammer. Außerdem bin ich am Leben geblieben, weil ich viele Kameraden hatte, auf die ich mich verlassen konnte. Und die konnten sich auf mich verlassen. Wir blieben zusammen – bis heute.«

Das Leben in der Gruppe – oder Familie, wie Ohnhaus sie nennt – wird zur Konstanten in seinem unruhigen Leben. Für sie weigert er sich sogar, sich in ein sicheres Versteck zu retten. Als die Nazis im Lager Paderborn ankündigten, die ganze Gruppe werde zur Deportation abgeholt, hätte er die Möglichkeit gehabt, sich in einem Kloster zu verbergen. »Doch aus Solidarität und Verantwortung gegenüber meiner Familie blieb ich bei der Gruppe und ging nicht in das Kloster. Ich verhielt mich nach dem Leitspruch ›Einer für alle, alle für einen‹.« Schließlich hatte die Gestapo gedroht: Sollte auch nur einer fehlen, würden die anderen alle erschossen. »Es kam, wie es kommen musste: Die Nazis erschienen, zählten, kontrollierten und brachten uns alle nach Auschwitz-Buna.«

Das sogenannte Lager Buna war gewissermaßen das firmeneigene, Ende Oktober 1942 eröffnete Konzentrationslager der

I. G. Farben, aus der nach dem Krieg unter anderem die BASF, Hoechst und die Bayer AG hervorgingen. Es diente zur Unterbringung der zumeist jüdischen Häftlinge, die im »I. G. Farbenindustrie A. G. Werk Auschwitz« – so der offizielle Name – Zwangsarbeit leisten mussten. Ohnhaus und seine Freunde wurden dort im Frühjahr 1943 eingeliefert, fast zur gleichen Zeit wie Avraham Biemka. Auch »Auschwitz-Buna« war letztendlich ein Todeslager mit dem Unterschied, dass hier die Menschen durch Arbeit sterben sollten, durch Entkräftung, Hunger und Krankheit, nicht durch Gas. Morgens mussten die Häftlinge in Marschkolonnen zur Arbeit ausrücken, nach zehn Stunden Schwerstarbeit schleppten sie sich abends erschöpft und müde durch das Tor zurück. Auch gab es regelmäßige Selektionen durch die SS. Wer nicht mehr arbeitsfähig zu sein schien, wurde ausgesondert und nach Birkenau in die Gaskammer geschickt.

Sollten sich die beiden im Lager Buna tatsächlich einmal über den Weg gelaufen sein, so können sie sich heute jedenfalls nicht mehr daran erinnern. Zu viele Häftlinge, zu viele Krankheiten, zu wenig zu essen, zu hart der Überlebenskampf. Als die Rote Armee sich Auschwitz nähert, zwingt die SS die Häftlinge, in riesigen Kolonnen nach Westen zu marschieren. Wer nicht mehr kann, wird erschossen. Für Ohnhaus endet dieser Todesmarsch in Buchenwald, für Biemka in einem Lager in Österreich.

Am 11. April befreien Einheiten der 3. US-Armee das Konzentrationslager Buchenwald. Ohnhaus' Leidensweg ist damit beendet. Einen Monat später, am 5. Mai 1945, rücken die Amerikaner in das KZ-Außenlager Gunskirchen in Österreich ein. Jetzt ist auch Avraham Biemka endlich frei. Er ist fünfzehn Jahre und zwei Monate alt und wiegt gerade noch achtundzwanzig Kilo. »Ich war nur noch Haut und Knochen, nicht mehr. Wenn die Amerikaner nicht gekommen wären, dann wären alle umgekommen.« Aron Ohnhaus ist dreiundzwanzig, er wiegt noch dreißig Kilo. »Mit meinen Knochen. Ich hatte Typhus. Ich war anschließend drei Monate in verschiedenen Krankenhäusern.«

Beide hatten nur einen Plan: raus aus Deutschland, endlich nach Palästina. Beide wollten sich einem Kibbuz anschließen. Und beide wussten, dass sie damals nur illegal einwandern konnten. Die Briten hatten die Grenzen zu Palästina dichtgemacht. Beide traten Ausbildungslagern der Zionisten bei, in denen sie sich auf diese Auswanderung vorbereiten konnten. Diese neuen Hachscharot hatte die Jüdische Brigade, eine 1944 aus ungefähr fünftausend jüdischen Freiwilligen aus Palästina gebildete Sondereinheit der britischen Armee, nach Kriegsende sofort wieder im besiegten Deutschland eingerichtet. Die Soldaten dieser Brigade kümmerten sich auch gleich nach seiner Befreiung um den noch nicht volljährigen Avraham Biemka und redeten ihm die Idee aus, nach Amerika auszuwandern. »Meine Tante in den USA hatte versucht, mich nach Amerika zu holen. Aber die Soldaten überzeugten mich. Ich entschied mich für Palästina.«

Im Juni 1946 gelang es ihm mit Hilfe dieser Militäreinheit, sich in Italien nach Palästina einzuschiffen. Auf der *Josiah Wedgewood* erreichte er am 27. Juni 1946 zusammen mit 1256 anderen Überlebenden sein Gelobtes Land. Trotz der britischen Blockade konnte er einreisen und sich seinen Traum vom Leben in einem Kibbuz erfüllen.

Auf meine Frage, wie lange die Bilder aus Auschwitz ihn verfolgt haben, zuckt er mit den Schultern. »Wissen Sie, gar nicht so lange. Ich war ja noch jung und konnte das offenbar gut verarbeiten. Nur an einmal kann ich mich erinnern. In unserem Kibbuz hatten wir in den fünfziger Jahren Hühner gezüchtet. Da immer wieder Hühner an Krankheiten starben, mussten die entsorgt werden. Lange wurden sie in einer Tonne verbrannt. Für mich war das jedes Mal eine Qual; denn der Geruch war der gleiche, der in Auschwitz von Birkenau herüberwehte, wenn dort wieder Tote verbrannt wurden. Verbranntes Fleisch. Ich hab das erklärt, und die Hühner wurden in Zukunft anders entsorgt.«

Aron Ohnhaus und seine Freunde hatten schon im KZ Buchenwald beschlossen zusammenzubleiben. »Wir mussten das;

denn wir hatten ja alle unsere Familien verloren. Keiner von uns hatte noch Verwandte. Alle waren ermordet worden.« Die Gemeinschaft von Buchenwald war so etwas wie Familienersatz. Auch Ohnhaus hatte alle Angehörigen verloren. Und während er im Krankenhaus Lichtenau hochgepäppelt wurde, besetzten seine Freunde am 3. Juni 1945 in der Gemeinde Eggendorf bei Weimar einen Bauernhof und erklärten ihn zum Kibbuz. Kibbuz Buchenwald nannten sie ihn als Erinnerung an ihre Leidenszeit im Konzentrationslager.

Diesen ungewöhnlichen Namen für einen Kibbuz hatten sie auf Drängen des Rabbis Herschel Schacter gewählt, der mit den amerikanischen Einheiten nach Buchenwald gekommen war, um sich dort um die Überlebenden zu kümmern. Monatelang blieb er an diesem Ort des Schreckens. Von einem seiner ersten dort abgehaltenen Schabbatgottesdienste gibt es eine in der Holocaust-Gedenkstätte Yad Vashem ausgestellte Fotografie: Der Rabbi steht hinter einem einfachen Holztisch in einem großen Saal, den die SS bis vor wenigen Wochen noch als Kino genutzt hatte. Auf dem Tisch zwei Kerzen. In seinen Händen hält er ein Gebetbuch. Um die Schultern hat er einen weißen Gebetsschal gelegt. Vor ihm, dicht gedrängt auf Holzbänken, die Überlebenden von Buchenwald. Einige tragen noch ihre gestreiften Häftlingskleider, andere haben sich schon neue Hosen und Jacken besorgen können. Rund tausend Besucher sollen es gewesen sein, so Augenzeugen, die der Sohn des Rabbis, Jacob J. Schacter, in seinen Aufzeichnungen über seinen Vater zitiert.

Nach den Gebeten, so berichten Überlebende, habe er die Anwesenden gemahnt, die Erfahrung von Buchenwald nicht zu vergessen. Er warnte vor jenen, die, vom Glauben abgefallen, sagten:»›Seht, wie viel ich als Jude bis jetzt gelitten habe. Von jetzt an breche ich mit meiner Nation und meiner Religion.‹ Solche Vorstellungen sind mir schon begegnet im Lager … Ihr dürft aber nicht verzweifeln und euer Volk verlassen. Seit Tausenden von Jahren verfolgen sie uns, in jeder Generation versuchen sie, uns zu zerstören, und dennoch leben wir.« Sein Vorschlag, den Namen des Konzentrationslagers als Namen für einen Kibbuz zu wählen, könnte also als eine Art Befreiungsschlag gemeint gewesen sein, als ein Beweis für den Überlebenswillen und die Unzerstörbarkeit des jüdischen Volks.

Das mögen auch jene Buchenwald-Überlebende gedacht haben, die den Vorschlag des Rabbis aufgriffen und zunächst ihren deutschen Trainingslagern für die Auswanderung diesen Namen gaben, um ihn später mit nach Palästina zu nehmen. Im gemeinsamen Tagebuch des Kibbuz Buchenwald, das von nicht namentlich genannten Autoren geschrieben wurde, steht in einem »Brief an unsere Brüder in Palästina«: »Nach unserer Befreiung im Konzentrationslager waren viele von uns physisch und psychisch gebrochen. Man konnte sie kaum als Mitglieder der jüdischen Gemeinschaft erkennen, oder überhaupt als Menschen. Wir fühlten uns unfähig, zu einem normalen Leben zurückzukehren. Aber trotz unseres Martyriums und unserer jahrelangen Wanderung über den Friedhof des jüdischen Lebens haben wir einen Kibbuz aufgebaut, um uns auf das Leben in der jüdischen Gemeinschaft vorzubereiten ... Buchenwald hat uns gestraft und uns ruiniert, Buchenwald hat uns aber auch geeint. Die Trümmer des Lebens haben wir in Buchenwald zurückgelassen, genauso aber auch unsere krankhaften egoistischen Neigungen ... Wir kommen nach Israel, um dort unseren Kibbuz Buchenwald aufzubauen.«

Allerdings mussten sie den Kibbuz in Eggendorf schon bald wieder aufgeben und weiter nach Westen ausweichen, da die Amerikaner das Gebiet räumten, um es der sowjetischen Armee zu überlassen. Mit Erlaubnis der Amerikaner übernahm die auf gut fünfzig Mitglieder angewachsene Gruppe das Gut Geringshof im Landkreis Fulda, das bis 1941 schon einmal als landwirtschaftliches Vorbereitungslager für Palästina-Auswanderer gedient hatte. Der Leiter der Gruppe, Chaim Meir Gottlieb, schrieb am 24. Juni 1945 in sein Tagebuch: »Wir, 53 Mitglieder beiderlei Geschlechts, kamen in Geringshof in der Nähe von Fulda an nach stundenlanger Fahrt über Hügel und durch Täler in einem Bus und zwei Lastwagen ... Wir begannen sofort mit der Arbeit. Auf den Feldern, in der Scheune und in den Ställen und auf dem Hof. Am Abend nach der Arbeit stehen immer zwei Mann Wache, die anderen setzen sich zu Diskussionen zusammen, singen auf Jiddisch oder Hebräisch.«

Hier stieß auch Aron Ohnhaus nach seinem Krankenhausaufenthalt wieder zu seiner »Familie«. »Die Engländer wollten nicht, dass wir nach Israel fahren. Deswegen mussten wir noch bleiben und warten. Wir sind in Landwirtschaft ausgebildet worden, haben im Kuhstall gearbeitet, mit Pferden trainiert, haben gepflanzt. Alles, was wir dann später in Israel gut gebrauchen konnten.«

Immer mehr Überlebende schließen sich dem Kibbuz Buchenwald in Geringshof an. Am 11. August 1945 berichtet das Kibbuz-Tagebuch: »Der Kibbuz schlief noch, da wir an Schabbat immer länger schliefen ... Da hörten einige, die wach waren, ein immer näherkommendes Singen. Es waren junge Mädchen, die den Hügel zu uns hochkletterten und dabei sangen. Wir liefen ihnen entgegen und schrien ›Schabbat schalom!‹ Das waren die ersten Kameraden aus Bergen-Belsen. Danach kamen noch mehr, immer mehr. Am Abend hatten wir gerade unser Schabbat-Gebet beendet, als die Tür aufflog und ein Mädchen eintrat mit einem lauten Schalom. Sie umarmte jeden ausgelassen. Dann kamen noch mehr. Jungen und Mädchen. Wir zündeten im Garten ein großes Freudenfeuer an, hielten Reden und verbrannten Hakenkreuze. Dann begannen die Jungen zu tanzen, so ausgelassen und wild, dass wir Älteren nur amüsiert und sprachlos danebenstanden.«

Ende August 1945 kann eine erste Gruppe der Buchenwalder Geringshof verlassen, um sich in Toulon nach Haifa einzuschiffen. Auf der Eisenbahnfahrt zu der französischen Hafenstadt stießen sie bei einem Halt auf einen von Amerikanern bewachten Gefangenentransport. Das Tagebuch beschreibt die Szene: »Als wir entdeckten, dass es SS-Leute waren, haben wir ihnen eingeheizt. Wir haben die Waggons verlassen und haben Steine durch die Fenster der Busse auf sie geschmissen. Wenn unsere Lokomotive nicht zur Weiterfahrt gepfiffen hätte, wäre auf der Straße kein Stein übriggeblieben.«

Am 3. September legt der britische Truppentransporter *Mataroa* mit den jüdischen Emigranten im Mittelmeerhafen Toulon ab. Schon fünf Tage später, am 8. September, erreicht er die Küste von Palästina. »Ich hatte mir vorgestellt, dass mein Blut pocht, mein Herz schlägt, dass ich die Erde küssen werde«, schreibt Havera, eines der weiblichen Mitglieder der Buchenwaldgruppe, in dem Tagebuch. Sie steht an der Reling des Schiffs, blickt auf das näher kommende Haifa und entdeckt zu ihrem Entsetzen, dass sie nichts von dieser Erregung in sich spürt, die alle anderen Passagiere gepackt hat. Haben die letzten Jahre sie innerlich absterben lassen? »Kann es sein, dass die Bilder der Gaskammern und der Krematorien für immer zwischen mir und dem Leben stehen wie eine Mauer des Todes? Werde ich diese Bilder der Ermordeten nie loswerden?« Doch dann erfasst auch sie die Begeisterung, nur anders, als sie erwartet hat: »Ich zittere, ich kann nicht sprechen, ich kann nichts um mich herum sehen. Meine Lippen wiederholen immer wieder das eine Wort: ›Eretz‹, meine Hände krallen sich an die Reling, meine Augen sind umnebelt. Alles, was ich in den letzten Jahren durchgemacht habe, versuche ich hier im Meer zu versenken.«

Im März 1946 war es endlich auch für Aron Ohnhaus so weit. Die Jüdische Brigade transportierte die Gruppe Buchenwald auf Lastwagen nach Marseille. Mossad-Agenten erwarteten sie schon, schließlich musste die gesamte Schiffsreise möglichst geheim bleiben, um die illegale Einreise nach Palästina nicht zu gefährden. Von einem Hafen in der Nähe von Marseille aus sollten sie mit einem Schiff nach Haifa fahren. »Als wir in den Hafen kamen, sahen wir ein riesiges Schiff am Kai liegen«, Arons

Frau Manzi lacht, als sie diese Episode bei unserem Gespräch in ihrem Garten erzählt, »und wir dachten, das ist unser Schiff. War es aber nicht, dahinter lag noch eines. Ganz klein und völlig verrostet. Das war es.« Gebaut war dieser Seelenverkäufer mit dem Codenamen *Tel Chai* für maximal zweihundert Passagiere, transportieren musste er siebenhundert Auswanderer. Es herrschten kaum erträgliche Zustände auf dem »Boot«, wie Ohnhaus es nennt. »Wir mussten zehn Tage lang im Bauch des Schiffes bleiben, auf Deck hätten uns die Engländer sehen können. Es war grauenhaft. Kaum etwas zu essen, nur wenig Wasser.« Während der letzten Tage der Seereise bekam jeder nur eine einzige Tasse Wasser am Tag zu trinken. Waschen mussten sich Männer wie Frauen mit Seewasser.

»Auf der Höhe von Kreta gerieten wir zweimal in einen schweren Sturm. Wir dachten, jetzt gehen wir unter«, erinnert sich Aron Ohnhaus. Seine Ehefrau Manzi nickt aufgeregt. Die Brecher warfen das Schiff von einer Seite auf die andere. Unlenkbar trieb es im aufgewühlten Meer. Die Maschinen waren ausgefallen. »Wir dachten, das ist das Ende.« Als der Schiffsführer SOS senden wollte, schritt sofort der Haganah-Offizier ein. Er verbot jedes Seenotsignal; denn die Briten hatten immer wieder versucht, die Auswandererschiffe auf hoher See aufzubringen, um die Passagiere zurückzuschicken oder in Zypern zu internieren.

Die *Tel Chai* schaffte es tatsächlich bis zur Küste Palästinas. Nach zehn Tagen endlich Haifa, wo schon zwei britische Kriegsschiffe auf sie warten. »Die Menschen auf dem Schiff haben geweint.« Sie haben Glück. Die monatliche Einwanderungsquote ist noch nicht erfüllt, daher dürfen sie an Land, auch wenn sie in den ersten zwei Wochen in Atlit, dem Auffanglager für Illegale in der Nähe von Haifa, auf ihre Weiterreise warten müssen. Die Geringshof-Gruppe mit Aron Ohnhaus und seiner Freundin Manzi, die bald darauf seine Ehefrau werden sollte, entschieden sich für den Kibbuz Afikim, wo sie die nächsten zwei Jahre verbrachten. Auch hier bleibt die Gruppe zusammen, soweit es die Freunde aus dem Vorbereitungslager Geringshof/Buchenwald nach Palästina geschafft hatten. Einen Teil von ihnen, angereist mit anderen Schiffen, hatten die Briten aufgebracht und nach Zypern deportiert.

Einen eigenen Kibbuz wollten die Buchenwalder von Anfang an gründen, unabhängig sein von anderen Kibbuzniks, vor allem wollten sie beweisen, dass auch Holocaust-Überlebende in der Lage sind, einen funktionierenden Kibbuz aufzubauen, ohne die helfende Hand eines lokalen Führers. Auch sie bekamen zu spüren, dass die in Palästina geborenen Zionisten mit dem Ideal des starken Pioniers im Kopf, der die Zukunft des neuen Landes kraftvoll mitgestaltet, diese bleichen, immer noch von KZ-Aufenthalten gezeichneten Neuen aus Europa eher misstrauisch und abschätzig beobachteten. »Warum habt ihr euch nicht gewehrt? Das sind wir auch im Kibbuz Afikim immer wieder gefragt worden. Die konnten das nicht verstehen. Auch deswegen wollten wir zusammenbleiben.« Manzi Ohnhaus ergänzt: »Wir hatten ja keine Familie, keine Großeltern, keine Tanten oder Onkel – niemanden. Die anderen hatten das alles. Auch das hat uns zusammengeschmiedet. Der Kibbuz sollte unsere Familie sein.«

Wie aber kam es dann zu jenem landwirtschaftlichen Betrieb, der eine Zeit lang Kibbuz Buchenwald hieß und sich heute als kleines Paradies präsentiert mit großzügigen Rasenflächen, blühenden Sträuchern, Olivenbäumen und Blumenrabatten. In der sattgrünen Blätterpracht buntgefiederte Vögel, deren Gezwitscher vom Brummen und Hupen der nahen Autobahn untermalt wird. Dazwischen die schmucken Einfamilienhäuser der Kibbuzniks. In einem dieser Häuser wohnt die Familie Ohnhaus. In ihrem Garten saßen wir bei Kaffee und Mineralwasser und ließen uns die Geschichte dieses Kibbuz mit dem befremdlichen Namen und seiner Bewohner erzählen.

»Als der Unabhängigkeitskrieg nach der Staatsgründung

im Mai 1948 ausbrach«, Aron Ohnhaus hat den Erzählfaden wiederaufgenommen, »da verfolgte Ben-Gurion die Politik, alle Stellungen der abziehenden Engländer sofort zu besetzen, damit sie nicht in die Hände der Araber fielen. Wir bekamen die Anweisung, dieses Gelände, auf dem der Kibbuz jetzt gebaut ist, zu verteidigen.« Dieses Gelände – es gehörte einst dem Syrischen Waisenhaus, einer von Johann Ludwig Schneller ab 1860 in Jerusalem aufgebauten landwirtschaftlichen Lehranstalt für christliche Waisenkinder aus Syrien. Der seit 1854 in Palästina lebende Schneller war ein schwäbischer Lehrer und protestantisch-pietistischer Missionar, der vorwiegend in Jerusalem gewirkt hatte. 1892 hatte er nahe Tel Aviv eine landwirtschaftliche Ausbildungsstätte für Waisenkinder gegründet, die 1939 von der Mandatsregierung beschlagnahmt wurde. Zunächst verpachteten die Briten die beschlagnahmten Felder an einen arabischen Landwirt aus dem nahen Jaffa. In den festen Wohnhäusern der ehemaligen Waisenhausfiliale und im großen Schulgebäude mit Glockenturm nahm eine britische Pioniereinheit Quartier. Nach dem Krieg blieben die Felder unbestellt, das Bewässerungssystem verfiel, erzählt uns Tzvia Shoham, die Archivarin des Kibbuz. Am 20. Juni 1948 zog das britische Militär ab.

Zwei Monate später besetzten sechzehn Buchenwalder das Farmgelände und die Gebäude. Sie bezogen Posten auf den Hügeln, hoben Schützengräben aus, bauten feste Stellungen und bereiteten sich auf einen Angriff der Araber vor. Militärisches Training hatten sie gerade mal zwei Woche lang absolviert, ausgerüstet waren sie mit ein paar tschechischen Gewehren und Pistolen.

Im Archiv des Kibbuz zeigt uns Tzvia Shoham Schwarzweißfotografien aus jener Zeit. Auf einer von 1948 sind die Männer mit Gewehren zu sehen, die eher an altertümliche Schießprügel erinnern als an funktionstüchtige Schusswaffen. Andere haben Maschinenpistolen umgehängt. Immerhin verfügte diese landwirtschaftliche Einrichtung über einige feste Steinhäuser, wie andere Bilder zeigen. Aron Ohnhaus gehörte zu den Männern der ersten Stunde. Ob sie einem Angriff hätten standhalten können? Ohnhaus weiß es nicht: »Es ist Gott sei Dank nie so weit gekommen. Wir warteten jeden Tag auf einen arabischen Angriff; denn nicht weit entfernt hatte sich eine irakische Einheit eingegraben. Aber sie kamen nie. Hier auf dem Hügel des Kibbuz ist kein einziger Schuss gefallen.«

Die arabischen Militäreinheiten, aber auch die Bewohner arabischer Dörfer in der Nachbarschaft des Kibbuz wurden von israelischen Einheiten der Haganah vertrieben.

Für Ohnhaus und seine Freunde stand damals fest: »Hier gehen wir nicht mehr weg. Hier haben wir nach all den Jahren des Umherirrens endlich eine feste Bleibe gefunden.« Das Land war fruchtbar, hervorragend geeignet für Gemüse, die Vorgänger hatten Olivenbäume gepflanzt, die verfallene Bewässerungsanlage konnte repariert werden, die Wasserleitungen gab es ja noch, außerdem Brunnen und Zisternen, die nur gesäubert werden mussten. Sobald die Lage rund um den Kibbuz sicherer wurde, kamen weitere siebzig Überlebende mit Kleinkindern nach.

Ein Jahr später erkannte der Dachverband dieser Siedler, die Organisation Kibbutz HaMeuchad, die Gemeinschaft der Buchenwalder offiziell als Kibbuz an. Nur eines störte die Funktionäre: der Name. Den Namen eines deutschen Konzentrationslagers für einen Kibbuz in Israel? Womöglich auf Straßenschildern, auf Briefköpfen oder am Eingangstor der Siedlung? Undenkbar. Sie schlugen »netzer« vor, aus dem Hebräischen übersetzt bedeutet das Wort »der Spross«, also etwa »Neuanfang«, etwas, das jung ist und noch wachsen wird. Die Buchenwalder akzeptierten den Namenswechsel. »Mir war das nicht so wichtig«, sagt Ohnhaus. »Man wollte in Israel nur hebräische Namen.« Viel wichtiger als der Name Buchenwald war ihnen der Zusammenhalt, die Gemeinschaft der Überlebenden.

1954 wurde der Name Netzer nach einigem Streit um den Zusatz Sereni ergänzt. Enzo Sereni war ein italienischer Jude, der als britischer Fallschirmjäger hinter der Front im deutsch besetzten Norditalien abgesprungen war, um einen Auftrag auszuführen. Die Deutschen hatten ihn gefangengenommen und nach Dachau deportiert. Dort wurde er im November 1944 ermordet.

Auch nach der Anerkennung als Kibbuz zog kaum ein Sabre, ein in Palästina geborener Zionist, ein. Die meisten Einwohner stammten aus ehemals von den Deutschen besetzten Ländern Europas, aus Konzentrationslagern in Polen, Russland, Rumänien oder der Ukraine. Der Kibbuz Netzer Buchenwald, wie er Anfang der fünfziger Jahre noch gelegentlich inoffiziell genannt wurde, blieb also der Kibbuz der Überlebenden. Bis heute.

Anderthalb Stunden lang haben Aron Ohnhaus und seine Frau Manzi erzählt, beide sehen müde aus, lassen es sich aber nicht nehmen, uns in den Speisesaal des Kibbuz zum Essen einzuladen. Langsam gehen wir zusammen mit den beiden Alten durch die Gartenlandschaft zum Gemeinschaftshaus. Der dreiundneunzig Jahre alte Aron muss sich auf einen Stock stützen. Manzi geht dicht neben ihm durch die Allee der Bäume. Vorbei an dem Mahnmal »Vom Untergang zur Auferstehung«: In einer Steinwüste liegen die Körper von KZ-Toten, daraus wächst eine breite Rampe, auf der, dicht aneinandergedrängt, ausgemergelte Überlebende stehen und über den Kibbuz blicken.

Andere Kibbuzniks auf dem Weg zum Mittagessen grüßen, die meisten so alt wie die das Ehepaar Ohnhaus.

»Schalom, wie geht es?«

»Schalom. Ich werde nicht jünger.«

Als wir im Gemeinschaftshaus durch einen großen, leeren Saal gehen, erklärt Aron: »Das war einmal der Speisesaal. Heute brauchen wir ihn nicht mehr. Er ist viel zu groß. Wir haben immer weniger Mitglieder.«

Beim Mittagessen gibt es reichlich Gemüse von den eigenen Feldern, Huhn aus eigenem Stall und Fisch. Dann meine letzte Frage zum Thema.

»Verfolgen euch die Erinnerungen nachts?«

Nein, Albträume habe er keine, doch vergessen könne man das alles nicht, antwortet Aron. »Aber ich war einige Male in Deutschland. Es war nicht leicht; denn wenn ich einen Deutschen in meinem Alter gesehen habe, habe ich gesagt: Wir beide waren doch in Auschwitz, ich drinnen und du draußen, du hast doch aufgepasst, dass ich nicht weggelaufen bin.«

»Tatsächlich gesagt?«

»Na ja, in Wirklichkeit nicht. Ich habe es nur gedacht.«

7

ZWISCHEN TODESANGST UND LEBENSFURCHT

LIESEL BINZER UND IHRE BEIDEN TÖCHTER

Besonders nachts ist die Aussicht atemberaubend. Dieser Blick von hoch oben in die Tiefe. Zu unseren Füßen die Lichter Haifas. Scheinwerfer leuchten den Hafen aus. Ein riesiges Kreuzfahrtschiff hat angelegt, jedes Deck wie ein Weihnachtsbaum illuminiert. Dahinter kleinere Frachtschiffe mit Notbeleuchtung und den grünen und roten Positionslichtern. Die unbeleuchteten israelischen Kriegsschiffe verschwimmen mit der Dunkelheit. Die Stadt liegt in einer weit ausholenden Bucht mit breiten Lichtbändern entlang des Ufers. Das ist die Autobahn in Richtung Norden. Die einzelnen Stadtteile, je nach Wohlstand der Bevölkerung mal heller, mal dunkler. Araber, orthodoxe Juden und russische Einwanderer leben dort unten, Menschen, die wenig Chancen hätten, hier oben auf der Halbhöhenlage des Karmelberges eine Wohnung zu finden.

»Und wenn du zum Horizont schaust, kannst du noch schwach in der Ferne Lichter erkennen. Das ist schon der Libanon«, erklärt Nathan Laufmann mit kaum zu überhörendem Stolz und zeigt unbestimmt in die Nacht. Wir stehen am Panoramafenster seiner großen Wohnung, die Glasscheiben zur Seite geschoben. Eine kühle Brise weht von unten herein. Es ist November. Auch im Sommer soll es hier oben noch erträglich sein, wenn unten schon längst der Asphalt kocht. Wer hier oben lebt, hat es geschafft, hier residiert der gut verdienende Mittelstand der Stadt. Zum Beispiel Nathan Laufmann mit seiner Ehefrau Gabriele. Drei Kinder haben sie: Tochter Sharon und die Söhne Roi und Jarden.

Der Älteste, Roi, verkauft, während ich versuche, die libanesischen Lichter in der Ferne auszumachen, Kosmetika vom Toten Meer in einer Shoppingmall in Dresden, um sich ein Taschengeld zu verdienen. Er plant eine Reise nach Asien. Das ist typisch für einen jungen Israeli. Nach drei Jahren Militärdienst wollen die meisten erst einmal raus, nach Asien oder Lateinamerika, egal wohin, wichtig ist nur: raus aus dem kleinen Land, in dem man in sechs Stunden gemütlich von der libanesischen Grenze ganz im Norden bis zum Roten Meer im Süden fahren kann.

Rois Sehnsucht nach einem fernen Kontinent ist besonders gut nachvollziehbar, hat er doch als Elitesoldat siebzehn Tage lang in Gaza gegen die Hamas kämpfen müssen. »Siebzehn Tage am Stück, nicht geduscht, ohne die Unterwäsche wechseln zu dürfen, bei der Hitze, stellen Sie sich das vor!« Seine Schwester Sharon verzieht ihr Gesicht, als müsse sie sich allein bei diesem Gedanken die Nase zuhalten. Das war im August 2014. Soldaten seiner Einheit waren neben ihm gestorben oder schwer verwundet worden. Dass er ohne körperliche Verletzung davongekommen war, grenzt an ein kleines Wunder, so Gaby Laufmann, seine Mutter.

Jeden Tag hatte die Familie um ihn gebangt wie viele andere israelische Familien auch, um ihre Söhne, Ehemänner oder Väter, die in diesen Gazakrieg abkommandiert worden waren. Die Mobiltelefone hatten die Soldaten abgeben müssen vor dem Sturm auf den von der palästinensischen Hamas kontrollierten Küstenstreifen. Die Angehörigen lebten also in nervenaufreibender Ungewissheit. Ihnen blieb nur, jeden Tag zu hoffen, dass das Telefon nicht klingelt oder dass kein Offizier vor der Haustür steht. Denn Nachricht über einen Soldaten im Einsatz bekommen Angehörige in Israel nur, wenn er verwundet oder getötet worden ist. Sonst herrscht Funkstille zwischen Armee und Anverwandten.

Tochter Sharon hatte 2014 weniger spektakulär bei einer Iron Dome genannten Raketenabwehreinheit gedient. Auch sie plant nach abgeleistetem Militärdienst, ins Ausland zu reisen, vielleicht sogar nach Berlin, sagt sie.

Die Laufmanns sind in vieler Hinsicht eine typische israelische Mittelstandsfamilie. Die Wohnung in gehobener Lage, abseits vom städtischen Gedränge; Militärdienst selbstverständlich, am besten in einer Eliteeinheit, das erhöht die Chancen auf einen guten Arbeitsplatz später; politisch nicht unbedingt glühende Anhänger von Netanjahu – vielleicht haben sie ihn noch nicht einmal gewählt –, aber doch, wie viele Israelis, zutiefst misstrauisch gegenüber allen Arabern. Allerdings gibt es da etwas, das die Familie von anderen Israelis unterscheidet, das wie eine dunkle Wolke über ihrem Leben schwebt.

Zur Welt gekommen ist Gabriele Laufmann in Offenbach als Gabriele Binzer, dort ist sie auch aufgewachsen. Als Jüdin im Nachkriegsdeutschland. Als Tochter einer Holocaust-Überlebenden. Als Angehörige der zweiten Generation, von der Psychologen sagen, auf sie würden die KZ-Traumata ihrer Eltern übertragen. Gabriele Laufmann schüttelt den Kopf, das könne sie über sich nicht sagen, schließlich habe sie lange gar nichts gewusst von der Vergangenheit ihrer Mutter. »Ich wollte immer nur so sein wie die anderen.« Selbst der Ausflug der Familie nach Theresienstadt hinterließ bei ihr keine nachhaltigen Spuren: »War ich dabei bei diesem Besuch? Ja, irgendwie erinnere ich mich. Aber das war für mich nichts Dramatisches. Ich war ja erst neun oder zehn Jahre alt.«

Genauso alt wie Mutter Liesel Binzer damals, als sie befreit wurde. In Theresienstadt. Von Soldaten der Roten Armee. 1945 war das. Wäre es nach den Wahnvorstellungen der Nazis gegangen, dann wäre auch Gabriele nicht auf der Welt. Ihre Mutter hätte nach den Plänen Hitlers Theresienstadt nie lebend verlassen dürfen, schließlich war es sein erklärtes Ziel, Europa »judenfrei« zu machen, also alle Juden in seinem Herrschaftsbereich zu ermorden.

Auch bei Liesel Binzer wäre es ihm fast gelungen. Mehr tot als lebendig war sie, als die Russen sie und ihre Eltern befreiten, mit ihnen all die anderen 16 832 KZ-Insassen, die bis zum 8. Mai 1945 überlebt hatten. Sie alle waren nur noch Haut und Knochen. Und noch heute, siebzig Jahre später, sagt sie: »Ein solches Konzentrationslager kriegt man ein Leben lang nicht mehr aus seinen Kleidern.« Theresienstadt ist immer da. Auch heute noch. Selbst ihre ältere Tochter Daniela Sobol verkündete bei meinem Besuch: »Hitler hat auch mein Leben zerstört.«

Darüber kann die jüngere Tochter, Daniela Sobols Schwester Gabriele in Haifa, nur den Kopf schütteln: »Wir müssen in verschiedenen Familien aufgewachsen sein. Von der Nazizeit habe ich im Geschichtsunterricht erfahren. Aber das hat mich nicht großartig berührt. Meine Mutter hat das, was sie erlebt hat, ausgeblendet, nie darüber gesprochen, und nachgefragt habe ich auch nicht.« Klingt nüchtern, ihr Fazit, fast schon kühl.

Vor meiner Reise nach Haifa hatte ich Liesel Binzer besucht. In der Nähe von Frankfurt am Main lebt sie, in einem kleinen Häuschen am Stadtrand. Alleine. Ihr Mann ist schon vor etlichen Jahren gestorben. Von ihr erfahren hatte ich über die Jüdische Gemeinde in Frankfurt. »Mit der müssen Sie reden«, hatte man mir gesagt. »Ihre Lebensgeschichte spiegelt viel von dem wider, was die Überlebenden nach der Befreiung hatten durchmachen müssen.« Allen war gemein die Sehnsucht nach dem Gelobten Land, nach Eretz Israel, nach einer sicheren Heimat. Auswandern. Das war der Traum der Überlebenden. Auch der von Liesel Binzer. Doch für sie kam alles ganz anders.

»Als die Russen Theresienstadt befreiten, wusste ich sofort: Jetzt ist es vorbei. Jetzt kann mir nichts mehr passieren. Auch meiner Mutter nicht, auch meinem Vater nicht. Wir haben überlebt. Wir sind gerettet.« Liesel Binzers Augen leuchten, als sie von diesem Tag, dem 8. Mai, erzählt, der sie von ihrem Martyrium im KZ Theresienstadt erlöste. Der Tag, an dem der Zweite Weltkrieg endete. Der Oberbefehlshaber dieses Massenmordens, Adolf Hitler, war schon seit einer Woche tot, jener Mann, der alle Juden, also auch Liesel Binzer, zu »Untermenschen« erklärt hatte. Schon bei ihrer Geburt 1936 war sie nach dieser Ideologie weniger wert als ein Tier, ein Nichts, das kein Recht hatte, auf dieser Welt zu leben.

Hitlers oberster Vollstrecker Heinrich Himmler, der nunmehr aller Ämter enthobene »Organisator der Vernichtungsfabriken« (Hannah Arendt), ist in diesen Tagen auf der Flucht irgendwo in Norddeutschland, versucht dort mit falschen Papieren unterzutauchen, wird aber von den Briten zwei Wochen später bei einer Straßenkontrolle festgenommen. Doch er kann sich einem Gerichtsprozess entziehen. Mit einer in einer Zahnlücke versteckten Zyankalikapsel vergiftet er sich in seiner Lüneburger Gefängniszelle. In den Konzentrationslagern sterben noch immer Menschen, an Entkräftung, an Typhus oder anderen Krankheiten, manche krepieren jämmerlich, weil ihre geschrumpften Mägen das neue fettreiche Essen nicht vertragen. Auch in Theresienstadt.

Gerade mal fünfzehn Kilo wiegt die Neunjährige am Tag der Befreiung. »Wir haben nur überlebt, weil es meiner Mutter gelungen war, immer wieder etwas zum Essen zu klauen«, erzählt sie bei meinem Besuch. »Oft waren es nur Kartoffelschalen.« Jeden Tag hatte es, so erinnert sie sich, Graupensuppe gegeben, mehr Wasser als Graupen, mit einem Kanten Brot, meistens alt und schwer zu kauen. Ohne ihre Mutter, die die SS wie durch ein Wunder nie auf Transport geschickt hat, hätte sie nicht überlebt. Da ist sie sich sicher. »Auf Transport gehen« – das war die Schreckensmeldung in Theresienstadt. Jeder in den zum KZ umfunktionierten Kasernengebäuden wusste, was es bedeutete, wenn man auf der Transportliste stand. Diese Transporte kannten nur ein Ziel: Vernichtungslager wie Auschwitz.

Liesel Binzer, geborene Michel. Heute achtzig Jahre alt. In ihren ersten neun Lebensjahren musste sie lernen, wie man überlebt. Das war das Wichtigste für sie, nicht, wie man lebt, wie man als Kind Freude hat, wie man spielt. Bis zum Tag der Befreiung kannte sie fast nur Verfolgung, Demütigung und Todesangst. Es reichte schon, wenn sich ihr ein SS-Mann in seiner schwarzen Uniform näherte, sie begann sofort zu zittern, geriet in Panik, der Mann konnte den Tod bedeuten. Das musste sie zum Beispiel schnell beherrschen: sich ducken, sich so klein wie möglich machen, um ja nicht ins Blickfeld zu geraten, sobald eine solche Uniform in Sichtweite kam. Das gehörte zu ihrer Überlebensstrategie. Nur wer unsichtbar war, hatte vielleicht eine Chance, noch einmal davonzukommen. Diese Teufel in schwarzer Uniform brachten Schläge, Beleidigung, Erniedrigung, Tritte, nicht selten den Tod. »Die SS-Männer hatten für uns kein Gesicht, so groß war unsere Angst vor ihnen. Wir waren nichts für sie, noch nicht einmal Tiere. Sie liebten ihre Schäferhunde, uns verachteten sie.«

Bis zuletzt waren Transporte mit Juden in Theresienstadt angekommen, Transporte mit ausgemergelten, halb verhungerten Gestalten, die sich kaum auf den Beinen halten konnten. Mehr Skelett als Mensch. Schmutzig waren sie, abgerissen und verlaust, Knochengerüste, von dünner Haut zusammengehalten. Aus Ungarn stammten sie oder aus inzwischen in Polen und Deutschland aufgelösten Konzentrationslagern. Die SS von Theresienstadt hatte den Befehl, alle zu töten, auch diejenigen, die schon seit Jahren im Lager waren. Also auch Liesel und ihre Eltern. Angeblich waren Gaskammern schon im Bau, berichten Überlebende später, als das Schweizer Rote Kreuz mit dem SS-Kommandanten aushandelte, ihn und seine Soldaten vor den Russen in Sicherheit zu bringen, wenn er die Inhaftierten freilasse. Nur dieser »Deal« rettete das Leben der kleinen Liesel, ihrer Eltern und über tausend weiterer Eingesperrter.

Als die Russen kamen, begegnete ihr etwas völlig Neues, etwas, das sie noch nie erlebt hatte in ihrem kurzen Leben: Uniformierte, vor denen sie keine Angst haben musste, Männer, die sie freundlich ansahen, die ihr sogar etwas schenkten. »Die russischen Soldaten boten mir Schokolade an. Dann stand ich da mit der Schokolade. Ich kannte das gar nicht. Aber es hat gut geschmeckt. Ich war ja völlig abgemagert damals.«

Sie erinnert sich auch heute noch daran, als sei es gerade eben passiert. Erst hatte sie ein dumpfes Grollen gehört, Gefechtslärm, Einschläge von Artillerie, dann immer deutlicher das Klirren der Ketten anrollender Panzer, da war sie an das Fenster ihres Schlafsaals gestürzt, hatte aber nichts erkennen können. »Wir waren ja von einer hohen Mauer umgeben.« Dann sah sie, wie immer mehr Menschen in Richtung Tor liefen. »Ich hörte Schreien und Rufen. Ich bin auch rausgerannt. Dann habe ich sie gesehen, die russischen Soldaten.« Junge Kerle mit freundlichem Lachen, die auch noch dieses unbekannte, süße Zeug verteilten, die Schokolade.

»Da wusste ich, es ist vorbei. Die Leidenszeit ist vorbei. Den ganzen Tag habe ich nur das gedacht. Es ist vorbei.« Erst am Abend traf sie ihre Mutter, auch sie bestätigte ihr: »Es ist vorbei.« Sie hatten überlebt, Liesel, ihre Mutter und ihr Vater.

Siebzig Jahre später. Wir sitzen am Esstisch in ihrem Haus, während sie ihre Lebens- und Leidensgeschichte erzählt. Glasvitrine, Schrank, schwere Polstergarnitur. An den Wänden des Wohnzimmers hängen dicht gedrängt bunte Ölgemälde mit Motiven aus Mexiko. Elegante Offiziere aus der kurzen Periode des mexikanischen Kaiserreichs zum Beispiel, mit kräftigen Farben gemalt. »Die hat mein Mann von seinen Reisen mitgebracht.«

Liesel Binzer, geborene Michel, ist inzwischen geübt, ihre Geschichte zu erzählen. In Schulklassen tritt sie immer wieder als Zeitzeugin auf, um das Vergangene nicht vergehen zu lassen. Und dennoch – trotz solcher Routine schwingt in der Stimme der Achtzigjährigen viel Traurigkeit und Niedergeschlagenheit mit, vielleicht ist es auch schiere Erschöpfung nach einem Lebenskampf, der ihr schon als Kind Übermenschliches abgefordert hat. Bis zu ihrem zehnten Lebensjahr hat sie mehr ertragen müssen als die meisten Menschen in ihrem ganzen Leben. Doch die Müdigkeit ist nur ein leiser Beiklang ihres freundlichen Wesens. Zwei Töchter hat sie großgezogen nach dem Krieg, außerdem einen Sohn. Dazu noch die Eltern betreut; denn ihr Vater hatte im Ersten Weltkrieg beide Beine verloren und war auf ständige Betreuung angewiesen.

»Wenn meine Eltern mich nicht gebraucht hätten, wäre ich nach Israel ausgewandert«, sagt sie. Im Nachkriegsdeutschland bleiben – mit all den Menschen, von denen nach dem 8. Mai plötzlich keiner ein Nazi gewesen sein wollte? Undenkbar für sie, wenn sie sich hätte frei entscheiden können. Doch im Konzentrationslager hatte die Mutter das Überleben ihres kleinen Mädchens und das des schwer behinderten Vaters organisiert. Jetzt sah sich die heranwachsende Liesel in der Pflicht. Israel blieb für sie ein ferner Traum, und erst ihre beiden Töchter hatten die Chance, ihn Wirklichkeit werden zu lassen.

Die Traurigkeit in ihrer Stimme lässt ahnen, wie schwer ihr damals diese Entscheidung gefallen ist. Eretz Israel – das war das Gelobte Land für alle, die den Holocaust überlebt hatten. Deutschland – das Land der Mörder. Nach Palästina, später Israel, auszuwandern war für die Überlebenden geradezu eine Pflicht. Schon im November 1944 hatte die deutsch-jüdische Vertretung im Jüdischen Weltkongress festgestellt: »Die Juden aus Deutschland haben ihre Verbindung zu Deutschland vollständig gelöst und werden nicht dahin zurückkehren ... Wir beabsichtigen nicht, eine jüdische Gemeinschaft in Deutschland wiederaufzubauen ... Unsere Aufgabe wird es sein, bei ihrer [der Überlebenden] Ausreise und ihrer Ansiedlung anderswo zu helfen.« Deutschland sollte also nach dem Krieg verbotenes Land für alle Juden werden. Wer es nicht sofort nach der Befreiung verlassen konnte, sollte dann aber später so schnell wie möglich auswandern. Am besten natürlich nach Palästina. Außerdem sollten die Deutschen verpflichtet werden, Wiedergutmachung und Entschädigung an die Vertriebenen und Überlebenden zu bezahlen, so die Resolution der deutsch-jüdischen Delegation auf diesem Kongress.

Doch für Liesel Binzers schwer behinderten Vater kam eine Emigration nicht in Frage, wahrscheinlich wäre er von den jüdischen Organisatoren der Alija auch gar nicht akzeptiert worden. Man brauchte gesunde, starke Menschen, schließlich wollte man einen neuen Staat aufbauen. Also blieb der Familie Michel nichts anderes übrig, als in das Haus der Großeltern im kleinen Ort Freckenhorst im Münsterland zurückzukehren. Nicht weit von hier, in Münster, war Liesel Binzer 1936 auf die Welt gekommen.

»An meine ersten beiden Lebensjahre kann ich mich natürlich nicht mehr erinnern. Meine Erinnerung setzt mit dem 9. November 1938 ein, mit der Pogromnacht also. Bei uns haben sie die Fenster eingeschmissen.« Draußen vor dem Haus tobt der Nazimob. Terror gegen jüdische Deutsche, Menschen werden geschlagen und verschleppt, Steine fliegen durch Fensterscheiben. »Juda verrecke!«-Geheul. Auch Nachbarn der Familie Michel machen mit. Dann, am frühen Morgen des 10. November, der Feuerschein der brennenden Synagoge in Münster. Das sind die ersten Bilder, die sich der Zweijährigen tief eingeprägt haben, die sie heute noch im Schlaf verfolgen. Familie Michel muss aus ihrer Mietwohnung ausziehen, wird in eines der fünfzehn Häuser in Münster zwangseingewiesen, in denen von nun an die jüdischen Familien der Stadt kaserniert werden. Judenhäuser hießen sie damals im kalten Nazijargon. Das von Liesel gibt es heute noch. Im Kanonengraben 4, dem Gebäude der Marks-Haindorf-Stiftung, einer bis 1940 bestehenden wohltätigen Einrichtung der Jüdischen Gemeinde in Münster. Auf engstem Raum wurden jüdische Familien zusammengepfercht, mussten sich ein Zimmer teilen, wenn sie Glück hatten, vielleicht zwei. »Wir lebten in einem Kellerraum wegen meines behinderten Vaters. Bei uns wohnte noch ein angeheirateter Onkel. Außerdem die Schwester meiner Mutter mit ihren Kindern.« Von 1939 bis 1942 hauste Familie Michel im Keller dieses Gebäudes, zu dem auch eine jüdische Schule gehörte; dort hielt der Schulleiter und Rabbiner Dr. Julius Voos noch bis zu seiner Deportation im Frühjahr 1942 Unterrichtsstunden ab, die sie besuchte, auch wenn sie mit ihren fünf Jahren noch gar nicht schulpflichtig war. »Ich habe mich gelangweilt; deshalb habe ich mich in die Klasse gesetzt und habe zugehört. So habe ich schon früh angefangen, lesen und schreiben zu lernen.«.

Im Freien gespielt werden durfte nur im Hof des Stiftungshauses. Jenseits der Mauern begann Feindeswelt. Denn spätestens ab dem 1. September 1941, als die Nazis das Tragen des gelben Davidsterns anordneten, waren alle Betroffenen, auch Kinder, als Juden leicht erkennbar. »Man war ja gekennzeichnet mit dem Judenstern. Die Feindschaft konnte man überall spüren.«

Feindschaft und Angst! Jeden Tag! Diese Grundgefühle beherrschten das Leben der kleinen Liesel. Seit ihrer Geburt begegneten ihr immer wieder Menschen, die sie Verachtung und Abscheu spüren ließen, die auf das Kind mit dem gelben Stern zeigten und riefen: »Schau mal, ein Judenbalg.«

Sich anlehnen, zu anderen Menschen Vertrauen entwickeln, sie als warmherzig und schützend erleben, diese Erfahrung konnte sie nur bei wenigen Erwachsenen machen. Bei ihrer Mutter und ihrem Vater sicherlich. Ohne ein solches Grundvertrauen können Kinder kaum existieren. Innere Verelendung, Depressionen, tiefsitzendes Misstrauen und Angstzustände stellen sich ein und können lebenslange Peiniger werden, sollte sich dieses Urvertrauen nie ausbilden, schreiben Psychologen.

Kein Wunder also, dass sie sich nicht auf die Straße wagte. »Meine Mutter hat tausend Ängste ausgestanden jeden Tag, einmal sicher wegen mir, aber ganz besonders wegen meinem Vater. Der nahm kein Blatt vor den Mund und hat die Nazis beschimpft als Verbrecher. Das war lebensgefährlich damals.« Aber er ließ sich nicht bremsen und berief sich dabei auf sein Eisernes Kreuz, das ihm der Kaiser im Ersten Weltkrieg verliehen hatte.

Liesel Binzer steht auf, geht zu einem Schrank und holt eine Dokumentenmappe. »Ich habe hier einen *Stürmer*-Artikel über meinen Vater.« In altdeutscher Schrift spielt das antisemitische Hetzblatt der Nazis mit fast sämtlichen antijüdischen Vorurteilen. Über ihren schwer kriegsversehrten Vater, Bernhard Michel, steht dort unter der Überschrift: »Der jüdische Zotenreißer von Burgsteinfurt« zunächst die Geschichte vom »Dolchstoß-Juden«, der während der Revolte 1918 angeblich durch eigenes Verschulden bei Demonstrationen gegen den Krieg unter einen rollenden Eisenbahnwagen geraten sei. »Das kostete ihm [*sic*] die beiden Füße.« Geschieht ihm ganz recht, höhnt das Blatt also und lügt weiter, schließlich habe er ja das Vaterland verraten. Tatsächlich war der Unfall Liesel Binzers Vater während eines Truppentransports als Soldat zugestoßen. Beide Beine mussten amputiert werden. Dann steigert sich *Der Stürmer* in die Mär vom lüsternen Judenkrüppel Bernhard Michel, der die deutsche Jugend verderben will: »Am liebsten macht er an belebten Straßenecken halt. Da mustert er die Passanten und ruft vorbeigehenden Mädchen dreckige Witze und Zoten zu. Der verkrüppelte Jude versucht so auf seine Weise beizutragen, die deutsche Jugend zu verderben.« Am Ende eine nur schwach verschleierte Aufforderung zur Judenvernichtung: »Es ist zu hoffen, dass sich bald jemand findet, der dem jüdischen Zotenreißer das freche Maul stopft«, fordert *Der Stürmer*. Erschienen ist dieser Aufruf zur Hetzjagd schon im Januar 1934.

Es ist weiteren wundersamen Fügungen zu verdanken, dass die Familie auch die nächste Station ihres Martyriums überlebt hat. Theresienstadt. Am 31. Juli 1942 schickte die Gestapo den Befehl zur »Aussiedlung aus dem Deutschen Reich«. Mit der Post als Einschreiben. Alle Bewohner des Judenhauses im Kanonengraben 4 sollen »umgesiedelt« werden, wie es im Nazijargon euphemistisch heißt. Nach Theresienstadt. Doch viele wissen: »Umsiedlung« bedeutet in Wirklichkeit Deportation nach Auschwitz oder in ein anderes Vernichtungslager mit Theresienstadt als Zwischenstation, am Ende also den sicheren Tod. »Ach was«, versuchen die Nazis die erschrockenen Empfänger der Verfügung zu beruhigen, »Theresienstadt, das ist doch so etwas wie eine Stadt nur für Juden, die der Führer ihnen geschenkt hat. So eine Art Urlauberstadt.«

»Wir wussten, dass wir denen nicht trauen konnten«, erzählt Liesel Binzer heute. »Das Misstrauen meiner Mutter hat uns wahrscheinlich das Leben gerettet.«

Wie auch vertrauen! Die selbsternannten Herrenmenschen in ihren schwarzen Uniformen bellen Befehle, kommandieren und treiben sie an: »Nur das Notwendigste mitnehmen! Maximal fünfzig Kilo, keine Wertsachen!« Jeder durfte nur einen Koffer oder Rucksack bei sich tragen. Dazu noch eine Decke, Blechnapf und Löffel. Alles muss schnell gehen: »Beeilt euch. Los. Vorwärts.« Jeder bekommt eine Nummer, die ihn auf den Transportlisten identifizierbar macht. In langer Reihe marschieren sie zum Güterbahnhof. »Es war ein furchtbar heißer Tag«, erinnert sich Liesel Binzer, »als wir vom Kanonengraben zum Bahnhof laufen mussten. Ich habe schrecklich geschwitzt.« Ihre weitsichtige Mutter hatte ihr noch zusätzliche Pullover übergezogen. Es war wohl nicht schwer zu erahnen, dass die Behausungen im Konzentrationslager im Winter nicht beheizt sein würden. »Meine Mutter hat geahnt, dass sie uns alles Gepäck abnehmen werden.« So kam es dann auch.

Nach über einer Stunde erreichten sie den Bahnhof. »Ich hatte damals eine große Wut im Bauch und war empört darüber, wie die uns behandelt haben, obwohl ich erst fünf Jahre alt war.« Dort durchsuchten die SS-Männer noch einmal die Gefangenen nach Schmuck und anderen Wertsachen, nahmen ihnen ihr letztes Geld ab. Alles mit Gebrüll und Drohungen. »Wer etwas zu schmuggeln versucht, wird sofort erschossen!« Wie zum Hohn müssen die 901 Juden aus Münster und Umgebung auch noch

50 Reichsmark für die Bahnfahrt in den Güterwagen bezahlen. Das entsprach korrekt dem halben Fahrpreis dritte Klasse, den die zuständige Abteilung im Reichsverkehrsministerium ein Jahr zuvor als Tarif für Massentransporte von »Juden und fremdvölkischen Personen zur Aussiedlung aus dem Deutschen Reich« ausgerechnet hatte.

Dann fallen die Türen krachend in die Schlösser und werden von außen verriegelt. Der Zug setzt sich in Bewegung: Abfahrt Transport XI/I der Gestapo-Leitstelle Münster in Richtung Theresienstadt.

Liesel Binzers Stimme stockt, wird brüchig. Mehr als siebzig Jahre ist dieser Deportationsschock her. Das Entsetzen in ihrem Gesicht zeigt, er verfolgt sie bis heute. Erst fünfeinhalb Jahre alt war sie, als sie zum ersten Mal so etwas wie Todesnähe spürte. »Aber wir haben alle überlebt. Warum, weiß ich nicht. Es ist wie ein Wunder.«

Für einen Augenblick sitzen wir stumm am Esstisch in Liesel Binzers Wohnung. Die nächsten Fragen zu stellen, nach neuen Geschichten zu bohren, ihre KZ-Vergangenheit aus ihr herauszulocken, fällt schwer, kommt mir fast schon schamlos vor. Wie das Unvorstellbare vorstellbar machen, das schier Unbegreifliche begreifbar? Wie das Unbeschreibliche beschreiben, das Beispiellose als Beispiel erzählen?

Der Schriftsteller Hans Günther Adler, der nach dem Zweiten Weltkrieg nur noch unter dem Namen H. G. Adler publiziert, versucht es in seinem 1955 veröffentlichten Buch *Theresienstadt 1941–1945. Das Antlitz einer Zwangsgemeinschaft*. Aus eigener Anschauung und Zeugenschaft; denn er hatte Theresienstadt wie auch Auschwitz überlebt. Keines der beiden Konzentrationslager hatte es geschafft, seine Sensibilität und Beobachtungsgabe zu brechen. Über die Kinder im KZ schreibt er, dass sie »die eigene Lage und das allgemeine Elend keineswegs ganz erfassten, sie führten ein trauriges Dasein, beschattet, stets nervös, in die verabscheute Maschinerie des Lagerbetriebs gepresst, der zu

Ängsten, Hass, Widerspruch herausforderte und doch zu unausweichlichem Gehorsam zwang. Von bösem Einfluss für die Kinder war es, ihre Eltern und alle Erwachsenen entrechtet und ohnmächtig selbst gleichsam zu Kindern erniedrigt zu sehen, die sich einer würdelosen Disziplin beugen mussten und damit fast mehr Mitleid verdienten als jemals einen gesunden Respekt einflößen zu können.« Die Eltern wurden also nach H. G. Adlers Beobachtung bewusst vor den Augen der Kinder von der SS erniedrigt und als Schwächlinge vorgeführt, um so den Respekt der Kinder vor den Erwachsenen zu zerstören und deren Einfluss auf sie zu brechen. Der SS sollten sie gehorchen, nicht den Eltern.

Dem also war ein fünfjähriges Mädchen in einem Konzentrationslager ausgesetzt: vom ersten Augenblick an nahezu schutzlos den schwarz Uniformierten ausgeliefert, denn von ihren Eltern ist Liesel getrennt. Das erste Mal in ihrem Leben. Die Mutter darf sie nicht besuchen, sie schuftet den ganzen Tag in einer Munitionsfabrik, zehn Stunden und mehr, bis zu hundertzehn Stunden in der Woche. Den Vater sieht sie gelegentlich von ferne auf der Straße. Kinderheim nennt sich das Gebäude, in dem sie zusammen mit anderen Kindern untergebracht wird. Zu dreißig in einem Zimmer auf Strohsäcken schlafen. Verlaust und verwanzt. Im Winter eiskalt. Gut, dass ihre Mutter ihr die vielen Pullover übergezogen hatte. Eine Heizung gibt es, aber so gut wie kein Heizmaterial. H. G. Adler schreibt: »Minderwertige Braunkohle und Brennholz werden in lächerlichen Mengen zugeteilt. In gewöhnlichen Quartieren konnte fast nur dann geheizt werden, wenn jemand durch Protektion oder Diebstahl etwas Brennstoff zu verschaffen wusste.«

Aber was heißt schon Quartier in Theresienstadt? »Die ›Wohnung‹ eines Normalinsassen bestand eigentlich nur aus seiner Schlafstelle. Bei Regen oder im Winter konnte man sich in der Freizeit kaum woanders aufhalten … Ursprünglich gab es wenig Matratzen und Strohsäcke. Viele mussten sich mit dem Fußboden begnügen und konnten froh sein, wenn er von Holz und nicht von Stein war«, beschreibt Adler die Wohnbedingungen. Als Wohnfläche gibt er 1,6 Quadratmeter pro Person an einschließlich der Dachböden, auch dort wurden Menschen untergebracht, die Verschläge unter dem Dach waren noch nicht einmal ausgebaut.

Zu essen gab es kaum etwas. Mittags zum Beispiel Suppe, die fast nur aus Wasser bestand. Vielleicht schwammen ein paar Kartoffelschalen darin, vielleicht ein paar Graupen. Oder ein Stampf aus Rüben und Kartoffeln, beides von denkbar schlechter Qualität, manchmal halb verfault. Vielleicht wurde dazu noch ein Kanten Brot ausgegeben, nicht selten angeschimmelt. Ein ständig nagendes Hungergefühl gehörte zum Alltag in dem Ghetto. Das ist das Leben der sechsjährigen Liesel Michel ab August 1942.

Auch als sie krank wurde, als sie erst Masern, dann Scharlach bekam und mehrere Monate in einem schmutzigen Bett auf der Isolierstation lag, durften die Eltern sie nicht besuchen. Wenn sie am Fenster der Krankenbaracke stand, hat sie manchmal auf der Straße ihren Vater entdeckt, der sich mühselig in seinem selbstgebauten Rollstuhl aus Holz und Schrauben über das Pflaster bewegte. Manchmal winkte er. »Das war für mich ein Trost«, so Liesel Binzer heute. Und sie sagt: »Ich habe kaum Erinnerungen an diese Zeit. Ich glaube, ich habe sie ausgeblendet. Aber sie muss elendig gewesen sein. Ich bekam keine Medikamente. Kaum einer kümmerte sich um mich. Wahrscheinlich waren es Häftlinge; denn irgendwie muss ich ja überlebt haben.« Eine Folge dieser Krankheit: ihre Schwerhörigkeit.

Dann fällt ihr doch noch etwas Gutes ein, das sie in all dem unfassbaren Grauen erlebt hat. »Ich kann mich viel besser an die tröstlichen Ereignisse erinnern.« Sie lächelt still in sich hinein, als sie die folgende Episode erzählt: »Ich wurde damals sechs Jahr alt, als ich in der Krankenstation lag. Da kamen Kinder und sagten: ›Heute hast du Geburtstag. Hier ist eine Torte für dich.‹ Und da stand eine Torte mit einer Kerze. Und die war für mich. Nur für mich. Wie sie die Zutaten bekommen haben, es gab ja nichts, weiß ich nicht. Aber ich habe mich so gefreut. Das war ein Licht in der Dunkelheit.«

Nach den Monaten auf der Krankenstation musste sie zurück in das Kinderheim. Fast taub und bis auf die Knochen abgemagert, konnte sie sich kaum auf den Beinen halten.

Wieder unterbricht sie ihr Erzählen, sinkt ein wenig in sich zusammen, erschöpft vom langen Reden. Seit drei Stunden sitzen wir am Esszimmertisch. Dann steigt aus der Tiefe ein Seufzer in ihr hoch, ein »Jaach«, als habe sie gerade eine ihr seit Jahrzehnten aufgebürdete Zentnerlast abgesetzt. Für einen kurzen Augenblick. Sie nickt und schaut mich an, als müsse sie sich vergewissern, dass ich ihr diese Geschichte auch wirklich glaube.

Die nächsten drei Jahre – ein einziger Kampf ums Überleben. Hunger, Angst, Kälte, Krankheit, Sterben um sie herum und immer wieder die drohenden Deportationen in den sicheren Tod.

»Die Gefahr der Deportation, der versuchte Kampf, ihr mit allen Mitteln zu entrinnen, grub bittere und böse Spuren in die jungen Seelen ein«, schreibt H. G. Adler aus eigener Beobachtung und Erfahrung in seinem Buch. Mehr als die Hälfte der etwa hundertvierzigtausend in Theresienstadt gefangenen Menschen mussten diese Reise in den Tod antreten. Familie Michel entging ihr wie durch ein Wunder. Einmal stand Liesel schon auf der Todesliste, im letzten Augenblick hatte ihre Mutter sie retten können. Liesel Binzer weiß bis heute nicht, wie ihrer Mutter das gelungen war; denn von den rund fünfzehntausend Kindern, die nach Theresienstadt verschleppt wurden, haben gerade mal hundertdreiundzwanzig überlebt.

Liesel Binzer steht vom Tisch auf, holt aus einem Regal im Wohnzimmer einen struppigen Teddybären und setzt ihn neben ihren Kuchenteller auf den Tisch. Ein wenig traurig schaut er aus. Die Knopfaugen fehlen, die Ohren wie angeknabbert, das Plüschfell zerzaust. »Diesen Bären habe ich als kleines Mädchen von einer Frau bekommen, deren Kind deportiert worden war. Als sie hörte, dass die SS es umgebracht hat, hat sie den Bären mir gegeben.« Seitdem hat er sie überallhin begleitet. Von diesem Wesen aus Stoff und Holzwolle werde sie sich nie trennen.

»Warum wir überlebt haben, weiß ich bis heute nicht. Aber meine Mutter hat das irgendwie hingekriegt. Ihr haben wir unser Leben zu verdanken.« Das gilt besonders für ihren Vater, der wegen seiner schweren Behinderung nicht arbeitsfähig war, daher in den Augen der Nazis als »lebensunwert« galt und allein aus diesem Grund jeden Tag mit seiner Deportation in eines der Vernichtungslager rechnen musste. Eigentlich. Ihn immer wieder zu retten, auch das gelang der Mutter.

Einmal musste die kleine Liesel sogar das glückliche jüdische Mädchen spielen in einem Propagandafilm über Theresienstadt, mit dem die SS dem Internationalen Roten Kreuz ein menschenwürdiges »Muster«-Lager vortäuschen und von der Vernichtungspolitik ablenken wollte. Menschenverachtender und zynischer kann man wohl kaum mit Kindern umgehen, die wissen, dass diejenigen, auf deren Befehl sie die glücklichen Kleinen spielen sollen, sie lieber heute als morgen in Todeslager schickten. Liesel Binzer erinnert sich: »Ich sollte in einem Café sitzen und Eis löffeln. Ich freute mich. Doch als es so weit war, bekam ich einen leeren Eisbecher und musste so tun als ob. Ich war bitter enttäuscht.« *Theresienstadt – Ein Dokumentarfilm aus dem jüdischen Siedlungsgebiet* hieß der im August 1944 von dem deutsch-jüdischen Schauspieler und Filmregisseur Kurt Gerron und dem tschechischen Wochenschau-Direktor Karel Pečený unter strenger Aufsicht der SS gedrehte Propagandafilm. Andere Quellen wie die privat betriebene Internetseite *ghetto-theresienstadt.info* nennen ihn *Die geschenkte Stadt* und behaupten sogar, Hitler selbst habe diesen Titel festgelegt. Gedreht wurde in Kulissen, die in einem Teil von Theresienstadt aufgebaut worden waren, weil eine Kommission des Internationalen Komitees des Roten Kreuzes und Vertreter des dänischen Außenministeriums einen Inspektionsbesuch des Lagers gefordert hatten. Die dänische Regierung verlangte Informationen über den Verbleib dänischer Juden, die von den Deutschen deportiert worden waren. Am 23. Juni 1944 trafen die Regierungsvertreter zusammen mit Inspektoren vom Internationalen Roten Kreuz in Theresienstadt ein. SS-Funktionäre führten sie durch ein Lager, in dem sie zufriedene, gut gekleidete und wohlgenährte Menschen vorgeführt bekamen, die angeblich fröhlich arbeiteten oder sich in Kaffeehäusern von weißgekleideten Kellnerinnen bedienen ließen. Eine Bäckerei bot Weißbrot an, der Laden nebenan frisches Gemüse. Alles war eigens für diesen Besuch aufgebaut und inszeniert. Ein monatelang vorbereitetes Potemkinsches Dorf. Die Delegation sollte glauben, Theresienstadt sei eine von den jüdischen Bewohnern selbstverwaltete Stadt. Die Inszenierung hatte Erfolg. Die Inspektoren lieferten positive Berichte ab und verzichteten darauf, noch andere Lager zu besichtigen, von deren Existenz sie gerüchteweise gehört hatten. Dass kurz vor dieser Inspektion im Juni 1944 noch in aller Eile fast achttausend Menschen aus Theresienstadt nach Ausschwitz deportiert worden waren, blieb den Delegierten aus der Schweiz und aus Dänemark verborgen.

Vor dieser Kulisse drehten Gerron, sein Produzent Pečený und andere im August und September 1944 ihr Filmmärchen im Auftrag und unter scharfer Kontrolle der SS, die den Kritikern im Ausland mit diesen Propagandalügen auf Zelluloid beweisen sollte, dass die Lager, über die die Alliierten immer genauer informiert waren, in Wirklichkeit nicht der Menschenvernichtung dienten, sondern die reinsten Feriensiedlungen darstellten. Doch das Kriegsende verhinderte die Aufführung außerhalb des Machtbereichs der Nazis. Warum aber haben Kurt Gerron und seine Helfer überhaupt mitgemacht bei diesem hollywoodreifen Fake? Sicherlich wären die Juden unter ihnen bei einer Weigerung sofort nach Auschwitz deportiert worden. Auch Nichtjuden wie Wochenschaudirektor Karel Pečený oder Kameramann Ivan Fric wären vermutlich bestraft worden. Vielleicht hatten Mitwirkende wie Kurt Gerron auch gehofft, durch Kollaboration mit den Nazis der Gaskammer entkommen zu können. Doch wenige Monate später wurde er nach Auschwitz verschleppt und ermordet. Mit ihm über sechzehnhundert Kinder aus Theresienstadt, von denen viele in dem Film mitgespielt hatten. Keines überlebte. Auch diesem Transport entging Liesel Michel. Reines Glück? Sie weiß es nicht.

Endlich der 8. Mai, der Tag der Befreiung durch die Rote Armee. Nach drei Jahren endete die Zeit der täglichen Todesangst. Für die neunjährige Liesel eine Erlösung. Endlich frei! Aufatmen! Leben! Eigentlich! Doch grenzenlose Lebensfreude wollte sich nicht einstellen. Eher verwandelte sich ihre Todesangst nun in Lebensfurcht, und diese Lebensfurcht wurde ihr zur Lebenslast. Mal mehr, mal weniger. Bis heute. Gefangen in der eigenen Geschichte. Das aber wird sie erst viel später erkennen. Und ebenfalls erst viel später hat sie ihren Kindern diese Geschichte erzählt, erst als sie erwachsen waren. Auch anderen gegenüber hat sie geschwiegen, so wie ihre Eltern auch.

Ihre Tochter Daniela Sobol ist am frühen Nachmittag zu uns gestoßen. Sechzehn Jahre nach Kriegsende geboren, lebt sie heute mit ihrer Familie in Frankfurt. Auch sie fühlt sich beschädigt durch die Nazizeit. »Hitler hat auch mein Leben zerstört«, hatte sie gesagt, als sie sich zu uns an den Tisch setzte: »Ein Gefühl völliger Verunsicherung hat mein Leben bis ins Erwachsenenalter bestimmt. Meine Mutter hat mir nie etwas über ihre Erfahrungen in Theresienstadt erzählt. Ihr Leiden war aber auch unausgesprochen immer spürbar.« Wie ein Phantom, das man höchstens erahnen, nicht aber begreifen könne, sagt sie. Lange habe sie nicht verstanden, welche Dämonen sie derart heimsuchten. Seit ihrem siebzehnten Lebensjahr sei sie regelmäßig von Panikattacken überfallen worden, sodass sie alles Enge gemieden habe, Fahrstühle, überfüllte Straßenbahnen oder U-Bahnen; auch habe sie lange nicht allein sein können. »Bis vor wenigen Jahren ging es mir nicht gut. Erst vor sechs Jahren habe ich eine Therapie beendet, nach fünfzehn Jahren.«

Sicherheit oder Geborgenheit? Solche Gefühle wollten in ihr

nicht aufkommen, obwohl sich ihre Eltern alle Mühe gaben. Die Angst, von den Eltern getrennt zu werden, begleitete sie ständig, vielleicht sogar so etwas wie Todesängste, erzählt sie. Alles Symptome, die ihre Mutter in Theresienstadt auch erlebt hatte. Von ihrem siebzehnten Lebensjahr an dann diese Panikattacken. Genau wie bei ihrer Mutter. Gabriele Laufmann, die jüngere Tochter, hatte deren Angstzustände hautnah miterlebt: »Ich hatte gelegentlich bemerkt, mit meiner Mutter stimmt was nicht, dass sie Ängste hat und Panikanfälle. Zum Beispiel, wenn ich mit ihr ins Kino ging. Das war schrecklich. Sobald das Licht ausging, bevor der Film anfing, rief sie völlig entsetzt: ›Warum geht das Licht aus. Es ist so dunkel!‹ Selbst wenn es im Film kurz mal dunkel wurde, geriet sie in Panik. Zwei Sekunden haben da schon ausgereicht. Ich glaube, sie sah sich da in Theresienstadt. Ich konnte mit ihr nicht mehr ins Kino gehen.«

Solche Panikattacken bei der Mutter waren nachvollziehbar. Warum aber auch Daniela unter solchen Anfällen litt, konnte sie sich lange nicht erklären; doch sie hatte eine Ahnung: »Mit fünfzehn oder sechzehn war ich auf einem Ferienlager in Israel. Damals besuchten wir auch die Holocaust-Gedenkstätte Yad Vashem bei Jerusalem. Dort habe ich zum ersten Mal das Ausmaß des Grauens gesehen. In der Schule hatte ich nichts erfahren. In dieser Zeit haben die Angstzustände angefangen. Aber es hat dann noch Jahre gedauert, bis ich einen Zusammenhang herstellen konnte.« Ihre Mutter Liesel Binzer hat aufmerksam zugehört. »Ich kenne diese Ängste«, sagt sie, »ich hatte sie auch alle. Ich glaube, ich habe sie auf Daniela übertragen. Höhenangst, Platzangst, diese Panikattacken. Offenbar habe ich Daniela mit diesen Ängsten angesteckt.«

Vielleicht hätte es ihnen geholfen, sich gemeinsam mit den inneren Verletzungen auseinanderzusetzen, die ihre Ängste ausgelöst hatten; Mutter und Tochter hätten sich gegenseitig stützen können. Aber das erlaubten sie sich nicht; denn Schwäche zu zeigen hatten sich beide verboten: »Ich wollte kein Opfer sein«, sagt Daniela. Ihre Mutter nickt heftig, auch für sie gilt diese eiserne Lebensregel: »Nur stark sein, nie wieder schwach.« Das hatten sie und ihre Eltern sich nach Theresienstadt geschworen, nie wieder Opfer, nie wieder schwach: »Es wäre für mich eine Schande gewesen, wenn meine Kinder mich schwach gesehen hätten.« Beide, Mutter wie Tochter, leben nach diesem strengen Grundsatz: »Sei immer stark!« Schließlich hatten im KZ nur die Starken überlebt, nur die Stärke ihrer eigenen Mutter hatte ihr Durchhalten und das ihres Vaters möglich gemacht.

Warum aber dann dieses große Schweigen in der Familie? Die Mutter, die nicht erzählt und auch nicht mit ihren Eltern über das gemeinsam erfahrene Leid in Theresienstadt spricht. Die Töchter, die nicht fragen, obgleich sie ahnen, dass ihrer Mutter etwas Fürchterliches widerfahren sein muss. Der Frankfurter Psychiater Kurt Grünbaum glaubt, dieses Schweigen sei kein Verschweigen, sondern eine andere Form des Mitteilens. Außerdem beklagt er ein erhebliches Defizit in der öffentlichen Debatte der Bundesrepublik, er beobachte ein »Banalisieren des Traumas in Deutschland«, so auch der Titel einer seiner von der Zentralen Wohlfahrtsstelle der Juden in Deutschland veröffentlichten Untersuchungen: »Dass Überlebende ihr ganzes Leben lang an dem leiden, was man ihnen angetan hat, weil das KZ auch nach ihrer Befreiung in ihnen weiterlebt, dass die Überlebenden auch nach dem Zusammenbruch des ›Dritten Reichs‹ weiter diskriminiert, gedemütigt und missachtet wurden und dass die Naziverfolgung der Eltern auf spezifische Art und Weise auch an ihre Kinder weitervermittelt wurde, sodass auch das Leben der Zweiten Generation maßgeblich von einem kumulativ erlebten Trauma geprägt ist, all das findet in dieser Debatte kaum Beachtung.« Die Bundesrepublik, so sein Vorwurf, habe sich ihrer Verantwortung gegenüber den Überlebenden und deren Kinder entzogen, habe sich vielleicht durch die Wiedergutmachung versucht freizukaufen, mehr aber nicht. Wenn überhaupt!

Auf die Familie Michel-Binzer trifft dies in doppelter Hinsicht zu. Einmal wollte sie zwar, konnte aber nicht nach Israel auswandern; dieser Weg war ihr also versperrt, stattdessen war sie gezwungen, in dem Land zu bleiben, das ihr so viel Leid zugefügt hatte. Und dann gab sich dieses doch angeblich von Grund auf neue Deutschland auch noch alle Mühe, ihr das Gefühl zu vermitteln, dass sie nicht willkommen war. Das war kein Einzelfall. Die Bundesrepublik ging häufig mit KZ-Überlebenden und deren Kindern nicht eben einfühlsam um.

Im Sommer 1945 waren Liesels Eltern in das Haus der ebenfalls ermordeten Großmutter im Münsterländer Freckenhorst zurückgekehrt. Vom ersten Tag an mussten sie vor Gericht kämpfen, um das geplünderte Hausinventar zurückzubekommen. Nazis und normale Bürger hatten sich nach der Deportation der Juden aus der Region 1941 deren Besitz unter den Nagel gerissen und wahrscheinlich nicht mit einer Rückkehr der damals quasi legal Bestohlenen gerechnet.

Der neue, unbelastete Bürgermeister des Dorfes zählte zu den Wenigen, die die unerwünschten Rückkehrer unterstützten. »Gehen Sie nach Hause. Es wird für Sie gesorgt«, versprach er der Familie Michel laut einem Vernehmungsprotokoll, das Liesels Mutter am 2. März 1949 in Freckenhorst unterschreiben musste. Doch mit seiner Fürsorge um das Wohl der Rückkehrer handelte er ihnen unbeabsichtigt Ärger ein. Er stellte ihnen nämlich eine Schlafzimmereinrichtung zur Verfügung, die er bei einem ehemaligen SA-Brigadeführer hatte requirieren lassen. Allerdings verkaufte Familie Michel Bett, Kommoden und Schrank bald wieder; denn: »Wir wollten diese Möbel nicht behalten, weil … es sich um Möbel von Nazis handelte, die wir nicht gern im Haus behalten wollten«, so ist es in dem von der Mutter unterzeichneten Protokoll nachzulesen.

Erst vier Jahre nach der Konfiszierung des Schlafzimmers erstattet der Vorbesitzer der Möbel Anzeige gegen die Familie Michel. Man könne schließlich nicht einfach Eigentum beschlagnahmen, beschwert sich der Rechtsanwalt des Klägers am 28.

Januar 1949 in einem Schreiben an den Herrn Amtsbürgermeister von Freckenhorst, selbst dann nicht, wenn sein Mandant SA-Mitglied gewesen sei, und droht den Michels mit Schadensersatzansprüchen. Warum der SA-Mann erst so spät aktiv wird, lässt sich aus den erhaltenen Gerichtunterlagen nicht mehr feststellen. Vielleicht, weil es vor 1949 noch nicht opportun war, seine Mitgliedschaft in der SA öffentlich zu machen. Über zwei Jahre zieht sich dieser Streit um das gebrauchte Schlafzimmer hin. Erst 1951 schließen die beiden Parteien einen Vergleich.

Den Besitz ihrer Mutter, die die Gestapo schon 1939 verhaftet und deportiert hatte, bekommen die Michels trotz Klage nicht zurück. Kücheneinrichtung, Schränke, Kommoden, Nähmaschine, Essbesteck und das Mobiliar mehrerer Zimmer – nichts davon ist mehr aufzufinden. Die gesamte Einrichtung des Hauses der Michels in Freckenhorst hatte die Gestapo 1942 versteigern lassen. Vermutlich an Deutsche aus dem Ort und den Nachbargemeinden. Vier Jahre nach Kriegsende fragt das Amtsgericht nach, glaubt sogar Familien, die sich das Hausinventar preiswert angeeignet hatten, beim Namen nennen zu können und schreibt sie an, doch alle leugnen, etwas auf der Versteigerung erworben zu haben. Keiner fühlt sich verantwortlich, keiner will es gewesen sein, jeder streitet jegliche Mittäterschaft ab oder gibt vor, nichts zu wissen.

Resigniert stellte das zuständige Amtsgericht am 12. Mai 1949 in einem Protokoll fest: »Es liegt hier offensichtlich ein Fall vor, wo sämtliche Beteiligten für sich erklären, nichts zu wissen und nichts zu haben. Erstaunlich ist es insbesondere, dass die Amtsverwaltung Freckenhorst angeblich auch nichts wissen will, ebenso das Finanzamt Warendorf, obgleich die damals damit beauftragten Angestellten und Beamten zum Teil noch vorhanden sind.« Und sich möglicherweise als Parteigenossen bei dem Verkauf jüdischen Eigentums bereichert haben.

Mit anderen Worten: Der Empfang der Familie Michel nach ihrer Rückkehr aus dem Konzentrationslager Theresienstadt ist alles andere als freundlich in dem kleinen Ort Freckenhorst. Fast könnte man den Eindruck haben, den meisten wäre es lieber gewesen, die Familie hätte nicht überlebt. So zieht sich der Prozess um Rückgabe der 1942 vom NS-Staat beschlagnahmten Möbel hin bis in den September 1951. Wie dieser Prozess am Ende ausgegangen ist? Liesel Binzer weiß es heute nicht mehr. Zu lange ist das her und für sie letztlich auch unwichtig.

Viel wichtiger war ihr das Verhalten der alten Nazibonzen des Dorfes. »Der größte Nazi am Ort verlangte von meiner Mutter nach dem Krieg sogar einen Persilschein, also Bestätigungen, dass er kein Nazi gewesen sei, schließlich habe man sich doch vor 1933 ganz gut verstanden«, erzählt Liesel Binzer mit tiefem Abscheu im Gesicht. »Außerdem behauptete er – und nicht nur er –, man sei doch vor der Machtübernahme irgendwie immer für die Juden gewesen.«

Zu diesen Wendehälsen gehörte zum Beispiel jener Denunziant, der Liesels Großmutter 1939 wegen abfälliger Äußerungen über die Nazis bei der Gestapo angeschwärzt hatte: »Mit ihm hatte sie sich vor 1933 ganz gut verstanden. Deswegen meinte sie, sie könne bei ihm über die Nazis schimpfen. Er zeigte sie an, sie wurde in das Frauen-KZ Ravensbrück deportiert und ist dort 1942 elend gestorben. Der wollte auch so einen Freibrief von meiner Mutter. Aber die hat ihn rausgeschmissen.«

Anfang der fünfziger Jahre, als im ganzen Bundesgebiet viele ehemalige NS-Richter auf ihre unkündbaren Beamtenposten zurückkehrten, bekommt ihr Vater als NS-Opfer endlich eine Wiedergutmachungsrente zugesprochen: »Das war die niedrigste Rente überhaupt; denn mein Vater hatte ja wegen seiner Kriegsverletzung nicht arbeiten können. Also bekam er nur eine kümmerliche Rente. Selbst die Bundesrepublik hat uns noch diskriminiert, so haben wir es jedenfalls damals verstanden.«

Als Liesel in die Höhere Schule gehen konnte, war sie die einzige Jüdin unter achthundert Schülern des Mariengymnasiums im nahegelegenen Städtchen Warendorf. Der Geschichtsunterricht, so erinnert sie sich heute, endete 1933. Erzählt habe sie nichts. Gefragt habe aber auch niemand, weder Lehrer noch ihre Mitschülerinnen. »Die haben sich geschämt, habe ich später erfahren.« Erst sehr viel später, im November 2011, traf sie einige ihrer Mitschülerinnen bei einem Zeitzeugenvortrag im Mariengymnasium wieder. »Aber warum hast du nichts erzählt?«, fragten sie ehemalige Klassenkameradinnen nach ihrem Vortrag. Ihre Antwort: »Warum habt ihr nicht gefragt?«

Und ihre Töchter? Wie ist es denen ergangen in der Bundesrepublik, ehe zumindest eine nach Israel auswanderte? Haben sie sich endlich zu ihrem Glauben öffentlich bekennen können? »Nein«, sagt Daniela, sie habe in der Schule verschwiegen, dass sie Jüdin sei. »Wenn ich gefragt wurde, warum ich nicht am Religionsunterricht teilnehme, habe ich immer gesagt, ich gehöre einer freien Religionsgemeinschaft an, nie aber, dass ich Jüdin bin. Ich wollte nicht ausgegrenzt werden.« Vielleicht war auch dieses Verschweigen der Keim ihrer späteren Panikattacken. »Später habe ich erfahren, dass es noch ein paar solcher Freireligiösen gegeben hatte, die in Wirklichkeit Jüdinnen waren, die es aber auch nicht zugeben wollten. Ich habe mich bis zum Schluss nicht zu erkennen geben wollen.« Selbst wenn ein Mitschüler einen Judenwitz erzählte, schwieg sie. »Ich hätte ihn am liebsten geohrfeigt, habe mich aber noch nicht einmal getraut zu protestieren.«

Das war Ende der sechziger, Anfang der siebziger Jahre, also rund fünfundzwanzig Jahre nach Kriegsende und der Befreiung der Konzentrationslager. Der dritte Auschwitzprozess war gerade zu Ende gegangen mit lebenslangen Freiheitsstrafen für die Angeklagten. Studenten revoltierten gegen den Krieg in Vietnam, aber auch gegen ihre Eltern, die ihre Verstrickungen in den Nationalsozialismus verschwiegen, um sich nicht ihrer eigenen Geschichte stellen zu müssen. Bei Landtagswahlen gelingt es der rechtsextremen NPD, die Fünfprozenthürde zu überwinden und in mehrere Landesparlamente einzuziehen. In Baden-Württemberg sogar mit einem Stimmenanteil von 9,8 Prozent. Die Fremdenfeinde, Antisemiten und Nazifreunde sind also nicht verschwunden, im Gegenteil: Sie haben Aufwind in der Bundesrepublik.

Über jene Zeit sagt Daniela Sobol, geborene Binzer: »Ich glaube, ich habe mich in meiner Jugend versteckt«, und nach einer langen Pause fährt sie fort: »Fast wie im Krieg, wo sich die Juden auch verstecken mussten.« So überspannt das klingen mag – es gibt ein damals bei jungen Juden in Deutschland nicht seltenes Lebensgefühl wieder: Man versteckt besser seine Religion, seine Herkunft und seine Geschichte, um nicht anzuecken und nicht angepöbelt zu werden. Auch die in der Zentralen Wohlfahrtsstelle der Juden in Deutschland arbeitende Psychologin Noemi Staszewski bestätigt: »Viele jüdische Jugendliche haben in den sechziger und siebziger Jahren versucht zu verbergen, dass sie Juden sind. Das war besonders verbreitet bei jenen, deren Eltern die Naziverfolgung in einem Versteck überlebt hatten.«

Gaby Laufmann, die ich in Haifa besuchte, schüttelte damals den Kopf, als ich ihr von dieser Äußerung ihrer zwei Jahre älteren Schwester Daniela erzählte: »Ich mich versteckt? Nein. Meine Mitschülerinnen wussten, dass ich meinen Religionsunterricht halt nachmittags habe. Versteckt habe ich mich nicht, aber ich habe das auch nicht sonderlich betont.«

Beide Töchter Liesel Binzers haben versucht, sich in Israel ein neues Leben aufzubauen. Gabriele ist es gelungen: »Zusammen mit meinem Mann, den ich in Deutschland kennengelernt hatte, habe ich mich systematisch auf Israel vorbereitet. In Deutschland hätte ich nicht leben wollen.«

Daniela dagegen tat sich schwer, sich in dem kleinen Land zurechtzufinden. Unglücklich in Deutschland, da sie hier mit dem Gefühl lebte, ihre Identität verstecken zu müssen, suchte sie in Israel eine neue Heimat, eine, wo sie das sein konnte, was sie sein wollte, eine Frau, die sich offen zu ihrem Judentum bekennen konnte. Hebräisch hatte sie schon unmittelbar nach dem Abitur gelernt, Israel kannte sie von verschiedenen Reisen als Schülerin, mit einundzwanzig entschied sie sich dann, endgültig auszuwandern. Nach Israel, in das Gelobte Land.

Doch sie, anders als ihre kühl planende jüngere Schwester Gaby, scheiterte auf ganzer Linie: »Ich habe mich in Deutschland abgemeldet, bin also ganz offiziell ausgewandert mit der Absicht, in Israel zu bleiben. Ich hatte einen Freund, ich hatte Arbeit, außerdem kannte ich nette Leute. Es war also alles da. Trotzdem habe ich mich dort so schlecht gefühlt, dass ich dachte, ich kann nur bei meiner Familie und in meiner Gemeinde in Frankfurt leben. Meine Ängste kamen wieder hoch, obwohl ich gedacht hatte, ich werde sie in Israel los. Ich kam mit der Mentalität nicht zurecht. Das Land ist hektisch, mit der Unordnung bin ich nicht zurechtgekommen, ich mochte diese Chuzpe nicht.« Daniela erlebt Israel als eine Ellenbogengesellschaft, aggressiv, mit nicht allzu viel Rücksichtnahme auf den anderen. Wer nicht aufpasst, so ihr Eindruck, wird schnell angerempelt. »Ich habe mich verloren gefühlt. Ich habe mich in der Jüdischen Gemeinde in Frankfurt sicher und aufgehoben gefühlt. Vielleicht bin ich zu sehr jeckisch, also deutsch. Ich hatte Heimweh. Und nach einem Dreivierteljahr bin ich wieder zurück.« Und dann sagt sie noch: »Israel ist schön, aber nur, um Urlaub zu machen.«

Heute lebt sie mit ihrem Mann und ihren Kindern wieder in Frankfurt. Sie fährt regelmäßig nach Israel, aber nur, um ihre Schwester oder die Verwandten ihres Mannes zu besuchen; denn der ist in Israel geboren, hat im Sechstagekrieg gekämpft, war schwer verwundet worden und ist heute glücklich, nicht mehr in diesem unter ständiger politischer Hochspannung stehenden Land leben zu müssen. Dorthin wieder zurückkehren? Nein, das käme auch für ihn nicht in Frage, erzählt Daniela. Für sie schon gar nicht. Zu gefährlich, zu unsicher.

In der Tat ist Israel ein gefährdetes Land. Überall dort, wo sich an den Rändern des Staates Terrorgruppen eingegraben haben, brodelt es gefährlich. Im Norden gleich an zwei Grenzen. Einmal an der zum Libanon. Dort wartet die schiitische Miliz Hisbollah auf eine Gelegenheit, ihr Programm umzusetzen, das die Zerstörung des Staates Israel vorsieht. Diese Miliz kämpft zwar seit 2013 auf der Seite des syrischen Regimes in dem Bürgerkrieg, der ihre Kräfte absorbiert, doch ihre ursprüngliche, von den iranischen Mullahs diktierte Mission, Jerusalem von den »Zionisten« zu befreien, hat sie nie aufgegeben. Etwas weiter östlich an der israelisch-syrischen Grenze auf den Golanhöhen kämpfen verschiedene Dschihadistengruppen bis hin zum »Islamischen Staat« manchmal gegeneinander, manchmal gegen das syrische Regime und seine Verbündeten. Sie alle haben aber bei aller Animosität untereinander eines gemein: ihren Hass auf das »zionistische Gebilde«, wie sie das Nachbarland nennen, um den Namen Israel nicht aussprechen zu müssen. Das Gleiche gilt für die Terrorgruppen im Süden des Landes. Ägypten und Israel haben zwar 1979 einen Friedensvertrag geschlossen. Doch jenseits der Grenze zu Ägypten auf der Sinai-Halbinsel hat sich eine besonders gefährliche Bande festgesetzt. Sie nennt sich Ansar Beit al Maqdis, was so viel bedeutet wie Unterstützer des heiligen Hauses, gemeint ist Jerusalem. Sie versteht sich sogar als Verbündeter des »Islamischen Staates« und gilt als eine starke und gefährliche Untergrundmiliz, die auch die ägyptische Armee nicht in den Griff bekommt. Getötete Soldaten und Überfälle auf Polizeistationen gehören auf dem Nordsinai inzwischen zum Alltag. Anschläge gegen Israel hatte es in der Vergangenheit auch immer wieder gegeben. Ein fünf Meter hoher Zaun, bestückt mit Wärmesensoren und Kameras, entlang der Grenze vom Norden bei Rafah bis zum Golf von Eilat soll diese aggressiven Terrorkämpfer vom jüdischen Staat fernhalten, doch Raketenbeschuss lässt sich so nicht abwehren.

Und schließlich der Urkonflikt des Landes, die Auseinandersetzungen um einen Palästinenserstaat, die Siedlungspolitik der israelischen Regierung, die Blockade Gazas mit den sich fast schon zwangsläufig wiederholenden Kriegen um diesen Küstenstreifen. Weder die Extremisten der Regierung in Gaza noch die Regierung Netanjahus selbst scheinen in absehbarer Zeit an einer dauerhaften Lösung dieses Konflikts interessiert zu sein.

Für Israelis gibt es also schon seit Jahrzehnten kaum Gründe, sich im eigenen Land sicher und wohl zu fühlen. Das Militär ist zwar hochgerüstet zur schlagkräftigsten Armee des ganzen Nahen Ostens, aber Sicherheit, die sich nur auf militärische Kraft stützt, schafft keine innere Ruhe. Kein Wunder, dass Familien wie die Sobols das ruhige Frankfurt der hektischen Stadt Tel Aviv vorziehen.

Erstaunlicher ist eher, dass Daniela Sobols Schwester Gabriele unerschütterlich in Haifa bleibt, obgleich sie mit ihrer Familie im Sommer 2006 aus der Halbhöhenlage der Stadt hatte fliehen müssen, weil Hisbollah-Raketen im Zentrum einschlugen. Jeden Tag, immer wieder, über mehrere Wochen. Herberge fand Familie Laufmann bei Freunden in Israel, weit weg vom Kriegsschauplatz. Hier warteten sie das Ende der Kämpfe ab, um dann sofort wieder in ihr Haus am Karmelberg zurückzukehren.

Warum aber Israel – trotz der Raketen, trotz der permanenten Unsicherheit? Gaby Laufmann: »Hier kann ich sagen, ich bin Jüdin. In Deutschland nicht unbedingt. Hier kann ich stolz sein. In Deutschland bin ich eine Minderheit. Ich würde in der Öffentlichkeit nicht sagen: Ich bin Jüdin.« Dass ihre beiden älteren Kinder an vorderster Front ihr Leben eingesetzt haben, ist für sie wie für die meisten israelischen Eltern selbstverständlich. Die israelischen Streitkräfte sind der Schmelztiegel der bunt zusammengewürfelten israelischen Gesellschaft, ihr wichtigster Kitt. In der Armee dienen muss schließlich so gut wie jeder, egal welcher Herkunft, Männer wie Frauen. Nach wie vor sind die Streitkräfte die staatliche Institution des Landes, in die die Bevölkerung am meisten Vertrauen hat. Mit 79 Prozent liegen sie deutlich selbst vor dem Obersten Gericht, das bei der Umfrage des Israelischen Demokratie-Instituts 2012 auf 69 Prozent kam. Schließlich muss der jüdische Staat verteidigt werden, auch wenn die Familie

Laufmann, wie aus einigen ihrer Bemerkungen hervorgeht, sicher nicht zu den glühenden Verfechtern der kriegerischen Politik Netanjahus gehört. Gabrieles Ehemann nennt das für die Mehrheit der Israelis entscheidende Argument: »Wir müssen aber die Terroristen vernichten.«

Trotz dieser immer wiederkehrenden Kraftproben und der nicht nachlassenden Spannung, die meisten Holocaust-Überlebenden einschließlich ihrer Kinder sehen nach wie vor in Israel ihr Gelobtes Land, zu dem es für sie keine wirkliche Alternative gibt. Das gilt ausdrücklich auch für die zweite Generation, betont der AMCHA-Psychologe Martin Auerbach. »Die zweite Generation hat von klein auf gelernt, dass es keine wirkliche Sicherheit geben kann. Das haben ihre Eltern vermittelt. Ihre behütete Kindheit, die sie sich vielleicht gewünscht hatten, funktioniert nicht so ganz. Deswegen wissen sie, dass Sicherheit sehr schnell zusammenbrechen kann. Das gilt in erster Linie für die zweite Generation, die in Ländern außerhalb Israels lebt. In Israel selbst ist es aber etwas anders. Hier ist die zionistische Ideologie äußerst hilfreich. Die besagt: Wir sind zweitausend Jahre lang verfolgt worden, dann kam die große Katastrophe, also brauchen wir ein Land, in dem wir uns schützen können und das gerecht zu jedem ist. Hier in Israel sind die Juden keine Minderheit, sondern zum ersten Mal eine Mehrheit. Zum ersten Mal seit zweitausend Jahren. Das gibt den Überlebenden und der zweiten Generation Sicherheit trotz der Kriege. Das Gefühl, hier eine Heimat gefunden zu haben, ist bei den meisten stärker als das Gefühl der Furcht, ausgelöst durch die vielen Kriege.«

Zum Beispiel Adina Grinfeld aus dem Kibbuz Sa'ad, die sich ihr ganzes Leben für ihre Eltern, die Auschwitz überlebt hatten, aufopferte. Sie wundere sich über diese immer wieder auch von mir gestellte Frage: Wie kann man in einer Siedlung so nahe an der Grenze zum Gazastreifen und damit zur Hamas leben? Hat man da nicht automatisch Angst vor Raketen oder Terroristen, die sich durch Tunnel bis dicht an die Siedlung graben, um dann die israelischen Siedler anzugreifen?

Adinas Mundwinkel zuckt kaum merklich, ein leises Stirnrunzeln. Ich sehe schon, meine Frage nervt sie ein wenig. »Nein«, antwortet sie streng, die wie Gabriele Laufmann als Angehörige der zweiten Generation spricht, »nein, ich fühle mich hier wirklich wohl. Ich bin hier zu Hause. Ich bin sogar während des Gazakriegs 2014 hiergeblieben. Wir sind halt in den Bunker gegangen, wenn Zeit genug war. Sieben Sekunden haben wir nach dem Alarm. Das hier ist ein wundervoller Ort zum Leben. Ich will hier nicht weg.«

Vielleicht lässt sich solche Courage tatsächlich mit diesem tiefsitzenden Kollektivtrauma erklären: Ein Volk irrt mehr als tausend Jahre durch die Welt, wird drangsaliert, wird diskriminiert und immer wieder verfolgt, wird am Ende fast vollständig massakriert und findet schließlich eine Heimat, die es aber erobern und verteidigen muss. Die Bedrohung an den Grenzen dieser Heimat bleibt. Die Gefahr der Shoa ist noch nicht endgültig gebannt. So die Erzählung des Landes. Zweifellos klingt sie pathetisch und ist nicht immer glaubwürdig, schließlich hat sich der einstige David schon längst zu einem hochgerüsteten Goliath gewandelt. Der Kern von Wahrheit, aber, der in dieser Erzählung steckt, die permanente Bedrohung von außen, ist in der israelischen Gesellschaft nach wie vor gegenwärtig und wird nicht selten von Politikern noch zusätzlich dramatisiert, um möglichst ein permanentes Grundgefühl der Angst zu schüren, das sie dann politisch instrumentalisieren können. Allerdings gibt es auch Kibbuzniks, räumt Adina ein, die diese ständig lauernde Kriegsgefahr nicht aushalten und den Kibbuz verlassen, um sich einen sicheren Ort zum Leben zu suchen. Gibt es also nur diese beiden Alternativen? Standhalten oder Flüchten? Es scheint fast so, als müsse jeder Israeli einmal in seinem Leben diese Frage für sich beantworten.

Die Töchter der Liesel Binzer verkörpern gewissermaßen beide

Richtungen, Standhalten die eine, Flüchten die andere. Die eine scheint das Spannungsgebiet Israel sogar ein wenig zu genießen. Mit viel Stolz in der Stimme berichtet Gabriele Laufmann von Tochter Sharon, die inzwischen mit ihrer Ausbildung als Militärpilotin begonnen hat.

Gabrieles Schwester Daniela dagegen hielt dieses unter Dauerstrom stehende Land nicht aus, kehrte zurück nach Frankfurt und lebt dort heute mit ihrer Familie eingebettet in die Jüdische Gemeinde der Stadt. Doch wie zum Trotz, in der nächsten Generation läuft wieder alles ganz anders. Ihr mittlerer Sohn wäre nach dem Abitur gern für drei Jahre in die israelische Armee eingetreten, mühselig hatte der in einem der Kriege Israels verletzte Vater ihm diese Flausen ausreden müssen. Dennoch steht für den Sohn fest: So bald wie möglich will er nach Israel umziehen.

Inzwischen ist es diese dritte Generation, die intensiv die Geschichten der Großeltern recherchiert. Zum Beispiel Roi Laufmann, der Elitesoldat, der im Gazastreifen gekämpft hatte. Er hatte als Erster der Familie in langen Gesprächen mit seiner Großmutter Liesel Binzer deren Geschichte erkundet und 2010 aufgeschrieben. Noch als Schüler. Die Shoa-Vergangenheit der Großeltern erforschen und Reisen nach Auschwitz – das sind heute feste Bestandteile des Geschichtsunterrichts an israelischen Schulen. Die überwältigende Mehrheit der Schüler versteht diesen Unterricht nicht als ein lästiges Pflichtfach, im Gegenteil, sie sind interessiert und wollen mehr über diese Zeit erfahren. Das ergab eine Umfrage, die die Bar-Ilan-Universität 2007 bis 2009 unter Schülern und Lehrern durchgeführt hat. Zeugenberichte der Shoa-Überlebenden und Reisen nach Polen waren für diese Schüler die wichtigsten Informationsquellen. Drei Viertel aller Schüler gaben an, der Holocaust beeinflusse auch heute noch ihr Weltbild.

Am Ende seines Berichts über die Begegnungen mit der Großmutter schreibt Roi: »Es gibt in Israel einen Kibbuz, der sich zwischen Hadera und Haifa befindet und denen gewidmet ist, die im Konzentrationslager Theresienstadt waren. Dort wurden alle Namen der Juden, die dort gelebt hatten, niedergeschrieben. Dort steht auch der Mädchenname meiner Großmutter Liesel Michel geschrieben ... Von Tausenden von Kindern, die in Theresienstadt waren, haben nur 123 Kinder den Holocaust überlebt. Eines davon war meine Großmutter.«

Aber wie hat er damals die Gespräche mit seiner Großmutter erlebt? Wie hat er diese Informationen verarbeitet? Das hätte ich noch gern von ihm erfahren. Da er sich nach seiner Militärzeit auf eine sieben Monate lange Reise durch Asien begeben hat, treten wir über E-Mail miteinander in Kontakt. Seine Mutter Gabriele vermittelt.

»Auf der einen Seite hat es mich schockiert, auf der anderen Seite aber stolz gemacht, dass meine Großmutter und meine Familie den Holocaust überlebt haben«, schreibt er in einer von seiner Mutter aus dem Hebräischen übersetzten E-Mail, »insbesondere, dass es meinem Urgroßvater, der im Ersten Weltkrieg für Deutschland gekämpft und seine Beine verloren hat, zu verhindern gelang, dass die Nazis ihn in die Gaskammer geschickt haben. Stolz macht mich auch meine Urgroßmutter, die Kartoffelschalen versteckte, damit meine Großmutter und mein Urgroßvater überleben konnten. Und ich bin stolz, dass meine Großmutter, trotz der Schwierigkeiten, ein Kind des Holocaust zu sein, es geschafft hat zu überleben und es sogar geschafft hat, in diesem Zeitraum zu lernen und sich Schulwissen anzueignen.«

In seiner Klasse hatte er seinen Aufsatz den Mitschülern vorgelesen. Über deren Reaktion schreibt er: »Nach der Arbeit, die jeder Schüler machen musste, erinnere ich mich, dass speziell meine Geschichte sehr viel Aufmerksamkeit bekam, man muss wissen, dass mehr als 90 meiner Verwandten ermordet wurden. So etwas gab es bei anderen Schülern nicht. Aber ich glaube, die Hälfte der Schüler meiner Klasse war auf die eine oder andere Weise vom Holocaust betroffen, aber nicht so wie bei meiner Familie.«

Der Holocaust ist nicht nur an israelischen Schulen ein ständig gegenwärtiges Thema. Es begleitet Roi sogar auf seiner langen Reise in die hintersten Winkel Asiens, unabhängig von meiner Anfrage. In seiner E-Mail schreibt er: »Durch meine große Reise in den Osten Asiens, bei der ich so viele Menschen kennengelernt habe, habe ich festgestellt: Alle wissen, dass der Holocaust passiert ist, aber viele haben keine Ahnung, was im Detail passiert ist.«

Das Geld für seine Reise hatte er in einem Dresdner Kaufhaus verdient. Im Spätherbst 2015 war er mehrere Wochen lang durch Deutschland gereist, hatte also die ungebremste Ankunft der Flüchtlinge unmittelbar miterlebt, ebenso in Dresden das Anschwellen der Montagsdemonstrationen von Pegida-Anhängern gegen die offene Flüchtlingspolitik der Regierung. Glaubt er, dass in einem solchen Deutschland der Holocaust noch einmal passieren könnte? Hält er die Rechtsextremen für eine Gefahr? Für Roi gibt es einen Zusammenhang zwischen Holocaust, Flüchtlingen und dem Erstarken des Rechtspopulismus: »Ich denke, dass das Problem der Flüchtlinge die direkte Folge des Holocaust ist. Deutschland wollte der Welt zeigen, dass es Flüchtlingen eine Bleibe bietet, dass es liberal ist und anders als damals. Das Problem ist, dass Deutschland jedem die Möglichkeit geben wollte, nach Deutschland zu kommen, ohne zu überprüfen, wen sie da hereinlassen. Das hat bewirkt, dass radikale Gruppen aktiv wurden und andere Menschen mitreißen konnten wie diese Pegida in Dresden. Aber ich glaube nicht, ich will einfach nicht glauben, dass so etwas wie der Holocaust noch einmal passieren kann.«

8

DIE ZWEITE GENERATION

Von hier oben könne man am besten die Grenze zum Gazastreifen überblicken, hatte Danny Ariel mir erklärt, und
»hoffentlich auch verstehen, welcher Bedrohung unser Kibbuz
ständig ausgesetzt ist. Die da drüben, die hassen uns, und wir
mögen sie auch nicht sonderlich.« Wir stehen auf einem Hügel
und schauen hinüber nach Gaza. Ein kurzer Stopp auf unserem
Weg zum Kibbuz Sa'ad. Menschen jenseits des Grenzzauns kann
man nicht erkennen, in der Ferne gelegentlich ein Auto, das
eine Staubwolke hinter sich herzieht. Im Tal auf unserer Seite
arbeitet dicht an der Grenze zum Gazastreifen eine Planierraupe.
»Wahrscheinlich schütten sie einen neuen Wall auf, um die Feld-
arbeiter zu schützen.« Danny deutet auf den Traktorfahrer, der
auf einem der Felder arbeitet. Wenn er an der Grenze entlang
pflügt, fährt er mit einem seiner Räder fast in Feindesland und
damit gewissermaßen wie auf einem Präsentierteller für Hamas-
Scharfschützen. »Meistens passiert nichts. Aber man muss hier
auf der Hut sein.«

Dieser Grenzabschnitt ist seit dem Unabhängigkeitskrieg 1948
eine unruhige und unsichere Gegend. Auf der einen Seite israelische Siedlungen wie unser Ziel, der Kibbuz Sa'ad, der gerade
mal vier Kilometer von der Grenze entfernt liegt und immer
wieder mit Raketen beschossen oder von palästinensischen
Kämpfern angegriffen wurde. Auf der anderen Seite Felder und
Siedlungen der Bauern im Gazastreifen, den Vergeltungsschlägen

der israelischen Elitetruppen genauso hilflos ausgeliefert wie die israelischen Farmer denen der Scharfschützen aus dem Gazastreifen. Das war in den fünfziger Jahren so, als der schmale Landstreifen entlang des Mittelmeers noch von ägyptischen Truppen besetzt war, und das ist heute immer noch so.

Ein Mahnmal auf unserem Hügel erinnert an einen dieser Vergeltungsangriffe israelischer Spezialeinheiten, an die »Operation Black Arrow«, die im Februar 1955 Überfälle aus dem Gazastreifen beenden sollte. Als Grund für diese kurze, aber äußerst blutige Invasion einer israelischen Spezialeinheit nennt das Denkmal Sabotageakte der ägyptischen Armee und der Palästinenser und die Ermordung unschuldiger Zivilisten. Das Ziel, so ist in den Findling gemeißelt: Besetzung und Zerstörung ägyptischer Armeelager, Angriffe auf ägyptische Einheiten. Das Resultat: acht tote israelische und sechsunddreißig tote ägyptische Soldaten. Mehr Friede? Auch an diesem Frontabschnitt bis heute nicht. Gaza bleibt explosiv trotz Erdwällen, Elektrozäunen und Einsatzkommandos.

Danny weiß das, kennt aber auch keinen Ausweg aus der israelisch-palästinensischen Sackgasse. Statt fruchtlos zu diskutieren, steigen wir wieder in sein Auto und fahren zum Kibbuz Sa'ad. Er ist dort aufgewachsen, arbeitet für eine Bewässerungsfirma und wohnt mit seiner Familie heute im dreißig Kilometer vom Kibbuz entfernten Aschkelon. Unterwegs sind wir zu seiner aus Deutschland stammenden Mutter. Zwischendurch deutet er auf die an manchen Stellen dicht am Gazastreifen entlangschrammenden Eisenbahngleise. »Alles gut gegen Raketenbeschuss geschützt. Jedes Haus hier in der Gegend hat einen eigenen Bunker. Wir müssen immer mit dem Schlimmsten rechnen.« Auch der Kibbuz ist befestigt wie ein Hochsicherheitstrakt, eingezäunt mit meterhohem NATO-Stacheldraht, für jeden Kibbuz-Bewohner ein schnell erreichbarer Bunker. Bei einem Angriff zählen nicht Minuten, sondern Sekunden. Erst im Sommer 2014 war Sa'ad mit Raketen aus dem Gazastreifen beschossen worden. Wieder einmal. Bis einen Kilometer vor dem Kibbuz hatten palästinensische Kämpfer einen Tunnel gegraben, ehe sie von einer israelischen Spezialeinheit entdeckt wurden. »Alle im Kibbuz leben mit dem Gefühl ständiger Bedrohung.« Dort wohnt Ines Ariel, die am 10. Mai 1930 als Inge Grünewald in Frankfurt am Main zur Welt gekommen war.

Mutter Ines und ihr Sohn Danny. In Frankfurt hatte ich sie kennengelernt, als die »Initiative Stolpersteine« eine dieser kleinen quadratischen Gedenktafeln aus Messing vor dem Geburtshaus von Ines Ariel im Frankfurter Musikantenweg verlegte. Für Ines war das eine späte Genugtuung, eine Anerkennung ihres Leidens und vor allem des Leids ihres Vaters, der 1944 im Ghetto Theresienstadt ermordet worden war. Ihr Leben hatte er gerettet, auch das seines Sohnes, sein eigenes dadurch aber verloren. Die Erinnerung an ihn schmerzt Ines heute immer noch: »Er war ein so guter Vater. Er hat mehr an seine Kinder gedacht als an sich selber.«

Der 25. Dezember 1939. Nazi-Deutschland feiert die erste Weihnacht des Zweiten Weltkriegs, und auch wenn der schon fast vier Monate lang tobt, herrscht Frieden in den Häusern und Gassen, die Kinder glücklich, die Väter, Mütter und Großeltern stolz auf das, was Deutschland in diesem Jahr vollbracht hat. Für die Familie Grünewald aber ist es ein grausamer Tag. An diesem Morgen nämlich hat Julius Grünewald seine neunjährige Tochter Inge zusammen mit ihrem Cousin Leo zum Frankfurter Bahnhof gebracht. Die beiden sollen mit dem Zug nach Hamburg fahren, um sich dort auf den Passagierdampfer *Conde Grande* nach Uruguay einzuschiffen. Eine Rettung im letzten Augenblick. In Uruguay lebt seit 1936 Inges sieben Jahre älterer Stiefbruder Eduard bei Verwandten, die auch sie aufnehmen wollen. Ihnen hat der Vater seine Tochter in einem Brief ans Herz gelegt. Nach ihrer Abreise schreibt er: »Ich hoffe, dass die Reise gut verläuft und beide wohlbehalten bei Euch ankommen. Inge ist sehr gut ausgestattet und wird in der nächsten Zeit nichts gebrauchen.

Sollte sie Heimweh bekommen, dann müsst Ihr sie auf andere Gedanken bringen. Vorläufig danke ich Euch für die Bemühungen und herzliche Grüße Julius.« Mit Tränen in den Augen verabschiedete sich der Vater von den beiden. Diesen Anblick wird Ines nie vergessen.»Ja, es war schrecklich. Ich habe geahnt, dass ich ihn nicht wiedersehen werde. Ich konnte nicht ans Abteilfenster gehen, um ihm zuzuwinken, als der Zug aus dem Frankfurter Bahnhof fuhr. Ich hatte es geahnt, dass dies ein Abschied für immer sein wird.« Die Zeit danach ist nur in Briefen festgehalten. Die meisten von Frankfurt nach Montevideo, nur wenige Antworten der kleinen Inge oder ihrer Verwandten in Uruguay sind noch erhalten.

Noch 1940 hoffte der Vater, sein Leben retten und ebenfalls nach Südamerika auswandern zu können. Am 10. Januar 1940 schrieb er seinen Verwandten:»Meine Lieben ... wir haben uns erkundigt und können hier nur etwas unternehmen, wenn von Euch ein diesbezüglicher Antrag bei der Regierung gestellt und nach Hamburg weitergegeben ist.« Im selben Brief berichtet er, dass er in ein Einzelzimmer in die Hans-Handwerker-Straße 67 umziehen werde, eine Straße, die die Nazis umbenannt hatten zur Erinnerung an den 1932 bei einem Straßenkampf erschossenen SA-Mann dieses Namens. Warum Julius Grünewald plante, in dieses mehrheitlich von jüdischen Familien bewohnte Haus umzuziehen, schreibt er nicht. Sicherlich schweigt er sich darüber auch aus, weil er die Kinder nicht beunruhigen will. Möglicherweise ist er gezwungenermaßen in dieses Haus umgesiedelt, weil Frankfurter Behörden die jüdische Bevölkerung auf wenige Stadtteile konzentrieren wollten. Eine Art frühe Ghettobildung. Auf den Briefumschlägen erfährt man noch einen anderen Grund für sein Schweigen. Jeder noch erhaltene Briefumschlag ist mit dem Vermerk »geöffnet. Oberkommando der Wehrmacht« abgestempelt, hat also die Zensur passieren müssen.

Ein Dreivierteljahr später, am 10. September 1940, hofft er immer noch. Er schreibt an den »lieben Eduardo« und die »liebe

175

Inge«: »Der Konsul [von Uruguay] sagte, dass es nun nur an der Kaution liegen würde, um die Sache perfekt zu machen.« Wie hoch die Kaution ist und ob er überhaupt Geld hat, sie zu bezahlen, erwähnt er nicht. Der Satz klingt wie ein Hilferuf, der aber offenbar nicht gehört wird. Auch dieser Brief schließt wieder mit den fürsorglichen Ermahnungen eines besorgten Familienvaters, die beiden mögen doch bitte fleißig lernen, brav sein und sich keine Sorgen machen. Inge bittet er noch, ihm doch einmal ausführlich zu schreiben über ihr Leben in Montevideo. Da hat ein Vater offenkundig Sehnsucht nach seiner Tochter.

Die von ihm erwähnte Bürgschaft aber scheint nie bezahlt worden zu sein. Danny Ariel, nach dieser Kaution gefragt, antwortet nur, es handle sich um eine schmerzliche Familienangelegenheit, die bisher nie wirklich diskutiert worden sei. Julius Grünewald jedenfalls muss in Frankfurt bleiben bis zum Sommer 1942.

Im September 1942 bekommen Tochter Inge und Sohn Eduardo in Montevideo eine letzte Nachricht von ihrem Vater. Die Botschaft selbst abschicken kann er nicht mehr. Der DRK-Auslandsdienst hatte beim Internationalen Roten Kreuz in Genf den Antrag gestellt, sie den Kindern zu übermitteln. Als Absender vermerkt das amtliche Formular des Roten Kreuzes in Berlin Julius Israel Grünewald, als letzter Wohnort ist die Elkenbachstraße 6 in Frankfurt angegeben, als Empfänger genannt ist Eduardo Grünewald, Montevideo. Folgenden kurzen Inhalt übermittelt das IRK von Genf nach Uruguay: »Ingelieb sei folgsam, lerne tüchtig. Ida's Mutter im Altersheim. Alles Gute – herzliche Grüße-Küsse Vater«. Keine Andeutung der bevorstehenden Ereignisse.

Geschrieben hatte er diese Nachricht möglicherweise schon am 5. August 1942. Am 2. September, fast einen Monat später, scheinen die Kinder laut einem Stempel auf dem Rote-Kreuz-Formular die Nachricht bekommen zu haben. Einen Tag zuvor, am 1. September, wurde Julius Grünewald zusammen mit 553 anderen Juden aus Frankfurt und Umgebung in das Konzentrationslager Theresienstadt verschleppt. Dass er Idas Mutter im Altersheim erwähnt, sollte die Kinder vielleicht beruhigen, tatsächlich war dieses jüdische Heim in Frankfurt ab August 1942 eine der Sammelstellen der Gestapo, in denen sich alle zur Deportation bestimmten Juden einfinden mussten. Sein Hinweis, Idas Mutter sei im Altersheim, bedeutet also, dass auch sie deportiert worden ist.

»Ich habe lange nicht gewusst, wie schlimm es wirklich war in Theresienstadt.« Ines' Augen füllen sich mit Tränen bei der Erinnerung an ihren Vater. »In Montevideo haben mir meine Verwandten gesagt, das sei nur zu seinem Besten. Es ginge ihm gut da, er sei geschützt, ihm könne nichts passieren.« Heute weiß sie es besser, nachdem sie Bücher über das Konzentrationslager gelesen hat. Und sie weiß, einundzwanzig Monate nach seiner Einlieferung starb ihr Vater in Theresienstadt, vermutlich an Entkräftung und Krankheit.

Die sechsundachtzigjährige Ines Ariel sitzt zusammengesunken in ihrem Ohrensessel. Es fällt ihr heute noch schwer, über diese Zeit zu reden. Danny hält sich im Hintergrund als ihre Stütze und ihr Ratgeber. Immer wieder dreht sie sich fragend zu ihm um.

Der Kibbuz Sa'ad wurde für sie zu einer Gemeinschaft, die sie nach den traumatischen Erfahrungen in Frankfurt und in Montevideo auffing und ihr Halt gab, das Archiv der Siedlung hat ihre Geschichte und die der anderen Holocaust-Überlebenden aufgezeichnet, die hier ihre neue Heimat gefunden haben. Doch heute steht sie mit der Kibbuz-Leitung auf Kriegsfuß, fühlt sich schlecht behandelt; normalerweise muss jeder Bewohner Geld, das er bekommt, in die Gemeinschaftskasse einzahlen, auch als Rentner, selbst wenn er es als eine Wiedergutmachungsrente aus Deutschland bezieht wie Ines. »Wir sehen nicht ein, warum wir das abgeben sollen«, sagt sie. Danny erzählt noch eine Geschichte, die zeigt, wie die gemeinschaftlichen Vorteile eines Kibbuz in persönliche Nachteile umschlagen können. Als Ines in den fünfziger Jahren ihren Anteil an der Wiedergutmachung ausgezahlt bekam, wanderte dieses Geld sofort in den Kibbuz-Fonds, selbst das Geld, das ihr die Möglichkeit geben sollte, eine Ausbildung nachzuholen. Überlebende in anderen Kibbuzim erzählen von ähnlichen Erfahrungen.

Dass die Briefe heute im Archiv von Yad Vashem aufbewahrt werden, dafür hat Danny Ariel gesorgt. Seine Eltern hatten, wie die meisten Überlebenden der Shoa, mit ihren Kindern erst sehr spät über das Erlebte gesprochen. »Doch es war immer da. Von Anfang an. Wir hatten keine Großeltern, während die anderen in den Ferien zu ihren Großeltern fahren konnten oder von denen zum Geburtstag Geschenke bekamen. All das war bei uns nicht der Fall. Die anderen Kinder verspotteten uns manchmal, weil wir keine Großeltern hatten und auch nicht erklären konnten, warum nicht. Die Holocaust-Opfer wurden anfangs verachtet, weil sie schwach gewesen waren, das war auch hier im Kibbuz so.« Die Erlebnisse der Mutter und ihrer Familie waren so etwas wie das Grundrauschen in Dannys Leben, ein Hintergrundgeräusch, dessen Quelle er lange Zeit nicht feststellen konnte.

Außerdem hatte er als Kind wenig Gelegenheiten, überhaupt Fragen zu stellen. Denn er lebte damals, wie alle Jugendliche eines Kibbuz, praktisch vom ersten Tag nach seiner Geburt an getrennt von seinen Eltern. »Er kam direkt vom Krankenhaus ins Kinderhaus«, erinnert sich Ines. »Alle paar Stunden bin ich dorthin zum Stillen gegangen. Auch nachts waren die Kinder nicht bei uns.« Spätere Stationen innerhalb des Kibbuz waren dann verschiedene Jugendhäuser, immer zusammen mit Gleichaltrigen. Gemeinsames Spielen und Arbeiten, Essen, Lernen und Schlafen war für ihn bis zu seinem achtzehnten Lebensjahr Alltag. Aus den Kindern sollten starke und mutige Israelis werden, immer bereit, ihr Land zu verteidigen. So verbrachte er die ersten achtzehn Jahre seines Lebens, ehe er zum Militär eingezogen wurde. Seine Eltern erlebte er nur bei seinen Besuchen. Während der knapp bemessenen Zeit, die er in ihrem Häuschen zubrachte, interessierte er sich daher für andere Themen als für ihr tragisches Leben.

Heute kennt er es. Als seine Mutter Ines Ariel im Oktober 2014 fünfundachtzig Jahre alt wurde, begann er auf eigene Faust mit den Recherchen. »Ich weiß nicht«, »Niemand hat mir etwas erzählt«, »Ich kann mich nicht erinnern« – so lauteten selbst damals noch die Antworten seiner Mutter. Den Schmerz und die Erinnerung an ihren Vater hatte sie irgendwo in sich eingekapselt. Die wiedergefundenen Briefe ihres Vaters, die all die Jahre unbeachtet und ungelesen in einer Schublade gelegen hatten, waren für sie dann der letzte Anstoß, ihr eigenes Schweigen zu brechen. Erst durch seine Nachforschungen in Yad Vashem und in Frankfurter Archiven erfuhr Danny, dass die meisten Verwandten seines Vaters und seiner Mutter in Konzentrationslagern ermordet worden waren. Ines' Bruder Eduardo, der von Montevideo in einen anderen Kibbuz umgezogen war, schwieg über das Erlebte bis zu seinem Tod. Deutschland zu besuchen, weigerte er sich. Ohnehin stieß Danny auf Unverständnis bei vielen Kibbuzniks in Sa'ad, wenn er mit seiner Familie nach Deutschland reisen wollte, selbst seine Recherchen in Frankfurt empfanden viele als Tabubruch. »Ich erinnere mich an einen Überlebenden, der aus Polen stammte und im Kibbuz lebte, der lehnte jeden Kontakt mit Deutschland ab und versuchte, uns Jüngere unter Druck zu setzen. Und auch die Familie meines Onkel Eduardo weigerte sich, mich bei meinen Recherchen zu unterstützen.«

Dennoch begann er, die verschüttete Vergangenheit seiner Eltern und Schwiegereltern auszugraben, Schicht um Schicht. Diese so lange nicht erzählten Geschichten waren zweifellos eine schwere Last für die Überlebenden, aber zunehmend auch für deren Kinder. So erzählt seine Frau Elena, von Beruf Lehrerin in Aschkelon und selbst Tochter von Überlebenden, als sie nach einem gemeinsamen Essen die Reste einpackt: »Ich durfte nie Essen wegschmeißen. Meine Mutter drohte mir. Wenn du jemals so sehr gehungert hättest wie wir, dann würdest du das nicht tun. Meine Mutter hatte immer zwei überquellend gefüllte Kühlschränke zu Hause. Außerdem hatte sie in einer Vorratskammer derartig viele Konserven gestapelt, als könne jederzeit wieder eine Katastrophe ausbrechen.« Ihre Mutter hatte Auschwitz, den Todesmarsch und Bergen-Belsen überlebt.

Bis mittags reden wir, Ines, Danny und ich. Noch immer bleiben Fragen offen, doch die Siebenundachtzigjährige ist erschöpft. Nach dem Mittagessen im Speisesaal des Kibbuz sind wir mit anderen Kibbuz-Mitgliedern verabredet. Im »Memorial Room«, im Raum der Erinnerung. Bei Nescafé und Keksen sitzen wir an einem Tisch. Sie alle sind Angehörige der zweiten Generation, also Söhne und Töchter von Überlebenden des Holocaust.

Über diese zweite Generation sagen Fachleute, sie schleppe genauso ein Trauma mit sich herum wie die Überlebenden selbst, es sehe nur anders aus. Der Psychiater Natan P.F. Kellermann nennt in seinem Buch *Holocaust Trauma* unter anderem folgende typische Symptome, die er bei Angehörigen der zweiten Generation beobachtet hat: »Panik- und Angstattacken sind sehr verbreitet unter den Kindern von Holocaust-Überlebenden«, ebenso »übertriebene Familienbindung oder übersteigerte Unabhängigkeitswünsche und Schwierigkeiten beim Einlassen auf intime Beziehungen«; »Kinder übernehmen ihren Eltern gegenüber die Rolle von Eltern«, »sie verinnerlichen das Leid ihrer Eltern und werten eigenes Leid ab, weil sie es mit dem der Eltern vergleichen«.

Auch der amtierende Leiter der Hilfsorganisation AMCHA, der Psychiater Martin Auerbach, erklärt bei unserem Gespräch im November 2015, das Verhältnis dieser zweiten Generation zu ihren überlebenden Eltern sei häufig von Sprachlosigkeit geprägt: »Die Eltern wollen ihre Kinder mit ihren Geschichten nicht belasten, sie schonen, um ihnen ihre Zukunft nicht zu verbauen. Wenn die Eltern untereinander über das Erlebte reden, dann vielleicht auf Jiddisch, wenn sie überhaupt reden. Die Kinder sollen sie nicht verstehen. Bei den Kindern kommt an, die Eltern verbergen ein fürchterliches Geheimnis vor uns, ohne zu erfahren, was sich hinter dieser dunklen Wand verbirgt. Diese Lücke füllen die Kinder mit eigenen Phantasien. Der Schriftsteller David Grossman schafft in einer seiner Erzählungen ein gutes Beispiel. Ein derartig geprägter Junge glaubt, im Keller lebe ein Gespenst, das dort schlimme Dinge macht.« Schweigen, so erklärt der AMCHA-Psychiater, könne also auch eine Form des Mitteilens sein, das die Kinder zu entziffern versuchen, um die darin verborgenen Botschaften zu erkennen. Ein anderer Psychiater hat Schweigen sogar einmal als die Sprache der Überlebenden bezeichnet.

Und wenn sie dann endlich Bescheid gewusst hätten, sei es ihnen oft schwergefallen, sich als Erwachsene von den Eltern zu lösen, sie allein zurückzulassen. »Viele litten unter der Vorstellung: Was immer ich für die Eltern tue, es reicht nicht aus; denn ich kann das erfahrene Leid nicht wiedergutmachen. Oft bekamen die Kinder Überlebender die Namen ermordeter Verwandter. Das wurde ihnen auch gesagt: Du heißt Sara wie deine in Auschwitz ermordete Großmutter. Sie waren dann so etwas wie lebende Erinnerungskerzen.« Achtzehntausend Patienten werden von dem Psychiater Martin Auerbach und seinem Team behandelt. Mehr als drei Viertel davon sind unter Traumata leidende Überlebende, die meisten über achtzig Jahre alt. Hitlers Vernichtungspolitik vergiftet auch heute noch ihr Leben, aber auch das von Angehörigen der zweiten Generation.

Zum Beispiel Adina Grinfeld. Sie überrascht mich mit dem Satz: »Ich bin eine Holocaust-Überlebende.« Macht eine Pause, wartet ab, wie der Satz auf mich wirkt, dann erklärt sie: »So fühle ich mich. Ich kann Essensreste nicht aushalten, genau wie es meine Mutter auch nicht konnte. Teller müssen bei mir leergegessen werden, wie es meine Mutter mir immer befohlen hat. Ich habe immer vermieden, etwas zu tun, das meine Eltern verärgern könnte. Ich wollte ein gutes Mädchen sein, um ihnen das Leben zu erleichtern, schließlich waren sie Holocaust-Überlebende.« Wenn ihr Vater sie um Hilfe bat, dann gehorchte sie sofort, ließ alles stehen und liegen. Kein Widerspruch, alle eigenen Pläne sofort zurückstellen, Freunde allein lassen, der Vater geht vor. Schließlich ist er ein Überlebender. So die zermürbende Selbstverpflichtung ihres Lebens, die fast zur Selbstvernichtung geworden wäre.

Schon als Sechsjährige hatte sie es sich zur Aufgabe gemacht, nur für ihre Eltern da zu sein. Nichts sollte ihnen das Leben schwerer machen als eben notwendig. »Mit sechs bin ich auf dem Nachhauseweg von der Schule unter einen Lastwagen geraten und war verletzt, das Blut lief in Strömen. Weißt du, was ich den Ärzten im Krankenhaus gesagt habe? Ich muss nach Hause. Die Betten müssen gemacht und das Geschirr gespült werden, bevor meine Eltern von der Arbeit kommen. Das habe ich gesagt. Sechs Jahre alt war ich damals.« Sie schaut mich an, als wollte ich es nicht glauben, und setzt gleich noch hinzu: »Ich bekam damals von einem Onkel einen kleinen Hocker, auf den ich mich am Spülbecken stellen konnte, wenn ich den Abwasch gemacht habe. Ich war ja noch klein. Um sechs Uhr abends musste alles fertig sein. Dann kamen meine Eltern nach Hause.« Wie steht sie heute zu dieser schon fast zwanghaften Selbstaufopferung? Sie wundert sich über die Frage: »Was hätte ich sonst tun sollen? Schon als Teenager habe ich mich als Überlebender gefühlt, hab mich mit den Geschichten meiner Eltern identifiziert, als hätte ich sie selber erlebt.«

Beide hatten Auschwitz, Arbeitslager, Todesmarsch und Bergen-Belsen durchlitten. Beide waren vor dem Krieg verheiratet gewesen, hatten Kinder gehabt. Am Ende des Krieges hatten beide alles verloren, Ehepartner, Kinder und die meisten Verwandten. Der Vater hatte zusehen müssen, wie drei seiner Kinder in einem Gaswagen ermordet wurden. Die Mutter war aus dem »Ghetto Litzmannstadt« (Łódź) zusammen mit ihrer ganzen Familie nach Auschwitz deportiert worden. Von ihr, die von dort aus in verschiedene Arbeitslager verschleppt wurde, hat sie als Einzige überlebt.

»Meine Eltern haben jeden Schabbat einen Kiddusch angeboten, also einen Imbiss mit Segensspruch nach dem Vormittagsgottesdienst. Bis ins hohe Alter. Meine Mutter hat mich gebeten, ihr bei der Vorbereitung zu helfen. Auch als ich schon aus dem Haus war und eine eigene Familie hatte, hat sie angerufen. Und während wir kochten, hat sie mir Geschichten aus dem Ghetto Lodz und aus den Konzentrationslagern erzählt. Deswegen weiß ich alles von meiner Mutter. Mein Vater hat nichts erzählt von seiner Familie.« Es war der blanke Horror, mit dem die Mutter die Sechzehnjährige konfrontierte, während sie in der Küche zusammen das Schabbat-Essen vorbereiteten.

Zum Beispiel das Schicksal der Frau, mit der sie als KZ-Gefangene in einer Munitionsfabrik arbeitete. Sie hatte längere Haare als erlaubt und geriet mit ihnen in das Gewinde einer Maschine. Niemand konnte ihr helfen, sie selbst konnte sich auch nicht befreien, die Maschine skalpierte sie. Sie starb, weil ihr jede ärztliche Hilfe verweigert wurde. Doch jedes Mal, wenn die Mutter solche Schreckensgeschichten erzählte, so Adina, habe sie versucht, ihnen auch gleich die Spitze zu nehmen und sie ins Bessere zu wenden. »Sie sagte nämlich: Jetzt ist es gut, es ist alles vorbei. Wir leben in einer wunderbaren Umgebung. Uns geht es jetzt gut.« Und dennoch verfolgten diese Küchengeschichten am Schabbatmorgen sie ein Leben lang: »They were like a scratch in my life«, sagt sie auf Englisch, sie waren wie eine Schramme in ihrem Leben, die heute noch schmerzt.

Ganz anders ihr Vater. Er konnte nicht reden; fragte ihn jemand, wurde er barsch und wandte sich ab. Dafür musste sie schon als kleines Mädchen erleben, welche Gespenster aus seiner Vergangenheit ihn jede Nacht heimsuchten und quälten. »Während meiner ganzen Jugend brüllte er Nacht für Nacht. Gellende Schreie. Jede Nacht. Bring sie weg, rief er. Helft mir bitte, bitte helft mir. Irgendetwas muss ihn gejagt haben. Hunde vielleicht, die SS-Leute auf ihn hetzten. Jede Nacht kämpfte er. Ich habe seine Schreie heute noch in den Ohren.« Wenn Mutter und Tochter versuchten, den Schlafenden in seinem Angsttraum zu beruhigen, schlug er um sich. Erwachte er nach einiger Zeit, meist schweißgebadet, dann schickte er Tochter und Mutter weg: »Lasst mich in Ruhe; es ist nichts. Alles ist in Ordnung.«

»Ich habe damals wenig verstanden. Ich war aber immer unter Druck. Ich habe nicht gefragt, ich habe mich nicht zur Wehr gesetzt, bin noch nicht einmal in Jugendlager mitgefahren, weil meine Eltern das nicht wollten. Sie hatten eine panische Angst, dass mir etwas zustößt. Und wenn sie die Reisen verboten haben, habe ich mich gefügt.«

Auch gewalttätig hatte Adina ihren Vater erlebt, zum Beispiel, wenn er seinen Willen nicht durchsetzen konnte. Er sei nicht schlecht gewesen, ihr Vater, verteidigt Adina ihn heute, aber seine heillose Reizbarkeit habe sie kaum aushalten können. »Wenn ich zum Beispiel einen Teller an einer Stelle auf dem Tisch deckte, wo er ihn nicht haben wollte, macht er sofort Krach. ›Warum legst du es da ab, tu es hierher!‹, schrie er. Er liebte uns, konnte es uns aber nicht zeigen.«

Während sich Adina dem Diktat des Vaters anzupassen versuchte, probte ihr Bruder den Aufstand gegen diese Tyrannei, lief weg und machte Schwierigkeiten, bis die Eltern ihn in ein Internat bei Haifa steckten, weit fort also von zu Hause. Sie dagegen unterwarf sich den beiden Überlebenden, lebte selbst wie eine Gefangene im Haus ihrer Eltern. »Ich musste für sie da sein. Aber ich war wie angekettet.« Kein Ausgang, kein Tanzen, kein Vergnügen, und wenn einmal, dann nur unter strengsten Auflagen. Jeder Schritt wurde vom Vater kontrolliert aus Sorge, ihr könne etwas zustoßen.

Als sie sechzehn wurde, erhielt sie endlich von ihrem alles kontrollierenden Vater die Erlaubnis, mit Freunden ein Open-Air-Konzert zu besuchen. »Um elf Uhr nachts musste ich aber wieder zu Hause sein. Keine Minute später, hatte mir mein Vater gedroht.« Natürlich kam es, wie es kommen musste. Ihre Armbanduhr blieb stehen, es regnete in Strömen, und sie verpasste zwei Busse. Es war schon nach Mitternacht, als sie endlich völlig durchnässt und in großer Panik zu Hause ankam. Bis zum Haus hatte ein Freund sie begleitet. Als der aber den wütenden Vater schreien hörte, nahm er Reißaus.

»Mir war die ganze Zeit klar, dass mein Vater durchdrehen wird. Es war aber noch viel schlimmer, als ich es mir vorgestellt hatte. Er schrie, er tobte. Dann nahm er einen Holzstuhl und zerschlug ihn auf meinem Kopf. In dem Augenblick bekam er einen Herzanfall, stürzte zu Boden und musste sofort ins Krankenhaus gebracht werden.« Und wieder war sie es, die sich verantwortlich fühlte für den Zusammenbruch ihres Vaters, schließlich war er ja in einem Konzentrationslager gewesen, da musste man alles entschuldigen, selbst die Kopfverletzungen, die er ihr zugefügt hatte: »Ich wusste ja nicht, ob er noch lebt. Wenn er gestorben wäre, wäre ich schuld gewesen. Das war damals meine Vorstellung.« Am nächsten Morgen bekommt sie in der Schule einen hysterischen Anfall, schreit, wirft sich auf den Boden. Sie kann nicht mehr, eine Krankenschwester muss sich um sie kümmern. Sie beruhigt sich erst, als sie hört, dass ihr Vater nicht gestorben ist und wieder nach Hause kommt.

»Mein Vater war manchmal ein Traum von einem Menschen, liebevoll, selbstlos, ein Familienmensch. Aus diesem Traum konnte aber sehr schnell ein Albtraum werden. Er hat immer in dem Wahn gelebt, der Holocaust könne jederzeit zurückkommen, und er sei ihm dann hilflos ausgeliefert. Diese Angst hat ihn nie losgelassen.«

»Wann hast du dich dann von deinen Eltern getrennt und bist ausgezogen?«

Meine Frage irritiert Adina. Sie macht eine Pause, die nicht enden will, es ist ein Innehalten, fast so, als hätte sie schon viel zu viel erzählt, jedenfalls mehr, als ich wissen soll, als sei jetzt alles gesagt, was ich hören darf. Doch dann fährt sie fort: »Eigentlich habe ich mich nie von ihnen getrennt.« Sie flüstert diese Sätze, als seien sie ein heikles Eingeständnis. »Selbst als ich ausgezogen bin und später geheiratet habe, habe ich sie fast jeden Tag besucht.« Auch nachdem der Vater 1993 gestorben war, blieb sie noch eine ganze Weile in der Gegend. Dann aber zog sie mit ihrer Familie so weit weg, wie es eben ging. Sie siedelten nach China um.

Erst nach dem Tod der Mutter 2009 beschloss Adina mit ihrer Familie, sich dem Kibbuz nahe der Grenze zum Gazastreifen anzuschließen. Hätte ihr Vater dies noch mitbekommen, wäre er vermutlich in einen Zustand von Panik, Verzweiflung und Jähzorn geraten. Eine nicht begründbare Angst, geliebte Menschen zu verlieren, ist ein verbreitetes Symptom unter Überlebenden der Shoa. Schließlich haben sie, wie Adinas Vater, als junge Menschen genau diese Erfahrung machen müssen, als in Auschwitz ihre Familien ermordet wurden. Solches Leid wollte er nicht noch einmal ertragen müssen, schließlich quälte ihn sein Leben lang die Vorstellung, der KZ-Terror könnte zurückkehren und nicht nur ihn, sondern auch seine neue Familie auslöschen. Der Ausbruch von Zorn und Brutalität, mit denen er seine Tochter abstrafte, zeigt seine Ohnmacht gegenüber den eigenen Ängsten, und der zerbrochene Stuhl verdichtet sich aus dieser Perspektive zu einem Sinnbild für sein im KZ zerbrochenes Inneres. Seine Tochter wollte er vor der Gewalt der Welt schützen, vor einem neuen Holocaust, notfalls mit roher Gewalt. »Ich will doch nur dein Bestes«, so hat er seine Brutalität Adina gegenüber immer wieder gerechtfertigt, sich aber nie entschuldigt, dafür jedoch ihr manchmal kleine Wiedergutmachungsgeschenke mitgebracht. »Er hatte Angst um mich, deswegen war er so verzweifelt. Er liebte mich panisch, konnte mir aber seine Liebe nicht zeigen.« Adina hat, so sagt sie selbst, ihr Leben lang um die Zuneigung ihres Vaters gekämpft. Ohne Erfolg.

Andere Kibbuzniks der zweiten Generation, die mit uns im Raum der Erinnerung des Kibbuz Sa'ad zusammensitzen, bestätigen, dass auch in ihrer Kindheit die Eltern nicht geredet haben, egal wie schlimm die Erfahrungen gewesen sein mochten. Andeutungen vielleicht, aber kein Erklären. »Sie haben geflüstert, wenn sie darüber sprachen. Wir sollten nichts hören. Wir Kinder sollten wohl geschont werden«, glaubt Sandi Friedman, deren Eltern Auschwitz überlebt haben. »Außerdem wollten meine Eltern mit der Vergangenheit abschließen und vergessen, um in Israel neu anzufangen.« Allerdings blieb dieser Neubeginn auch in ihrem Fall überschattet von der Vergangenheit. Mochte sie oder eines ihrer Geschwister den Teller nicht leer essen, bekamen auch sie sofort die Ermahnung der Mutter zu hören: »Was auf dem Teller ist, wird aufgegessen! Im KZ hatten wir gar nichts zu essen.« Oder die Sache mit der Banane. Sandi erzählt: »Wenn es Bananen gab, dann teilte meine Mutter eine einzige Banane in sechs Stücke, und jedes Kind bekam eines. Sie aß am Ende die Schale der Banane.« Lange Zeit konnte sich Sandi das sonderbare Verhalten der Mutter nicht erklären. Heute ahnt sie den Grund. Die Mutter hatte in Verstecken in Ungarn überlebt und dort ihre spärlichen Rationen immer sorgsam einteilen müssen.

Fast alle Angehörigen der zweiten Generation haben zwar im Schulunterricht von Gaskammern und Verbrennungsöfen, von Todesmärschen oder Vernichtung durch Arbeit gehört, aber eher in Form historischer Fakten und Zahlen, ohne Bezug zu den Lebensgeschichten der eigenen Eltern. Die Vernichtung der Juden durch die Nazis ist seit 1953 Bestandteil des Lehrplans israelischer Schulen, doch beschränkte sich dieser Unterricht lange auf die Vorbereitung des jährlichen Holocaust-Gedenktags im Frühjahr. An diesem Tag mahnt eine Sirene die Menschen, für eine Minute innezuhalten und sich der Ermordeten zu erinnern. Erst Ende der sechziger Jahre, so der israelische Historiker Tom Segev in seinem Buch *Die siebte Million*, stellte das Erziehungsministerium den Unterricht um. Nun sollte nicht mehr der Massenmord in abstrakten Daten der Schwerpunkt sein, sondern einzelne Schicksale sollten im Unterricht besprochen werden.

»Nicht die Erfahrung des gesamten Volkes stand nunmehr im Vordergrund, sondern die Tragödie des Individuums«, schreibt Segev. 1980 verfügte das Erziehungsministerium schließlich, dass der Holocaust sowohl in der Grundschule als auch auf dem Gymnasium obligatorische Unterrichtseinheit zu sein hat. Reisen von Schulklassen nach Auschwitz gehörten fortan zum festen Lehrprogramm der Schulen. Die dritte Generation, also die Enkel der Überlebenden, dürften sich heute besser in diesem Kapitel jüdischer Geschichte auskennen als ihre Eltern, zumal es in Schulen zu den Hausaufgaben gehört, die Geschichten der eigenen Großeltern zu recherchieren.

Wenn sie denn reden. Zuletzt hatte ich im Kibbuz Sa'ad ein langes Gespräch mit der Holocaust-Überlebenden Jutta Chanes, geboren 1931 in Berlin, und ihrer Tochter Rosie Weisel, 1953 in Paris geboren und in den USA aufgewachsen. Eine Stunde lang hatten Rosie und ich versucht, von Jutta Chanes Einzelheiten über ihre Gefangenschaft in einem KZ im rumänischen Transnistrien zu erfahren. Es blieb bei Andeutungen. Meistens antwortete sie, sie könne sich nicht mehr erinnern. Dann beendete die alte Dame energisch das Gespräch: »Auch heute will ich nicht erzählen. Ich weiß nichts und will auch nichts wissen.« Dabei schaute sie Rosie und mich verärgert an, und ehe sie uns aus ihrem Haus komplimentierte, kündigte sie noch an: »Heute Nacht werde ich Albträume haben, weil ich über die Geschichte gesprochen habe.« Dabei hatte sie gar nichts gesagt.

Nur beiläufig erinnerte Rosie während des Gesprächs daran, dass ihre Mutter vor sechs Jahren ihre Leidensgeschichte einem Arzt anvertraut hatte – das erste Mal, dass sie überhaupt darüber geredet habe. Als Neunjährige sei sie in ein Kinder-KZ in der zwischen Moldawien und der Ukraine gelegenen Region eingeliefert worden, hatte sie ihm erzählt, und in diesem Kinderlager habe sie die nächsten vier Jahre verbringen müssen bis zu ihrer Befreiung durch die Rote Armee. Selbst diese Befreiung wurde für sie zum Albtraum, das war aber auch schon das Einzige, was sie uns über ihr KZ-Leid erzählte; die Soldaten hätten versucht, die nur noch aus Haut und Knochen bestehende Dreizehnjährige zu vergewaltigen, außerdem litt sie an Gelbsucht. Jungen aus dem Lager hätten den Mädchen geholfen. Mehr hatte sie auch dem Arzt nicht preisgegeben, wie Rosie von ihm erfahren hat.

Also auch von uns lässt sich Jutta Chanes nicht überreden, mehr zu erzählen. Die KZ-Erlebnisse bleiben irgendwo tief in ihr vergraben. Wer der Fünfundachtzigjährigen gegenübersitzt, spürt, dass die vier Jahre im Lager sie hart gemacht haben; man sieht in ein Gesicht, das keine Schwäche duldet, die Mundwinkel nach unten gezogen, das Kinn nach vorn geschoben, die Schärfe der Stimme lässt kaum Widerspruch zu. Am Ende eines jeden Satzes schwingt die unausgesprochene Frage mit: Bist du etwa anderer Meinung? Will sie einen Satz, ein bestimmtes Wort besonders unterstreichen, dann klopft sie mit ihren spitzen Fingernägeln auf die Tischplatte. Jutta Chanes, auch heute noch: ein Mensch, der vermutlich mehr vom Überleben versteht als vom Leben.

Als das Rote Kreuz nach der Befreiung Juttas Mutter aufgespürt hatte, stellte diese sich ihrer Tochter vor, als die beiden sich in dem Lager gegenüberstanden: »Guten Tag, Jutta, ich bin deine Mutter.« Doch Jutta hatte im Lager vergessen, dass sie eine Mutter hatte, hatte sogar vergessen, wer sie selbst war, wusste nicht einmal mehr ihren Namen. Fast gleichgültig antwortete sie damals: »Gut, ich habe nichts dagegen, dann bist du eben meine Mutter.«

»Ich hätte damals jede Frau als meine Mutter angenommen, mir war es egal. Ich war ja allein«, erklärt Jutta Chanes bei unserem Gespräch fast tonlos. Es klingt, als habe das Lager ihre Seele taub gemacht.

Aus der 1953 geborenen Rosie wurde ein Schlüsselkind. Die Eltern arbeiteten vierzehn Stunden am Tag, um sich eine Existenz in den USA aufzubauen, die Mutter hatte zwei Jobs, der Vater drei. Zeit für Fragen gab es da kaum. So weit wie möglich überwachten die Eltern jeden Schritt ihrer Tochter. Statt tanzen zu gehen wie ihre Schulfreundinnen, musste sie jeden Freitagabend zum Gottesdienst in die Synagoge. Jungs waren tabu. Den Mann aussuchen wollten die Eltern. Religiös musste er sein, das war das Wichtigste. Der Schabbat gehörte der Familie, schließlich war dies der einzige Tag, an dem Eltern und Tochter Zeit füreinander hatten. »Eigentlich war ich rebellisch und wollte mich dem nicht fügen. Aber meine Eltern zwangen mich. Ich wollte ihnen keinen Ärger machen.«

Über ihr eigenes Leben sagt Rosie heute: »Der Holocaust war immer da, obwohl ich bis heute immer noch nicht weiß, was in dem Lager mit ihr geschah.«

Als sie zwölf war, gehörte zu ihren Lieblingsbüchern *Das Tagebuch der Anne Frank*, »weil ich mich mit ihrem Leben identifizieren konnte. Ich wusste ja, meine Eltern waren Überlebende, aber mehr wusste ich nicht. Meine ganze Verwandtschaft war in Konzentrationslagern gewesen, wenige haben überlebt, die meisten waren umgebracht worden. Das Anne-Frank-Buch erzählte mir eine konkrete Geschichte. Wenn ich das Buch las, war ich Anne. Ich habe sie romantisiert. Ich wollte sein wie sie. Sie schrieb zum Beispiel, dass ihre Mutter sie nicht verstand. Ich hatte bei meiner Mutter genau das gleiche Gefühl.«

In dem Buch *Daughters of Absence*, einer Sammlung von Erfahrungsberichten der Töchter Überlebender, macht sie in ihrem Beitrag ein Eingeständnis: »Ich habe sie nicht gefragt, wahrscheinlich, weil ich Angst vor den Antworten hatte.« Herausgegeben hat das Buch 2001 Rosies Cousine Mindy Weisel, eine in Washington und Jerusalem lebende Malerin, die 1947 in Bergen-Belsen geboren wurde. Die Briten hatten damals aus dem Konzentrationslager eines der vielen »Displaced Persons Camps« gemacht, die nach Kriegsende von den Westalliierten eingerichtet wurden, um das Millionenheer der durch den Krieg Entwurzelten unterzubringen. Ihre Eltern hatten Auschwitz überlebt und waren in Bergen-Belsen interniert bis zu ihrer Abreise in die USA.

Ihre Lebensaufgabe beschreibt das Lagerkind Mindy im Vorwort zu *Daughters of Absence* so: »Vielleicht kommt meinem Leben nur eine Bedeutung zu: das Leben meiner Eltern mit Schönheit, Liebe, Hoffnung zu erfüllen. Mit Freude – Naches.« Diesem Programm ordnete sie ihr eigenes Leben unter. Immer verstehen, nie klagen, nur für sie da sein. Selbst wenn es ihr nicht gut ging, zwang sie sich, diese Gefühle nicht zu zeigen: »Ich habe mir normale Gefühle nicht erlaubt. Wenn ich traurig und ängstlich war, dann machte sie das auch traurig und ängstlich. Überhaupt, was für einen Grund konnte ich schon haben, traurig zu sein? Ich war nicht in Auschwitz gewesen.«

Sätze, die auch von Adina Grinfeld stammen könnten. Auch sie hatte sich nahezu bedingungslos ihren Eltern ausgeliefert und einen hohen Preis dafür gezahlt. Anders als Adina gelang es Mindy Weisel trotz dieser Selbstaufopferung, sich in ihrem Beruf zu verwirklichen. Sie wurde eine in den USA und in Israel erfolgreiche Malerin, die den Stil ihrer abstrakten Bilder aus der Zeit, als ihre Eltern noch lebten, als dunkel und düster mit wenigen hellen Durchbrüchen beschreibt. »Doch als meine Mutter Lili, die Überlebende, 1994 starb, wurden meine Arbeiten heller, freundlicher.« Nicht, weil sie deren Tod als Erleichterung empfand, sondern: »Jedes Bild ist ein Dank an das Leben selbst und an sie, die immer an ihre ›Malertochter‹ geglaubt hat.«

Ganz andere Schlüsse als die sanfte Mindy zieht ihre Cousine Rosie Weisel aus ihrem Leben. Sie wollte zwar immer wie Mindy »ein gutes Mädchen sein, das den Eltern keinen Verdruss bereitet«, doch sieht sie sich, als Angehörige der zweiten Generation, eher als Opfer. »Ich versuchte ja, meinen Eltern alles recht zu machen. Aber ich war rebellisch. Ich war wütend und glaubte, dass irgendetwas mit mir nicht stimmt. Warum konnte ich nicht ganz einfach das nette Mädchen sein, das diesen armen Eltern keinen Ärger macht?«

Nach meinem Besuch bei ihr im Kibbuz Sa'ad schickte sie mir im Dezember 2015 noch eine E-Mail. »Ich habe eine Theorie«, schreibt sie. »Unter den Mitgliedern der zweiten Generation sind die am schlimmsten dran, die in einem Lager für ›Displaced Persons‹ geboren sind wie Mindy, an nächster Stelle kommen die in den fünfziger Jahren Geborenen wie ich. Alle danach sind weniger belastet oder zu jung und können sich nicht mehr erinnern.« Warum aber ist ihr diese Hierarchie so wichtig? Die Antwort kommt in ihrer nächsten Mail: »Je näher einer aus der zweiten Generation der Spitze auf dieser Liste kommt, desto wütender und aufgewühlter ist er. Desto mehr ist er aber auch bereit, Hochleistung zu bringen.« Hochleistung, das haben ihre Eltern, die ja selbst vierzehn Stunden am Tag schufteten, auch von ihr erwartet. Bestnoten, darunter ging es nicht. Da aber daraus nichts wurde, erzählt Rosie, »nannte meine Mutter mich auf Jiddisch ›shvacha kop‹, einen Schwachkopf«. Gelächelt habe ihre Mutter nie. Doch dann schiebt sie noch hinterher, wie um ihrem Urteil Stacheln zu nehmen: »Meine Eltern haben so viel Liebe gegeben, wie sie konnten. Nein, ich glaube, sie haben mich geliebt.«

Es ist Abend geworden. Leicht ist es keinem aus der zweiten Generation gefallen, mit mir, dem Deutschen, über derartig persönliche Erlebnisse zu sprechen. Doch auf meiner Erkundungsreise durch Israel hat mich keiner der Überlebenden und keines ihrer Kinder abgewiesen, keiner hat Vorwürfe geäußert, keiner die Frage gestellt: Was haben denn deine Eltern und Großeltern in der Nazizeit gemacht? Im Gegenteil. Sie waren alle sofort bereit, Auskunft zu geben. Selbst dann wenn es um sehr persönliche Fragen ging. Wie bei Tami Sinar in Haifa. Am Abend fährt mich Danny zum Bahnhof in Aschkelon. Von dort nehme ich den Zug nach Norden.

Am nächsten Tag bin ich noch einmal mit Tami in der Haifaer Kassel Street verabredet, wo sie, wie schon erwähnt, als stellvertretende Leiterin jenes Heims arbeitet, das sich selbst »Warm

Home for Holocaust Survivors« nennt. Auch sie gehört der zweiten Generation der »Survivor«-Familien an. Auch sie hatte bis zum Tod des Vaters um seine Zuneigung kämpfen müssen. Ebenfalls vergeblich. »Er war nicht in der Lage, meine Liebe anzunehmen. Einmal habe ich ihn bei einer Holocaust-Gedächtnisfeier weinen gesehen. Ich wollte ihn in den Arm nehmen, um ihn zu trösten. Er hat mich barsch zurückgewiesen.« Heute fasst die 1958 Geborene ihr Leben so zusammen: »Mein Vater war in Auschwitz. Das hat mein Leben total ruiniert.«

Wieder sitzen wir in ihrem Büro im Haifa Home. Der Schreibtisch – überladen mit Papieren, viel Unerledigtes. Bürokram scheint nicht zu ihren Lieblingsbeschäftigungen zu gehören. Dann beginnt sie, ihre Geschichte zu erzählen. Es sprudelt aus ihr heraus, als hätte sie nur auf diese eine Gelegenheit gewartet, einmal alles loszuwerden.

»Als ich fünf Jahre alt war, kam abends mein Vater an mein Bett und erzählte mir eine Gutenachtgeschichte.« Allerdings handelte es sich nicht um Märchen von der guten Fee und dem schönen Prinzen, wie kleine Mädchen sie gern hören, um danach beruhigt einzuschlafen. »Er erzählte mir von seinen Erlebnissen in Auschwitz. Dass er jahrelang Kartoffelschalen essen musste, er erzählte, dass er trotz der Kälte nur Holzschuhe an den Füßen hatte ohne Strümpfe, dass sie keine Decken hatten nachts und dass sie in der dünnen KZ-Kleidung jämmerlich froren. Er erzählte von der schweren Arbeit, von permanentem Hunger, von Krankheiten. Und natürlich vom Sterben in Auschwitz.«

Dieser abendliche Horror wurde für sie zum Lebensterror. Die Geschichten hätten sie nie losgelassen, sie seien heute noch lebendig in ihr, sagt sie. »Ich war ihm hilflos ausgeliefert. Was hätte ich dagegen tun können als Fünfjährige?« Warum er ihr diese Erlebnisse zumutete, hat sie ihn nie gefragt. Wie die meisten Überlebenden sprach er, der mit fünfzehn Jahren in Auschwitz zwangseingewiesen worden war, normalerweise nie über seine Zeit im KZ, und wenn er danach gefragt wurde, schaltete er auf aggressive Abwehr. Mit niemandem war er bereit, über dieses Trauma zu reden, obgleich er in ständiger Angst vor einer angeblich nahenden Katastrophe lebte – so beschreibt ihn seine Tochter Tami heute: »Er las am Tag fünf Zeitungen, hörte zu jeder Stunde Nachrichten, er wollte gerüstet sein, wenn etwas Schlimmes passiert, wollte nicht wieder wehrlos sein wie bei den Nazis.« Therapien, die ihm diese Angst vielleicht hätten nehmen können, lehnte er ab.

Sicher fühlte er sich offenbar nur bei der kleinen Tami, schlich, wenn es dunkel wurde, an ihr Bett und begann zu erzählen von den Schrecken eines Konzentrationslagers. Abend für Abend, monatelang. Irgendwann kam er nicht mehr. Warum, weiß sie nicht. Die Geschichten sind geblieben. »Ich kann bis heute nichts von dem vergessen, was er mir erzählt hat.« Ob er daran gedacht hat, was diese Geschichten in seiner kleinen Tochter anrichten, kann und will Tami nicht beurteilen. Sie wisse nicht, was ihn getrieben habe. Der innerlich zerbrochene Vater sah in ihr vielleicht einen Menschen, bei dem er seine Leidensgeschichten aus Auschwitz abladen und sicher sein konnte, dass sie als Kleinkind keine quälenden Fragen stellen würde. Aber auch das sei nur eine Vermutung, sagt Tami.

»Meiner älteren Schwester hat er nie solche Geschichten erzählt, nur mir. Wahrscheinlich hat er sich bei ihr nicht getraut.« Diese Schwester, erzählt sie, habe schon früh gegen ihren Vater rebelliert. »Die konnte ihm das Leben zur Hölle machen, wenn sie etwas durchsetzen wollte.« Tami klingt fast ein bisschen neidisch, als sie über ihre Schwester spricht. Sich selbst bezeichnet sie als ängstlich, übersensibel, sie gerate leicht in Panik, habe wenig Selbstvertrauen. »Wie das eben typisch ist für die aus der zweiten Generation.« Obwohl sie fünf Jahre lang versucht hat, die Geschichten ihres Vaters mit Hilfe einer Therapie aus dem Gedächtnis zu löschen, ist sie diese Schreckgespenster nie losgeworden. »Es verfolgt mich. Es hat mich nie verlassen und hat mich daran gehindert, das zu werden, was ich immer sein wollte: ein freier Mensch ohne dieses ständige Gefühl von Angst.«

Seine liebevolle Art, mit der er zum Beispiel Tamis kleinen Sohn umsorgte, schlug immer dann in Tyrannei, sogar in Hass um, wenn er sich und seine Familie gefährdet sah. Familie war für ihn das kostbarste Gut, ein sicherer Hafen, der nicht beschädigt werden durfte, schließlich hatte er seine Eltern, Geschwister und die meisten Verwandten in Konzentrationslagern verloren. Als Tami ihren Eltern mitteilte, sie werde sich scheiden lassen, drehte er fast durch. »Du bist wie diese Nazis, die haben auch alle Familien kaputt gemacht« – so klangen noch die mildesten Beschimpfungen, die sie sich anhören musste. »Mein Vater hasste mich, als ich mich scheiden ließ.« Dennoch musste sie nach ihrer Scheidung zusammen mit ihrem vierjährigen Sohn ein halbes Jahr lang im Haus ihrer Eltern wohnen. »Das war die Hölle, aber wir hatten keine Wahl, weil wir kein Geld hatten.«

Warum aber arbeitet sie ausgerechnet im Haifa Home, einem Ort, an dem ihr täglich KZ-Geschichten begegnen, wie ihr Vater sie ihr aufgedrängt hatte? Seit 2013 ist sie in dem Altersheim zuständig für Pressearbeit, Betreuung von Schulen und ausländischen Gruppen. »Ich habe mir diese Frage auch schon oft gestellt. Ich kann sie bis heute nicht wirklich beantworten. Vielleicht will ich mich hier selbst therapieren von der schrecklichen Erfahrung mit meinem Vater. Eigentlich kann ich diese KZ-Geschichten nicht mehr hören. Aber wenn ich dann das Gefühl habe, ich verstehe diese alten Menschen, dann versöhnt mich das wieder.« Und nach einigem Zögern ergänzt sie noch: »Ich habe das Gefühl, ich kann diesen Menschen so etwas wie Liebe geben, etwas, das ich ja meinem Vater nie geben durfte.«

Hatten bis Ende der fünfziger Jahre große Teile der israelischen Gesellschaft in Überlebenden noch Schafe gesehen, die irgendwie dem Schlächter und der Schlachtbank entkommen waren, so begann sich diese Haltung Anfang der sechziger Jahre langsam zu ändern, und das war auf ein Ereignis zurückzuführen, das zu einem Wendepunkt der israelischen Geschichte wurde. Am 23. Mai 1960 erließ der Distriktrichter von Haifa Haftbefehl gegen Adolf Eichmann, den der israelische Geheimdienst Mossad in Argentinien aufgespürt und nach Israel entführt hatte. Das Land, in dem Zehntausende Überlebende und vor den Nazis Geflohene Zuflucht gefunden hatten, lernte im Laufe des darauf folgenden Prozesses gegen den ehemaligen SS-Obersturmbannführer, seine eigene Geschichte neu zu lesen.

Zum Beispiel Aliza Goren im Moschaw Shavei Zion. Mit dem Sohn des Bürgermeisters Scheuer war sie damals verheiratet gewesen, mit ihm war sie in den fünfziger Jahren sogar in seine Geburtsstadt Heilbronn gereist und hatte dort, so erzählt sie, »nur nette Leute getroffen. Jeder war herzlich zu uns.« Vierzehn Tage hatten sie in Deutschland verbracht. Und jetzt dies: »Der Eichmann-Prozess war ein Schock für mich. Ich habe mich immer wieder gefragt: Wie können so nette Leute so etwas machen?« Eine Antwort hat sie nie erhalten, auch nicht von den Heilbronnern, die die Familie Scheuer später in Shavei Zion besuchten.

Zuständig für die Vernichtung der Juden war das von Heinrich Himmler geleitete sogenannte Reichsicherheitshauptamt, und innerhalb dieses Amtes organisierte Adolf Eichmann als Referatsleiter unter anderem die Deportation der Juden in die polnischen Vernichtungslager. Demnach war er einer der Hauptverantwortlichen für den Holocaust und damit einer der größten Verbrecher und Massenmörder, die das Naziregime hervorgebracht hat. Nach dem Krieg unter falschem Namen untergetaucht und 1950 mit Hilfe des Vatikans nach Argentinien geflohen, lebte er dort bis 1959 unerkannt, allerdings mit Wissen deutscher Behörden, bis ihn der israelische Geheimdienst schließlich identifizierte und im Mai 1960 nach Israel ausflog. Die Umstände dieser spektakulären politischen Entführung sind in verschiedenen Versionen erzählt worden.

Vom 11. April bis 15. Dezember 1961 fand in Jerusalem der Prozess des Staates Israel gegen Adolf Eichmann statt. Ihm wurde vorgeworfen, den Tod von Millionen von Juden durch Vernichtung in Gaskammern sowie durch unmenschliche Arbeits- und Lebensbedingungen verursacht zu haben. Er habe Juden aus rassischen, nationalistischen und politischen Motiven verfolgt und ausgeplündert, sei aber auch verantwortlich für die Ermordung Hunderttausender nichtjüdischer Menschen in den von der Wehrmacht besetzten Gebieten. Außerdem stand er wegen Kriegsverbrechen und seiner Mitgliedschaft in verbrecherischen Organisationen des NS-Staates vor Gericht. Vernichtung des jüdischen Volkes, Verbrechen gegen die Menschlichkeit und Kriegsverbrechen – das waren die drei Hauptanklagepunkte gegen den ehemaligen SS-Offizier, der vor dem israelischen Gericht von einem deutschen Rechtsanwalt verteidigt wurde. Genaue Zahlen nannte die Anklagschrift nur, wenn sie sich durch Dokumente belegen ließen. Sonst sprachen die Ankläger von Millionen Juden, die größtenteils in Vernichtungslagern getötet oder durch sogenannte Einsatzkommandos erschossen worden waren. Am Ende des Prozesses verurteilte das Gericht Adolf Eichmann zum Tode, unter anderem wegen der Verschleppung, Versklavung und gezielten Ausrottung der jüdischen Zivilbevölkerung in Deutschland, den verbündeten Staaten und den eroberten Gebieten. Nach dem Urteil des Gerichts war Eichmann einer der wichtigsten Vollstrecker der sogenannten Endlösung, also der systematischen Ermordung der europäischen Juden, die das NS-Regime nach Beginn des Zweiten Weltkriegs beschlossen hatte.

Acht Monate dauerte der Prozess. Den Vorsitz führte der 1933 aus Deutschland ausgewanderte Jurist Mosche Landau, auch die beiden anderen Richter stammten aus Deutschland. Nach dem Prozess wurden alle drei wegen ihrer umsichtigen und fairen Prozessführung allseits gelobt. Über dreitausend Vernehmungsprotokolle und sechzehnhundert Dokumente aus der NS-Zeit sollten Eichmanns Schuld beweisen. Einhundertacht

Überlebende wurden während der Verhandlung als Zeugen angehört.

An eine Zeugenaussage während des Prozesses erinnert sich der damalige Stellvertreter des Generalstaatsanwalts, Gabriel Bach, noch heute besonders deutlich: »Der Zeuge berichtete, wie die Selektion in Auschwitz funktioniert hatte. Seine Frau und seine Tochter wurden nach links direkt in den Tod geschickt. Er wurde gefragt: Was bist du von Beruf? Techniker. Dann gehst du nach rechts. Der Zeuge erzählte weiter, seine Frau hatte er aus den Augen verloren, seine kleine Tochter aber hatte einen roten Mantel getragen, den sah er. ›Der rote Punkt wurde immer kleiner. So verschwand meine Familie aus meinem Leben‹, sagte der Zeuge.

Daraufhin verschlug es mir damals die Stimme. Denn ich hatte meiner damals zweijährigen Tochter kurz vorher einen roten Mantel gekauft. Ich war geschockt. Ich habe keinen Ton mehr herausbekommen. Der Zeuge wartete, dass ich ihn weiter befragte. Auch der Richter beobachtete mich stirnrunzelnd. Doch ich habe vier Minuten gebraucht, bis ich weitermachen konnte. Und egal, ob ich heute im Fußballstadion bin oder irgendwo entlanggehe – wenn ich Kinder in roten Mänteln sehe, erinnere ich mich an die Szene.«

Gabriel Bach war mit seinen Eltern als kleiner Junge aus Berlin über Holland nach Palästina ausgewandert. Immer knapp den Häschern von Gestapo und SS entkommen, wie er heute erzählt. »Manchmal war es reines Glück, dass wir nicht gefasst wurden.« Heute lebt er mit seiner Frau in einer der schönsten Wohngegenden Jerusalems. Wir sitzen in seinem Wohnzimmer in tiefen Polstersesseln mit großblumigen Mustern. Auf den Ablagen der Schrankwand stapeln sich Familienfotos, Bücher und Papiere, ebenso auf Beistelltischchen. Auch die Schale mit Obst fehlt nicht, daneben steht eine Vase mit Kunstblumen. An der Wand tickt eine große Uhr. Ein bisschen sieht es aber aus, als sei hier die Zeit stehengeblieben. Die Haushaltshilfe serviert Kaffee und selbstgebackenen Nusskuchen nach deutschem Rezept.

Gabriel Bach war als Stellvertreter des Chefanklägers innerhalb der Staatsanwaltschaft zuständig für die Auswertung der Dokumente und für die Aufsicht über die Verhöre Eichmanns. Schon während der Vorbereitungsarbeit, so erzählt er heute, sei ihm immer klarer geworden: Eichmann war alles andere als ein Schreibtischtäter, der nur Befehlen folgte; böse war er zweifellos, aber keineswegs banal, wie die Prozessbeobachterin Hannah Arendt in ihrem Buch *Eichmann in Jerusalem* behauptet hatte, für Bach war er ein gefährlicher Überzeugungstäter, einer, der auf seinen Inspektionsreisen in die Konzentrationslager persönlich kontrolliert und überprüft hat, ob die Vernichtungsmaschinerie effizient und reibungslos funktionierte. »Eichmann lehnte die Rettung von Juden grundsätzlich ab. Selbst wenn hohe Generäle um Aufschub der Deportation von für sie wichtigen jüdischen Wissenschaftlern baten, lehnte er ab. Wir ließen damals von einem Schweizer Fachmann ein Psychogramm Eichmanns erstellen, ohne dass er wusste, wen er begutachtete. Er kam zu dem Ergebnis: Dieser Mann ist ein Mensch mit einem mörderischen Instinkt.«

Als in höherem Auftrag handelnden Idealisten habe Eichmann sich verstanden, sagt Bach, und sei dabei doch von einem grenzenlosen Hass auf Juden angetrieben worden. »Anfangs dachte ich, vielleicht war er ein schlichter Karrierist. Wenn man aber jahrelang Menschen in den Tod schickt, wird man verrückt. Das war er aber nicht.« Bach hatte ihn während des Prozesses nicht als einen tumben Vollstrecker von Befehlen erlebt, sondern als einen Fanatiker, der sogar Konflikte mit seinen Vorgesetzten riskierte, nur um Juden nach Auschwitz schicken zu können. So soll er laut Bach im Juli 1944 sogar versucht haben, Befehle seines obersten Dienstherrn Heinrich Himmler zu unterlaufen, als dieser die Deportation ungarischer Juden vorübergehend einstellte, die Eichmann, zu diesem Zweck eigens aus Deutschland abgeordnet, von Budapest aus organisierte.

Der Papst, der schwedische König und Regierungen anderer neutraler Staaten hatten protestiert, nachdem ausländische Zeitungen wie die in London erscheinende *Times* und auch die BBC die Öffentlichkeit über die schon angelaufene Verschleppung von Juden aus Ungarn nach Auschwitz informiert hatten. Diese Zeitungen kannten sogar ziemlich genaue Zahlen. Im Juli 1944 schrieben sie von 400 000 aus Ungarn deportierten Juden. Tatsächlich hatte Eichmann bis dahin den Abtransport von über 424 000 ungarischen Juden organisiert. In nur sechsundfünfzig Tagen. Die neutralen Regierungen, allen voran der Papst, verlangten, die Verfolgungen sofort einzustellen. Und tatsächlich beschloss Himmler Ende Juli, die Züge aus Ungarn nach Auschwitz zu stoppen. Doch Eichmann, so Gabriel Bach, sei derartig empört über diesen Befehl Himmlers gewesen, dass er sein Sonderkommando angewiesen habe, sich darüber hinwegzusetzen und die Deportation zu beschleunigen: »Ich habe das einem Briefwechsel von 1944 zwischen dem deutschen Botschafter in Ungarn und dem Außenministerium damals entnommen, der uns zum Prozess von der deutschen Regierung zur Verfügung gestellt worden war. In diesem Briefwechsel wird Eichmann mit den Worten zitiert: Wenn diese Familien ausreisen, besteht die Gefahr, dass sie nach Palästina auswandern und dort zum Erhalt ihrer Rasse beitragen.«

Im Prozess selbst tritt Eichmann völlig ungebrochen auf, keine Spur von Bedauern, keine Einsicht, keine Reue. Reue sei etwas für Kinder, verkündete er in den Vernehmungen. »Ich habe nur auf Befehl gehandelt, ich war ein kleines Rädchen im großen Getriebe«, so seine gebetsmühlenhaft vorgetragene Standarderklärung.

Das Bild des Mannes mit Halbglatze und schwerer Brille, in dunkelblauem Anzug mit korrekt gebundener Krawatte, der in dem kugelsicheren Glaskasten über Kopfhörer dem Prozess folgt, ging um die Welt und wurde bald zur Ikone der bis dahin verschleppten juristischen Aufarbeitung der Naziverbrechen. Die

Auschwitz- und Majdanek-Prozesse in Frankfurt sieht Gabriel Bach als eine der unmittelbaren Folgen des Eichmann-Prozesses in Jerusalem. Da die Verhandlungen im israelischen Rundfunk übertragen wurden, konnte sich jeder Israeli selbst ein Bild machen vom Ausmaß des Holocaust, ein Bild, das sich vorher viele Israelis nicht hatten vorstellen können.

Vor Prozessbeginn hatten Lehrer bei Staatsanwalt Bach angerufen, erinnert er sich heute. »Sie klagten, viele der Schüler wollten nichts hören von der Shoa. Sie hatten sich geschämt. Ein junger Israeli konnte damals verstehen, dass man an Krankheit sterben kann, dass man im Krieg getötet werden kann, er konnte damals aber nicht verstehen, dass Millionen Menschen sich umbringen lassen, ohne Widerstand zu leisten. Und deswegen, das haben mir Lehrer gesagt, wollten viele Schüler an den meisten Schulen davon nichts hören.« Und in Israel Zeugen zu finden war ebenfalls viel schwieriger, als Bach es sich damals vorgestellt hatte: »Viele Überlebende haben mir gesagt, wir wollen nicht aussagen, weil wir es unseren Kindern nicht gesagt haben. Wir wollen daran nicht erinnert werden.«

Am 13. Dezember 1962 erhielt Eichmann die Gelegenheit zu einem letzten Wort. Ohne einen Funken von Einsicht und Schuld zu zeigen, sagte er: »In meiner Hoffnung auf Gerechtigkeit sehe ich mich enttäuscht. Den Schuldspruch kann ich nicht anerkennen. Ich habe Verständnis, dass man Sühne fordert für die Verbrechen, die an den Juden begangen worden sind ... Aber diese Untaten geschahen nicht mit meinem Willen. Der Massenmord ist allein Schuld der politischen Führer. Die Führerschicht, zu der ich nicht gehört habe, hat zu Recht Strafe verdient für die Gräuel, die auf ihren Befehl hin an den Opfern begangen wurden. Aber auch die Untergebenen sind jetzt Opfer. Ich bin ein solches Opfer.«

Berufung und Gnadenersuch lehnten die Gerichte und der israelische Staatspräsident Jizchak Ben Zwi ab. In der Nacht vom 31. Mai auf den 1. Juni 1962 wurde Adolf Eichmann durch den Strang hingerichtet, seine Leiche verbrannt und die Asche im Meer verstreut.

»Rache, Rache, Rache! Das war für mich dieser Prozess«, dreimal wiederholt Ernst Wolff das Wort, mit scharf rollendem R. Der Recorder-Pegel zappelt aufgeregt. Gefragt hatte ich ihn, was der Eichmann-Prozess ihm damals bedeutet hatte: »Rache für das, was die mir in Auschwitz angetan hatten.« Er macht eine lange Pause, dann der nächste Hammerschlag: »Ich kann nicht verstehen, warum heute noch Mörder in Deutschland frei rumlaufen oder erst vor zwei oder drei Jahren verurteilt worden sind. Warum die Urteile erst heute und nicht schon viel früher? Heute machen sie keinen Sinn mehr. Die Verbrecher sind alt und sterben bald.«

Ernst Wolff, heute ein zweiundneunzig Jahre alter Mann in einem Heim bei Haifa. Als Achtzehnjähriger war er nach verschiedenen Vorhöllen wie dem Lager Westerbork in den Niederlanden und dem Konzentrationslager Theresienstadt in das Inferno von Auschwitz verschleppt worden. Drei Jahre lang zwang ihn die SS, Schwerstarbeit zu leisten. Dass er am Ende seines Martyriums sogar noch den Todesmarsch überlebt hat – ein kleines Wunder. Dabei hatte er 1939 noch geglaubt, den Nazis glücklich entronnen zu sein. Vor Kriegsbeginn hatte sein Vater den Fünfzehnjährigen zu Verwandten nach Holland geschickt, um wenigstens den Sohn in Sicherheit zu wissen. Über das, was auf die dreiundsechzig in Aurich noch verbliebenen jüdischen Familien zukommen wird, machte sich Vater Wolff spätestens seit der Pogromnacht am 9. November 1938 keine Illusionen mehr. Damals hatte auch in Aurich die Synagoge gebrannt wie in den meisten Städten Deutschlands. SA-Schlägertrupps hatten die Juden in eine Halle verschleppt, geschlagen, gequält. Frauen, Kinder und die Alten ließen sie am nächsten Tag frei. Schlimmer kam es für die Männer der jüdischen Gemeinde. Sie wurden für Wochen in das Konzentrationslager Sachsenhausen deportiert und dort misshandelt. Auch der Vater von Ernst Wolff war unter ihnen. Kein Wunder, dass bis 1939 über die Hälfte der Auricher Juden das ostfriesische Städtchen verließen. Außerdem hatte die örtliche NS-Führung angekündigt, Aurich so schnell wie möglich von jüdischen Einwohnern zu »säubern«. Schon im April 1940 war es dann so weit. Ende März deportierte die Gestapo die letzten Juden. Die jüdische Gemeinde in Aurich hörte auf zu existieren, nach vierhundert Jahren Geschichte. Und die Auricher NS-Führung? Die meldete stolz nach Berlin, die Stadt sei nun »judenrein«.

Für den jungen Ernst Wolff war die Flucht zu seinen Verwandten in Holland also eine Rettung in letzter Minute. Erst einmal. Nach dem Krieg, so hatte sein Vater bestimmt, sollte sich die ganze Familie bei den holländischen Verwandten in Haren treffen. Als Überlebender fuhr er im Mai 1945 tatsächlich nach Holland. Doch außer ihm kam niemand. Seine ganze Familie war ermordet worden.

»Ich lebe heute immer noch in den Konzentrationslagern«, sagt der Zweiundneunzigjährige, aufrecht auf seinem Stuhl am Tisch sitzend. Dann krempelt er kurz den linken Arm seines Pullovers hoch und zeigt mir die eintätowierte Auschwitz-Nummer. Die Ziffern 1273 sind erkennbar, die übrigen verschwinden in einer Narbe. »Diese Nummer kann man vom Arm wegmachen, im Kopf aber nicht. Ich hatte gehofft, im Laufe der Jahre würden die Erinnerungen schwächer. Leider stimmt das nicht. Sie werden schlimmer.« Ernst Wolff spricht immer noch fließend Deutsch. Doch es klingt, als stoße er jede Silbe nur mit großem Widerwillen aus, als müsse er sich überwinden, diese Wörter überhaupt in den Mund zu nehmen. Jeder Satz scheint ihn zu schmerzen. Nach Deutschland ist er seit seiner Ankunft in Palästina nicht gefahren. »Ich habe einen Schwur geleistet, nie wieder in dieses Land der Mörder zu reisen. Daran habe ich mich gehalten.« Das war am 1. Juli 1946.

Aber in Israel musste auch er die Erfahrung machen, dass niemand seine Geschichte aus den Konzentrationslagern hören wollte. »Am Anfang war es höchstens Mitleid, was die Menschen mir entgegenbrachten. Erst später kam der Respekt dazu, dass ich das alles ertragen und überlebt habe.« Das war nach dem Eichmann-Prozess. Damals, so meint Ernst Wolff, habe er auch begonnen, mit seinen Kindern über diese Zeit zu sprechen. Anfang der sechziger Jahre hatte sein ältester Sohn Danny angefangen, Fragen zu stellen. Auch dies ein Ergebnis des großen Prozesses.

Aber hat er wirklich erzählt? Hat er die Fragen seiner Kinder beantwortet, als die noch kleiner waren? Hat er von der schweren Arbeit in Auschwitz berichtet, von dem Hunger, von der Kälte und der ständigen Angst, ermordet zu werden? Hat er sich also ganz anders verhalten als die anderen Holocaust-Überlebenden, die ich bis dahin gesprochen hatte? Ernst Wolf schränkt ein. »Ich habe nicht das Schlimmste erzählt, auch nicht meiner Frau. Die wussten nur, dass ich im Lager war, mehr nicht.«

In Haifa verabreden wir uns – Vater Ernst hat den Kontakt vermittelt – mit der zweiten Generation der Familie, mit Sohn Daniel, genannt Danny, heute siebenundsechzig Jahre alt, Rechtsanwalt seit vielen Jahren, geschieden, drei Töchter. Wir sitzen in einem Straßencafé in Downtown Haifa. Der Autoverkehr lärmt an uns vorbei, manchmal übertönt die Sirene eines Polizeiwagens Dannys Antworten, der Pegel meines Recorders schlägt dann wild aus. Danny betont, dass er seinen Vater liebt, er besucht ihn jeden Freitag im Altersheim, aber: »Ob er wirklich gesprochen hat, wollen Sie wissen? Das sagt er? Nein, zu uns Kindern hat er nie gesprochen. Wir konnten seine Vergangenheit riechen und schmecken. Sie war irgendwie immer da. Es war, als stiegen in einem Teich Blasen auf, deren Quelle man nicht erkennen kann. Wir haben es gespürt. Aber er hat nichts erzählt.« Auch die Mutter der Söhne hatte nichts erklärt, selbst wenn sie gelegentlich Bemerkungen machte wie: »Iss deinen Teller leer. Wir haben gehungert.« Wo und warum sie gehungert hat, behielt sie für sich. Dass beide mit ihrem Schweigen die Söhne nicht geschont haben, wie Ernst Wolff in unserem Gespräch noch gemeint hatte, sondern genau das Gegenteil erreichten, blieb ihnen verschlossen. Bis heute. In Wirklichkeit hatten sie durch ihr Schweigen bei ihren Kindern Schuldgefühle ausgelöst. Ungewollt.

»Ich habe unter dem Schweigen meiner Eltern gelitten, weil ich den Eindruck hatte, sie wollen mich an ihrem Leid nicht teilhaben lassen. Ich fühlte mich ausgegrenzt, im Stich gelassen.« Danny Wolff hätte seinen Eltern gern geholfen, aber sie nahmen sein Angebot nicht in Anspruch. Diese Ohnmacht löste bei ihm, so erzählt er heute, Selbstvorwürfe aus: »Sie haben offensichtlich Schlimmes erlebt, sie trauen dir aber nicht zu, dass du ihnen helfen kannst. So war das bei mir damals.«

Auch der Eichmann-Prozess schuf keine Brücke zwischen ihm und seinem Vater. Für die Gerichtsverhandlungen hatte Danny sich interessiert, er verfolgte sie aufmerksam im Radio. Das abstrakte Grauen, von dem er im Schulunterricht gehört hatte, nahm nun konkrete Züge an. Hinter der unvorstellbaren Zahl von sechs Millionen Ermordeten, die ja immer genannt wurde, verbargen sich Menschen, denen der Eichmann-Prozess Gesichter gab. Dass aber sein Vater auch zu diesen Opfern gezählt hatte, von denen im Prozess so viel die Rede gewesen war – davon ahnte er vielleicht etwas, doch tatsächlich eine Verbindung herzustellen zwischen dem durch die Berichterstattung zutage tretenden Grauen und der eigenen Familiengeschichte kam dem damals Vierzehnjährigen nicht in den Sinn, zumindest nicht bewusst. »Wir Jungens waren mächtig stolz auf den Mossad, der Eichmann entführt hatte, wir waren gespannt auf das Urteil; einen solchen Prozess und ein Todesurteil hatte es vorher ja noch nicht gegeben in Israel. Aber dass mein Vater eines dieser Opfer war, das fiel mir nicht ein. In der Familie haben wir über den Prozess kaum geredet.« Später erst habe er gefragt, aber keine Antworten bekommen: »Es war sehr schwierig mit ihm. Er zeigte kaum Gefühle. Mir kam es vor, als lebe er in einer fernen Welt.« Nach dem Prozess, sagte Danny, habe er zwar begonnen,

Informationen über die Nazizeit und Eichmann zu sammeln: »Aber es ist wie bei einer Fernsehdokumentation. Man sieht es, kann es aber nicht riechen oder schmecken. Dass mein Vater damals Gras gegessen hat, um zu überleben, dass er bei minus zwanzig Grad nur Holzschuhe anhatte, das hat er alles erst sehr viel später erzählt.«

Bedeutete der Eichmann-Prozess von 1962 für die in Israel lebenden Überlebenden so etwas wie einen Neuanfang im eigenen Land? Martin Auerbach, der Psychiater der Hilfsorganisation AMCHA, sieht in der Verurteilung Eichmanns den Beginn eines langsamen Umdenkens in Israel: »Der Eichmann-Prozess war ein Anfang, aber es dauerte noch einige Zeit, bis die zweite Generation sich stark damit beschäftigte in der Kunst, der Musik, im Theater. Die Überlebenden werden zunehmend nicht mehr nur als schwache Menschen gesehen. Der Zusammenbruch der kommunistischen Systeme hat auch dazu beigetragen, denn nun konnten die Jungen nach Auschwitz reisen oder in andere Konzentrationslager, um sich ein Bild vor Ort zu machen. Dazu kam, dass sich auch durch diese Reisen das Bild der Überlebenden in der israelischen Gesellschaft änderte. Sie erfuhren Respekt, weil sie überlebt hatten, vor allem dafür, wie sie das Überleben gemeistert haben, was sie in Israel geleistet haben. Wie kann man nach einer solchen katastrophalen Lebenserfahrung ein normales Leben weiterführen, eine Familie gründen, einem Beruf nachgehen, Enkel und Urenkel haben?«

Auch Danny Wolff begann nach dem Eichmann-Prozess allmählich zu verstehen, dass sein Vater bei aller Verschlossenheit wohl eine mutige und außergewöhnliche Persönlichkeit sein muss. »Wer so etwas überlebt, muss stark sein.« Ernst Wolff blieb der verriegelte Mensch, der sich und seiner Familie in Israel mit viel Disziplin ein neues Leben aufbaute, der aber niemanden an seinem Vorleben teilnehmen ließ. Seine Verschlossenheit war vielleicht der Preis des Lebens nach dem Überleben.

In Europa hat Daniel Wolff später die Spuren seines Vaters und

Großvaters gesucht, in dessen Geburtsstadt Aurich, in Holland und im Konzentrationslager Sachsenhausen. »Die Stadt Aurich«, erzählt er mit leicht bitterem Unterton, »hat einen Stolperstein für meinen Vater verlegt. Ich denke, sie tun gerade so viel, um ein reines Gewissen zu bekommen.« Ein etwas ungerechter Eindruck. Tatsächlich hat die Stolperstein-Initiative mit Unterstützung der Stadtverwaltung bis Ende 2015 259 solcher Gedenkplatten in die Bürgersteige vor den Geburtshäusern Auricher Juden eingelassen. Am Ende der Aktion soll in der Stadt an jeden der 398 Auricher Juden, die 1933 hier gelebt haben und von den Nazis ermordet, verschleppt oder vertrieben worden sind, ein Stolperstein erinnern.

Erst als Ernst Wolff nach dem Tod seiner Frau 2014 in das Altersheim übersiedelte, wurde für ihn und seine Söhne vieles anders. Jetzt begannen Vater und Sohn, über diese Vergangenheit zu sprechen. Heute erzählt Ernst Wolff tatsächlich von seiner Zeit in Auschwitz und in den anderen Lagern. Und jetzt zeigt er auch seine Liebe zum Sohn. »Zum ersten Mal«, sagt Danny, glücklich lächelnd. »Und ich habe mich an Deutschland gerächt«, fährt er augenzwinkernd fort. »Ich habe die deutsche Staatsbürgerschaft angenommen, meine ganze Familie hat deutsche Pässe. Die Nazis haben meinem Vater die Staatsangehörigkeit geraubt, weil er Jude ist. Ich habe sie uns wieder zurückgeholt.«

Vielleicht hat auch noch eine andere Geschichte Ernst Wolff das Erzählen erleichtert. Vor vier Jahren hatte eine in Kanada lebende Frau mit ihm Kontakt aufgenommen. Sie habe etwas für ihn, das sie ihm unbedingt schicken wolle, hatte sie ihm auf Umwegen mitgeteilt. Und als das Päckchen ihn endlich erreichte, lagen darin zwei Eheringe. Er erkannte sie sofort. Sie hatten jenem Onkel und dessen Frau gehört, die ihn 1939 in Holland aufgenommen hatten. Als dort nach der Besetzung des Landes durch die Wehrmacht die SS mit den Deportationen begann, vertraute dieser Onkel die Eheringe einer befreundeten nicht-jüdischen Familie mit der Bitte an, sie einem Angehörigen seiner

Familie zurückzugeben, der den Naziterror überleben würde. Seit 1945 hatte diese holländische Familie nie aufgehört, nach dem Besitzer der Ringe zu forschen, und diesen Auftrag von Generation zu Generation weitergegeben – bis sie 2011 endlich Erfolg hatte und die Ringe Ernst Wolff schicken konnte. Heute sind sie in einer Vitrine des Holocaust-Museums im Kibbuz der Ghetto-Aufständischen von Warschau ausgestellt. Als ein Beispiel für den Sieg über das Vergessen.

9

NIE DIE ERSTE REIHE

Jeder deutsche Einwanderer, der nicht mit einem Geigenkasten unter dem Arm von den Schiffen an Land geht, ist ein Pianist.« Dieser Witz machte in den dreißiger und vierziger Jahren die Runde in Tel Aviv, Haifa und anderen Städten Palästinas. Und auch der: »Zwei Jeckes arbeiten auf einer Baustelle. Sie müssen dem Maurer Ziegelsteine reichen. Wirft der eine dem anderen einen Ziegelstein zu, sagt er: ›Bitte schön, Herr Doktor.‹ Und der antwortet, während er den Stein auffängt, höflich: ›Danke schön, Herr Professor.‹«

Akademiker und Künstler. Sie stellten zwar nicht die Mehrheit unter den Auswanderern aus Hitler-Deutschland. Etwa jeder siebte deutsche Emigrant hatte einen Hochschulabschluss. Doch offenbar prägten sie das Bild der aus Deutschland vor den Nazis Geflüchteten am nachhaltigsten, vielleicht auch deshalb, weil viele Emigranten Berufe mit nach Palästina brachten, die man in der Aufbauphase des jüdischen Staates nicht gerade dringend brauchte und die sich in den Pioniergeist der Kibbuz-Zionisten kaum einordnen ließen. Die brauchten kräftige Männer, die zupacken konnten und bereit waren, mit Hacke und Spaten steinige Felder umzugraben, die keine Angst vor Schwielen an den Händen hatten und lieber ein Gewehr an die Schulter klemmten als eine Geige. Geigenkästen wurden frühestens nach Feierabend aufgeklappt.

Die beiden Witze sind nach wie vor gern erzählte Geschichten, wenn das Gespräch auf die Jeckes kommt, wie die Auswanderer aus Deutschland noch heute gelegentlich genannt werden. Erzählt werden sie zum Beispiel von Israelis nichtdeutscher Herkunft, die sich lustig machen wollen über diese seltsam korrekten Krawattenmenschen mitten im hemdsärmeligen Alltagschaos des Landes, aber auch von den Israelis mit deutschem Hintergrund, denn in der Selbstironie, die sich in diesen Witzen offenbart, steckt auch ein gutes Stück Bitterkeit. Und die kam natürlich daher, dass die meisten ihre Heimat unfreiwillig hatten aufgeben müssen, obwohl sie sich bis 1933 alle Mühe gegeben hatten, »Deutsche jüdischen Glaubens« zu werden, sich also möglichst anzupassen und in der Masse der »Deutschen christlichen Glaubens« tunlichst nicht aufzufallen. Doch die Bitterkeit war nicht nur entstanden, weil die neuen Machthaber diesen »Musterbürgern« von heute auf morgen ihre mühevoll gegen antijüdische Ressentiments aufrechterhaltene Identität raubten, sondern sie hatte auch damit zu tun, dass es den aus Nazi-Deutschland geflohenen Menschen erst im Mandatsgebiet Palästina und später dann in Israel nie wirklich gelingen sollte, sich gegen die Vormacht der mehrheitlich aus Osteuropa eingewanderten Altzionisten zu behaupten. In der israelischen Politik sind sie selten in einflussreiche Spitzenpositionen aufgestiegen. Ob David Ben-Gurion, Moshe Sharet, Levi Eshkol, Golda Meir, Menachem Begin, Izhak Shamir oder Izhak Rabin. Alle Ministerpräsidenten stammten aus dem ehemaligen Zarenreich Russland oder sind in Israel geboren. Bis heute. Einen jeckischen Hintergrund hat keiner.

»Wir hatten kein Interesse an diesem ›Sticks-and-tricks‹-Spiel, keine Lust auf diese Trickserei, mit der man in der Politik erfolgreich ist. Deswegen blieben uns die ganz großen Karrieren versperrt«, erklärt mir bei unserem Treffen in Jerusalem der ehemalige Mossad-Agent und spätere Generaldirektor im Außenministerium Reuven Merhav, dessen Eltern 1935 aus Deutschland ausgewandert waren.

Deutschstämmige Israelis blieben, sofern sie in die Politik gingen, in der zweiten oder dritten Reihe, haben dort allerdings wichtige Impulse gegeben, die bis heute nachwirken.

Zum Beispiel im Justizwesen des Landes. Kaum eine andere öffentliche Institution ist derartig von deutschen Einwanderern geprägt wie die Rechtsprechung in Israel. Zum ersten Justizminister des Landes ernannte Regierungschef David Ben-Gurion noch am Gründungsabend des neuen Staates den in Berlin geborenen Juristen Felix Rosenblüth, der seinen Namen zu Pinchas Rosen hebräisierte. Zuvor war Rosen gewählter Vertreter der Selbsthilfeorganisation der aus Deutschland eingewanderten Juden im Stadtparlament von Tel Aviv gewesen, hatte die »Partei der Einwanderer aus Mitteleuropa«, die Neue Alija-Partei, aufgebaut, deren Vorsitzender er war, bis sie im Herbst 1948 mit anderen Parteien zur Progressiven Partei fusionierte, die bis 1961 als liberale Kraft in der Knesset vertreten und mehrfach an Regierungskoalitionen beteiligt war. Einer ihrer prominentesten Abgeordneten war neben Pinchas Rosen der älteste Sohn des ehemals deutschen Kaufhauskönigs Salman Schocken, Gershom Schocken, Herausgeber der linksliberalen Tageszeitung *Haaretz*.

Pinchas Rosen hatte im *Mitteilungsblatt* zu Mandatszeiten immer wieder für einen liberalen Staat geworben, der auch die Araber als gleichberechtigte Bürger miteinschließen sollte. Selbst als nach Bekanntgabe des UN-Teilungsplans am 29. November 1947 die ersten Unruhen zwischen Arabern und Juden ausbrachen, hielt er an seiner Utopie fest. Am 19. Dezember schrieb er im *Mitteilungsblatt*: »Wir haben es später im eigenen Staat in der Hand, durch eine kluge, fürsorgliche Araberpolitik Sympathie für uns zu gewinnen. Wir haben früher auch davon geredet, dass jüdisch-arabische Kooperation den Nahen Osten in Jahrzehnten zu ungeahnter Blüte bringen könnte.« Er mag von mehr Harmonie zwischen Israelis und Arabern geträumt haben, vielleicht sogar von einem binationalen Staat, ein Traumtänzer war er deswegen aber nicht. Im selben Artikel warb er auch für mehr

Wehrhaftigkeit des neuen Staates, für Aufrüstung der Selbstver-
teidigungskräfte, der Haganah. Schließlich wusste er damals,
dass fünf arabische Armeen bereitstanden, den neuen Staat zu
vernichten.

Rosen hatte in Freiburg und Berlin Jura studiert, war Offizier
im Ersten Weltkrieg gewesen, hatte sich schon von jung auf in
der zionistischen Bewegung engagiert und war schließlich 1923
nach Palästina ausgewandert, wo er mit Unterbrechungen bis
zu seinem Tod 1978 lebte. Er gehörte zu den Gründern der Vereinigung der Einwanderer aus Mitteleuropa, die sich, damals
noch unter anderem Namen, von 1933 an besonders um Flüchtlinge aus Deutschland und später auch aus Österreich kümmerte.

Dass der neue Staatschef David Ben-Gurion ihn am 14. Mai
1948 zum Justizminister ernannte, war sicherlich ein Glücksgriff
für das Land. Rosen baute ein verlässliches Gerichtssystem auf,
das er in erster Linie mit deutschstämmigen Juristen besetzte. In
einem 1976 geführten Interview fragte der israelische Diplomat
Shlomo Erel den damals neunundachtzigjährigen Pinchas Rosen,
warum er so viele aus Deutschland stammende Juristen in den
Staatsdienst übernommen habe. Der Minister a. D. antwortete
laut Erel sinngemäß, »dass die vielen deutschsprachigen Juden
in den israelischen Gerichtshöfen und Ämtern des Justizminis-
teriums bei der Geburt des Staates eigentlich das Ergebnis des
Drucks von Seiten der Anwaltskammer waren. Sie bestand darauf, ›Anständige und Rechtschaffene‹ (Rosens Worte) als Richter
und Staatsanwälte zu ernennen. Diese Charaktereigenschaften
fand man damals unter den Anwälten, die aus Zentraleuropa
eingewandert waren.« Mit anderen Worten, die Anwaltskammer
und der neue Justizminister misstrauten den aus Osteuropa eingewanderten Zionisten, die in ihren Augen nicht immer ehrlich
und gesetzestreu waren. Sie verließen sich daher lieber auf in
Deutschland oder Österreich ausgebildete Juristen, die sie wohl
für korruptionsresistenter und politikferner hielten.

Die in Haifa lehrende Historikerin Fania Oz-Salzberger, Tochter des Schriftstellers Amos Oz, bewertet in einer Untersuchung die Rolle der deutschen Juristen beim Aufbau des israelischen Rechtssystems so: »Die in Deutschland ausgebildeten Richter und Rechtsgelehrten bildeten das Rückgrat des israelischen Rechtssystems in seinen ersten drei formativen Jahrzehnten nach der Staatsgründung. Sie wurden zur Hauptstütze der Gewaltenteilung; ihnen war eine besondere Mischung aus zionistischem Engagement, kulturellem Optimismus und einem Sinn für jüdische und europäische Identität eigen, kombiniert mit Professionalität und kontinuierlichem Liberalismus.«

Doch es wäre falsch anzunehmen, Israel habe das deutsche Rechtssystem eins zu eins übernommen. Eine ebenso wichtige Rolle spielt britisches Recht. Der spätere stellvertretende Chefankläger gegen Adolf Eichmann, Gabriel Bach, beispielsweise hatte wie viele andere israelische Juristen Rechtswissenschaft in England studiert und sein Studium am University College London 1949 mit Auszeichnung abgeschlossen. Im israelischen Rechtssystem mischen sich also zwei Rechtsvorstellungen, die in Europa nicht nur geographisch weit auseinanderliegen. Auf der einen Seite das britische »Common Law«, auf der anderen das streng an schriftlich fixierten Gesetzen orientierte Recht, wie es auch in Deutschland galt und heute noch gilt.

Beim »Common Law« stützt sich die Rechtsprechung außer auf die vom Parlament verabschiedeten Gesetze auch auf richterliche Urteile, die als Präzedenzfälle so etwas wie Gesetzeskraft erlangen und damit Grundlage für spätere Urteile werden können. Das deutsche Recht, in dem Pinchas Rosen und seine Juristenfreunde ausgebildet waren, kennt solche grundsätzlichen Urteile nicht. Für deutsche Richter sind die vom Parlament erlassenen Gesetze die wichtigste Grundlage der Rechtsprechung.

Dass sich diese beiden Rechtssysteme in Israel miteinander vermischt haben, lässt sich Fania Oz-Salzberger zufolge auch an der Besetzung des Obersten Gerichts ablesen. In einem im *Jüdischen*

Almanach 2005 veröffentlichten Aufsatz schreibt sie, es habe bei Berufungen in dieses höchste Richteramt eine ausgewogene Balance zwischen Juristen mit angelsächsischer Ausbildung und solchen mit einem deutschen Hintergrund gegeben: »Diese Balance zwischen britischer und amerikanischer sowie ›deutscher‹ Herkunft [der obersten Richter] blieb bei verschiedenen nachfolgenden Berufungen zum Gerichtshof erhalten.«

Zumindest in der Aufbauphase musste sich das Land auf diese im Ausland ausgebildeten Richter stützen. Heute bildet Israel seine Richter selbst aus. Dennoch ist es laut Shlomo Erel Pinchas Rosen zu verdanken, »dass er in kürzester Zeit Israel zu einem Rechtsstaat gemacht hat und ein unabhängiges Rechtswesen aufbaute – ein Rechtswesen, das frei von den Übergriffen der exekutiven und legislativen Gewalt ist«. Mit anderen Worten: Es ist, so der auf internationalem diplomatischem Parkett erfahrene Praktiker Shlomo Erel, den deutschstämmigen Juristen gelungen, ein unabhängiges und eigenständiges Rechtssystem in Israel zu etablieren, das sich von der Politik nicht instrumentalisieren lässt. Für diese Leistung preist er den ersten obersten Juristen des Landes als den politisch wichtigsten deutschsprachigen Juden in Israel.

Zu den bedeutenden Richtern gehörte der aus Lübeck stammende Chaim Cohn, der zunächst Generalstaatsanwalt und ab 1960 bis zu seiner Pensionierung 1981 Richter am Obersten Gericht des Landes wurde. Seine juristische Ausbildung hatte er an der Goethe-Universität in Frankfurt mit einer Promotion abgeschlossen. Ab 1937 arbeitete er als Rechtsanwalt in Jerusalem, nach der Staatsgründung machte er eine steile Karriere im israelischen Justizwesen, was ihn aber nicht davon abhielt, bei brisanten Urteilen eine eigene Meinung auch dann zu vertreten, wenn sie von der Mehrheit seiner Richterkollegen abwich. So gab er als Chefankläger des Landes die Anweisung, erwachsene homosexuelle Paare nicht zu verfolgen, obgleich ihm dies nach dem erst 1988 abgeschafften Paragraphen, der Homosexualität unter Strafe stellte, möglich gewesen wäre. Auch als oberster Richter eckte er häufig mit Minderheitenmeinungen an. Besonders setzte er sich immer wieder für die Rechte der Palästinenser ein. So etwa bei der Frage, ob eine radikale Partei arabischer Israelis für die Knesset kandidieren dürfe. Die Mehrheit seiner Kollegen stimmte dagegen, er hielt eine solche Kandidatur für rechtens. Genauso wollte er verhindern, dass der israelische Staat palästinensische Menschenrechtsaktivisten aus dem Westjordanland oder Gaza deportieren darf. Auch bei dieser Auseinandersetzung scheiterte er am Votum seiner Richterkollegen, die diese Zwangsmaßnahme mehrheitlich als legal ansahen. Nach seiner Pensionierung 1981 war er noch lange in israelischen Menschenrechtsgruppen aktiv. Chaim Cohn setzte also am Obersten Gericht Israels die Tradition des liberalen deutschen Zionismus fort, der statt auf Konfrontation auf Ausgleich mit Arabern setzt, eine Haltung, die die meisten Flüchtlinge aus Nazi-Deutschland schon in den dreißiger Jahren vertreten hatten.

Auch Gabriel Bach wurde 1982 an den Obersten Gerichtshof berufen, wo er bis zu seiner Pensionierung 1999 arbeitete. Der deutschstämmige Jurist gehörte trotz seiner »britischen Vergangenheit« zum Umfeld des Justizministers Pinchas Rosen. Für Bach steht außer Frage, dass die Juristen mit deutschem Hintergrund das Justizwesen Israels mit ihrer Logik und ihrer Vernunft bis heute geprägt haben: »Sie waren sehr erfolgreich. Auch im Eichmann-Prozess hat ein in Deutschland geborener Richter, Moshe Landau, als Vorsitzender über Eichmann geurteilt. Die deutschen Richter waren sehr anerkannt in Israel.« Nur reichen eben, so schränkt er ein, Vernunft, Korrektheit und Logik allein nicht aus, um einen neuen Staat wie Israel auf die Beine zu stellen. »Es gehört auch Phantasie, Wagemut und nicht selten sogar eine Portion Wahnsinn dazu ... Ohne eine gehörige Portion Wahnsinn wäre es in der Tat nicht möglich gewesen, Israel aufzubauen«, so Bach 1994 gegenüber dem *Spiegel*, und dieser Wahnsinn sei den korrekten Deutschen abgegangen. Andererseits hätten die Staatsgründer die Systematik der Jeckes gebraucht, um ihre Visionen durchzusetzen.

Außerdem gehörten zum Kreis um Justizminister Pinchas Rosen Juristen wie der in Westpreußen geborene Siegfried Moses, der in den frühen vierziger Jahren unter deutschen Emigranten die schon erwähnte Diskussion um die Wiedergutmachung angestoßen hatte. Ab 1949 arbeitete er als Präsident des Rechnungshofes, als oberster Staatskontrolleur also, in verschiedenen israelischen Regierungen. Er gehörte zu jenen aus Nazi-Deutschland Vertriebenen, die sich schon früh dafür einsetzten, das deutsch-jüdische Kulturerbe zu bewahren. Zusammen mit Intellektuellen wie Ernst Simon, Hannah Arendt, Martin Buber und anderen gründete er 1955 das Leo-Baeck-Institut, das es zu seinem Ziel erklärte, das durch Nazi-Deutschland weitgehend zerstörte kulturelle Erbe des deutschsprachigen Judentums zu retten und zu erhalten.

In den fünfziger Jahren war verständlicherweise alles, was eine Verbindung zu Deutschland auch nur erahnen ließ, in Israel mit einem Bann belegt. Das galt für die Sprache, für die Kultur, aber auch für Wirtschaftskontakte. Ein Volkswagen galt bis in die sechziger Jahre als »Nazi-Auto«, hatten doch für den Konzern auch jüdische Häftlinge unmenschliche Zwangsarbeit leisten müssen. Und wer dennoch einen importierten Käfer fuhr, konnte froh sein, wenn er nur Kratzer im Lack zu beklagen hatte und nicht auch noch die Reifen durchstochen wurden. Bis 1956 waren israelische Reisedokumente sogar mit dem Stempel »Für alle Länder außer Deutschland« markiert, und zwar unübersehbar, wie der israelische Historiker Dan Diner schreibt, in fetten, kursiven Lettern und dick unterstrichen. 1956 hob die israelische Regierung dieses Verbot zwar auf, dennoch grenzten Deutschlandbesuche an Blasphemie. Kontakte mit dem »Land der Mörder« blieben auch danach noch lange Zeit verpönt.

Kein Wunder also, dass die deutschstämmigen Juristen im

öffentlichen Dienst des Landes in den ersten beiden Jahrzehnten nach der Staatsgründung nicht explizit über die Herkunft ihres juristischen Denkens sprachen. Und wenn sich dies nicht vermeiden ließ, kam es vor, dass solche Referenzen, wie Fania Oz-Salzberger in ihrer Untersuchung schreibt, »mit einer Entschuldigung versehen [wurden], deutsches Recht überhaupt benutzen zu müssen«.

Auch bei den Verhandlungen über die sogenannte Wiedergutmachung 1952 im niederländischen Wassenaar galt für die israelische Delegation die Devise, von den Deutschen sei Abstand zu halten, selbst ein Handschlag galt als unangebracht, man wollte den deutschen Vertretern zur Begrüßung nur kurz zunicken, mehr nicht, berichtet Dan Diner in seinem Buch *Rituelle Distanz – Israels deutsche Frage*. Dies war umso schwerer, als etliche Mitglieder der israelischen Delegation aus Deutschland stammten und natürlich fließend Deutsch sprachen. Sie wurden als Fachleute gebraucht. Am Ende der Verhandlungen verpflichtete sich die Bundesrepublik zu Sachleistungen in Höhe von drei Milliarden DM und zur Zahlung von fünfhundert Millionen DM für die individuelle Entschädigung von Opfern des Holocaust. Am 10. September 1952, dem Tag, an dem die Verträge im Luxemburger Stadtpalais unterschrieben werden sollten, begegneten sich der israelische Außenminister Moshe Sharett und Bundeskanzler Konrad Adenauer auf dem Weg zur Zeremonie kurz vor der Unterzeichnung des Abkommens. Adenauer, der keiner Fremdsprache mächtig war, ging auf den Israeli zu, gab ihm die Hand und sprach ihn auf Deutsch an. Sharett antwortete ebenfalls auf Deutsch. Er war zwar Ukrainer, hatte aber während des Ersten Weltkriegs in der osmanischen Armee als Dolmetscher für deutsche Offiziere in deutsch-türkischen Einheiten gearbeitet. Dieser spontane Händedruck – ein eindeutiger Tabubruch in der damaligen Zeit, in der jede Geste zwischen den ehemaligen Opfern und Tätern scharf beobachtet wurde. Daher versuchte die israelische Delegation, ihn vor der Öffentlichkeit ihrer Heimat zu verbergen, denn das strenge Berührungsverbot galt natürlich auch für den israelischen Außenminister. Doch die Presse bekam Wind von dieser Begrüßung vor der Unterzeichnung der Luxemburger Verträge und schrieb darüber.

Für die Abgeordneten der ultranationalistischen Opposition in der Knesset kam diese Enthüllung wie gerufen. Sie gingen sofort auf die Barrikaden und machten den Handschlag zwischen Adenauer und Sharett zum Skandal, war er für sie doch eine willkommene Gelegenheit, das gesamte Abkommen infrage zu stellen. Sie liefen, angeführt von Israels späterem Ministerpräsidenten Menachem Begin, regelrecht Sturm gegen das »Blutgeld aus Nazi-Deutschland«, wie sie die vereinbarten Zahlungen nannten; die Ermordeten, so ihr Credo, dürften nicht mit Geld aufgewogen werden.

In einer seiner Brandreden beschuldigte der Chef der nationalkonservativen Cheruth-Partei, Menachem Begin, Adenauer sogar, selbst ein Mörder zu sein. Er klagte alle Befürworter des Luxemburger Abkommens an, die sechs Millionen Ermordeten zu verraten.

Auch einige deutschstämmige Israelis gehörten zur Ablehnungsfront. Doch das Abkommen fand im Parlament schließlich eine Mehrheit, wenn auch nur eine knappe.

Dass diese Wiedergutmachungsübereinkunft überhaupt zustande gekommen war, ist auch Diplomaten mit deutschen Wurzeln in der israelischen Verhandlungsdelegation zu verdanken, die schon früh damit begonnen hatten, über Entschädigungen für die im Dritten Reich erlittenen Verluste und Leiden nachzudenken.

Anfang 1948 hatte die für die Einwanderung nach Israel zuständige Jewish Agency in München eine Mission eröffnet, um ausreisewilligen Überlebenden die Übersiedlung nach Israel zu ermöglichen. Mit den Amerikanern oder Briten über Ausreisewünsche zu verhandeln, fiel ihnen nicht schwer, sie verweigerten sich aber jedem Kontakt zu deutschen Dienststellen, es sei denn, es ließ sich gar nicht vermeiden. Die Wahrscheinlichkeit, auf diesen Dienststellen mit ehemaligen Nazibeamten verhandeln zu müssen, war damals wie auch in den kommenden Jahren groß. Ende 1948 wandelte der junge Staat diese Einrichtung mit Sitz in der bayerischen Landeshauptstadt in ein Konsulat um, das damit zur ersten diplomatischen Vertretung Israels auf deutschem Nachkriegsboden wurde. »Zu diesem Zeitpunkt legten wir auch die Uniformen der internationalen Flüchtlingsorganisationen ab, zu denen wir gehörten, und dies war der erste Schritt auf unserem Weg in den Kreis der Diplomaten«, erinnert sich der 1922 in Hamburg geborene Yissakhar Ben-Yaacov, der diese heikle Mission als erster Kanzler des Konsulats in München vor Ort erlebte. Doch auch in ihrer neuen Funktion als Konsulatsmitarbeiter sollten die israelischen Diplomaten nicht ihr Land gegenüber deutschen Behörden vertreten, sondern ausschließlich den entwurzelten Überlebenden, die größtenteils immer noch in Lagern für »Displaced Persons« untergebracht waren, bei der Ausreise in die neue Heimat helfen. Kontakte zu deutschen Institutionen, die damals ohnehin noch nicht viel entscheiden durften, vermieden die Diplomaten nach wie vor, wo immer es ging.

Der wichtigste Ansprechpartner auf deutscher Seite war für sie Philipp Auerbach, selbst ein Jude, der Buchenwald und Auschwitz überlebt hatte. Als bayerischer Staatskommissar für rassisch, religiös und politisch Verfolgte war er auch zuständig für Restitutionsansprüche, die Rückgabe von gestohlenem Eigentum, für juristische Beratung und die Wiedereingliederung rassisch und politisch Verfolgter des Naziregimes, sofern sie überhaupt in der Bundesrepublik bleiben wollten. Auch das Konsulat befasste sich nun zunehmend mit Fragen der Wiedergutmachung und finanziellen Entschädigung der NS-Opfer. Mit der Währungsreform 1948 begann sich die Wirtschaft zu stabilisieren, den Menschen des Nachkriegsdeutschlands ging es, wenn auch noch in bescheidenem Maße, zumindest in den drei

Besatzungszonen der Westalliierten allmählich besser. Dadurch wurden auch Kompensationsleistungen durch die neue deutsche Regierung möglich.

Die israelischen Diplomaten im Land der Mörder – so verstanden sie ihre Mission – sahen sich dabei aber mit einem großen Handicap konfrontiert. Allen, die in den Zonen der Alliierten und später in der Bundesrepublik Dienst taten, war es bis in die fünfziger Jahre hinein ausdrücklich verboten, gesellschaftlichen Kontakt mit den Deutschen zu pflegen. Selbst auf Cocktailpartys galt es nicht als opportun, mit Vertretern des Gastlandes anzustoßen und oder gar zu plaudern.

Wie aber kann Diplomatie etwas erreichen, wenn die Diplomaten nicht mit ihren Kollegen sprechen dürfen? Die Amerikaner hatten es abgelehnt, den Mittler zu spielen. Die Israelis sollten dieses Problem gefälligst selbst lösen. Diplomaten wie Yissakhar Ben-Yaacov gingen das Dilemma pragmatisch an. Sie hielten sich nur an die Schweigegebote ihrer israelischen Dienstherren, wenn es die Erfüllung ihrer Aufgabe nicht behinderte. In allen anderen Fällen redeten sie mit dem deutschen Gegenüber, allerdings immer nur das Nötigste. Schließlich hätten die mehrwöchigen Wiedergutmachungsverhandlungen in Wassenaar bei Den Haag ohne solche direkten Gespräche gar nicht vorbereitet geschweige denn begonnen werden können. Die israelische Diplomatin Esther Herlitz schreibt in ihren Erinnerungen: »Die Verhandlungen über die Wiedergutmachungszahlungen führten dazu, dass das Verhältnis zwischen Israel und Deutschland auftaute und am Ende auch die Aufnahme diplomatischer Beziehungen möglich wurde.«

Auch wenn im israelischen Auswärtigen Dienst viele deutschstämmige Israelis an leitender Stelle beschäftigt waren, es blieb für sie immer nur die zweite oder dritte Reihe. Keiner von ihnen gelangte bis an die Spitze des Ministeriums.

»Dafür waren viele Staatssekretäre im Außenministerium deutschstämmig«, sagt Reuven Merhav, der nach seiner Zeit als Mossad-Mitarbeiter selbst mehrere Jahre lang als Staatssekretär gearbeitet und in dieser Funktion zum Beispiel das Taba-Abkommen mit Ägypten ausgehandelt hat. Jeckes und ihre Nachkommen seien in der Regel weltgewandter als die Israelis mit osteuropäischem Hintergrund, behauptet er. Deswegen ergriffen sie meistens Berufe, in denen man eine gewisse kulturelle Aufgeschlossenheit mitbringen müsse. »Auch im Mossad arbeiteten viele Israelis mit diesem Hintergrund. Diese Israelis haben Israel geprägt, auch wenn sie ganz selten ganz oben angekommen sind«, sagt Reuven nicht ohne Stolz, in den sich vielleicht auch ein Schuss mitteleuropäischen Dünkels mischt. Dafür waren einige von ihnen umso erfolgreicher in der freien Wirtschaft.

Fährt man von Haifa in Richtung Norden und biegt hinter der von den Rexinger Auswanderern gegründeten Siedlung Shavei Zion in Höhe der Nachbarstadt Naharija, ebenfalls in den dreißiger Jahren von deutschen Emigranten aufgebaut, in die ins Landesinnere führende Hauptstraße ab, gelangt man, vorbei an arabischen Dörfern mit ihren alle Häuser überragenden Minaretten, in die bewaldeten Hügel des westlichen Galiläa. Eine der landschaftlich schönsten Gegenden Israels. Dann, nach ungefähr fünfundzwanzig Kilometern, die nächste Kreuzung, dort wieder rechts, nun über eine kurvenreiche Straße immer weiter durch den Wald den Hügel hinauf. Unterwegs die ersten Schilder mit dem Hinweis: »Tefen – Industrial Park«.

Oben auf der Anhöhe beginnt das Reich eines der erfolgreichsten Israelis deutscher Abstammung, Stef Wertheimer, geboren in Kippenheim am Rande des Schwarzwalds, 1936 ausgewandert mit der Familie, als Dreizehnjähriger in Tel Aviv von der Schule geflogen, weil er einen Lehrer niedergeboxt hatte. »Eines Tages, als der Lehrer die neben mir sitzende Vera kniff, stand ich auf, als dreizehnjähriger Gentleman, um ihre Ehre zu verteidigen. Ich schlug ihn nieder, und mein Leben nahm eine ganz neue Wende«, schreibt er in seinen Erinnerungen *The Habit of Labor*.

Den Schulabschluss hat er nie nachgeholt. Das war vielleicht sein Glück. Heute gehört er als Selfmademan zu den reichsten Bürgern Israels. Sein Credo sind urdeutsche Sekundärtugenden: »Arbeiten. Fleißig sein. Disziplin wahren.« Sauberkeit und Ordnung gehören selbstverständlich auch dazu. Sein Lieblingswort aber heißt »arbeiten«.

Am Tor zum Industriepark Tefen muss ich einem Pförtner erklären, wen ich besuchen will. Dann öffnet er die Schranke. Das Gelände ist großzügig angelegt, grüne Parkanlagen mit Pinien und Zypressen, alles wohlgeordnet, die Verbindungsstraßen so sauber, als fahre stündlich eine Kehrmaschine über das Gelände. Auf den Rasenflächen nicht ein einziger Papierschnitzel, dafür mannshohe Skulpturen israelischer Künstler. Kunst im Park. Er soll nicht nur Industrieunternehmen Platz bieten, sondern auch Kultur und Wirtschaft miteinander verbinden. Im Kunstmuseum Tefen finden regelmäßig Ausstellungen statt, die teilweise zu den besten des Landes gehören.

Der Blick vom Gipfel des Parks ist atemberaubend, er reicht, je nachdem, wie man sich wendet, bis in den nur ein paar Kilometer entfernten Libanon, links davon das Mittelmeer, und dreht man sich nach rechts, erkennt man im Hintergrund den im November mit Schnee bedeckten Mount Hermon. Dieser offene Blick nach allen Seiten ist gewissermaßen Programm des Industrieparks. Hier oben produziert nicht nur Wertheimers eigene Metallfabrik, eine der erfolgreichsten Firmen des Landes. Der Park soll allen eine Chance bieten, israelischen Jungunternehmern, innovativen Firmen, die Industriekeramik oder Porzellan herstellen, Start-ups, die mit Nanotechnik oder künstlicher Intelligenz experimentieren. Rund fünfzig Firmen arbeiten hier derzeit. Viel Wert legt Wertheimer darauf, dass sich auch arabische Produzenten in dem Industriepark ansiedeln, ebenso die Minderheit der Drusen. Das größte arabische Unternehmen im Industriepark, die Firma Fuad und Gamila, stellt Seife und Kosmetikartikel nach traditionellen Verfahren her und verkauft sie bis nach Europa. Ungefähr fünftausend Menschen haben hier oben Arbeit gefunden, darunter auch viele Araber aus den umliegenden Dörfern.

Damit steht Stef Wertheimer ganz in der Tradition der deutschstämmigen Israelis, die immer auch für einen Ausgleich mit den arabischen Nachbarn eingetreten sind. »Ohne Kooperation mit den Arabern werden wir keinen Frieden haben«, erklärt er, als ich ihn in Tel Aviv besuche. Wohlstand und Arbeit seien der Schlüssel zur Zukunft dieser Region, so Wertheimer in dem Gespräch, zu dem er sich nur zögerlich bereit erklärt hat; über die Vergangenheit, hatte er zunächst ausrichten lassen, wolle er nicht reden. »Ich will über die Zukunft nachdenken, nicht über die Geschichte der Jeckes. Man darf sie nicht glorifizieren. Ich interessiere mich in erster Linie für die Zukunft der Region«, verkündet der Mann, der den deutschstämmigen Emigranten ein ganzes Museum finanziert hat. Gleich neben dem Kunstmuseum liegt es. Helle und weitläufige Räume. Hier wird die kurze Geschichte der deutschsprachigen Einwanderer auf Schautafeln und in Glasvitrinen dokumentiert. Zweisprachig, auf Hebräisch und Englisch. Zwei Zimmer eines Hauses aus der Pionierzeit der dreißiger und vierziger Jahre sind nachgebaut. Das Originalinventar – Blechschüsseln, Kommode, Tisch, ein schmales Bett und eine Holztruhe – stammt aus einem Holzhaus der Mittelmeerstadt Naharija. In abgetrennten Räumen registriert eine eigens angestellte Archivarin den Nachlass verstorbener Einwandererfamilien. So ganz und gar gleichgültig scheint Wertheimer diese Anfangszeit dann wohl doch nicht zu sein. Irgendwie ist er auch stolz auf sie. »Sechzigtausend Emigranten sind aus Deutschland gekommen«, soll er einmal gesagt haben, »stellen Sie sich einmal vor, wo das Land stünde, wenn es zweihunderttausend gewesen wären.«

Trotz seiner Vorbehalte hatte die Direktorin der Tefen-Museen, Ruti Ofek, ihn zu dem Interview mit diesem deutschen Journalisten überreden können. Wir treffen uns im obersten Stockwerk eines am Strand von Tel Aviv gelegenen Wohnhochhauses. Ein paar Minuten nur lässt er uns warten, dann betritt der Neunzigjährige den Raum. Kerzengerade, fast steif geht er auf uns zu, mit schnellen Schritten, reicht uns die Hand, ein kräftiger Druck, dann will er wissen, wie Deutschland mit den Flüchtlingen zurechtkommt. Er nickt zufrieden, als wir ihm von der Merkel'schen Willkommenskultur erzählen. »Wir schaffen das«, dieser Spruch könnte auch von ihm stammen. Allerdings ist er nicht so sicher, ob der Nahe Osten seine Zukunft schafft. Das Öl habe die Region versaut, sagt er, die Menschen in den ölproduzierenden Ländern hätten das Arbeiten verlernt. Außerdem spielten aus seiner Sicht momentan die Religionen in der Gegend eine fatale Rolle, weil sie zu vielen Konflikten führten, einmal in der arabischen Welt, dann aber auch in Israel selbst. Allein Arbeit sei die Grundlage für eine bessere Zukunft der Region.

Außerdem sei für diese Zukunft entscheidend, dass Israelis und Araber endlich friedlich zusammenlebten, doziert er weiter: »Galiläa ist ein Beispiel, dass es funktionieren kann. Die Juden wie die Araber haben Arbeit, daher keine Zeit, sich zu streiten.« Industrialisierung ist einer seiner Schlüsselbegriffe. »Industrie bedeutet Arbeitsplätze, Arbeit heißt Wohlstand, und wem es gut geht, der kommt nicht auf dumme Gedanken. Erfolg und Wohlstand lassen Konflikte vergessen und schaffen Frieden. Exportindustrie ist der Hebel, um auf kapitalistische Art Frieden zu schaffen«, so seine simple Gleichung. Sie klingt ein wenig arglos, man darf aber nicht vergessen, alle anderen, komplexeren Versuche, im Nahen Osten Frieden zu schaffen, sind bislang gescheitert. »Ich glaube nicht, dass ich den Frieden noch erlebe, aber ich habe es in meinem Leben versucht.« Achtzig seiner neunzig Jahre hat er erst in Palästina, dann, ab 1948, in Israel verbracht, sich also ganz dem zionistischen Abenteuer verpflichtet, doch nur widerwillig lässt er sich auf Fragen nach den Anfängen ein.

Entsprechend knapp fallen seine Antworten aus, wenn ich

ihn bitte, sich an seine Jugend in Palästina zu erinnern. »Ach, wissen Sie, ich habe damals viel Karl May gelesen. Für mich war die Übersiedlung ein großes Abenteuer. Für meine Eltern war es schwer, für mich nicht.« Dass er von der Schule geflogen ist, scheint ihm heute noch zu amüsieren. Er lacht, als ich ihn darauf anspreche.

Doch dann wird er wieder ernst und schwenkt zurück in die Gegenwart. »Israel muss eine positive Rolle in der Region spielen. Bisher tun wir das nicht. Außerdem muss sich der Westen raushalten aus der Region. Industrie schaffen ja, aber nicht politisch oder militärisch intervenieren.« Wirtschaftsinvestitionen, so wie er sie geleistet hat, sind für ihn der Schlüssel zu Wohlstand und Frieden. Acht Industrieparks hat er inzwischen aufgebaut, einen davon in der Türkei, der auch heute noch floriert, trotz der Spannungen zwischen den beiden Ländern.

Wertheimer ist nicht der einzige erfolgreiche Unternehmer deutscher Herkunft in Israel. Die 1936 aus Stuttgart eingewanderte Familie Strauss baute nach großen Anlaufschwierigkeiten einen der führenden Lebensmittelkonzerne des Landes auf, der heute mit Fabriken weltweit operiert. Angefangen hatte die Familie in der von deutschen Auswanderern gegründeten Siedlung Naharija mit einer Molkerei, die Milch, Käse, Sahne und später Speiseeis herstellte. Schwäbische Sparsamkeit und Genügsamkeit waren zwar Lebensprinzipien der Familie Strauss, dennoch schrammte ihre Firma Ende der fünfziger Jahre knapp an einem Konkurs vorbei. Die Familie blieb unbeirrt. Mit Jogurt zum Erfolg. In den sechziger Jahren gelang endlich der Durchbruch. Heute beschäftigt die Strauss Group vierzehntausend Angestellte in zwanzig Ländern und siebenundzwanzig Produktionsstätten, sie gehört damit zu den größten israelischen Unternehmen. Noch immer steht an der Firmenspitze ein Mitglied der Familie, die eine Zweidrittelmehrheit der Anteile hält. Und dass sich das einstige Wehrdorf Naharija zu einer wohlhabenden Stadt entwickeln konnte, ist sicherlich auch dieser Familie zu verdanken.

Schließlich Salman Schocken, Büchernarr und Kaufhauskönig im Deutschen Reich bis 1933. Während der Weimarer Republik außerdem Förderer der jüdischen Literatur, er verstand sich als Zionist, »wenn auch einer der exzentrischen Art«, wie der in Wien geborene Publizist Amos Elon ihn beschreibt. »Er wollte unbedingt ein Mann der Zukunft sein, der die uralten Glaubenssätze und Gebräuche weit hinter sich lässt.« Sein mit den Kaufhäusern verdientes Vermögen setzte er ein, um »das zu fördern, was er als Grundvoraussetzung jeder erfolgreichen Nationalbewegung ansah: eine nationale Literatur, die sich aus der Sprache und einem Fundus von Legenden und Mythen speist«.

Salman Schockens literarische Leidenschaft war nicht in der Schule geweckt worden. Seine literarische Bildung hatte er sich selbst aneignen müssen, da er mit vierzehn Jahren von der Schule abgegangen war, um auf Wunsch seines Vaters eine kaufmännische Lehre anzutreten. Für ihn offensichtlich die richtige Berufswahl. Dank der engen Zusammenarbeit mit seinem Bruder baute er sich allmählich ein Kaufhausimperium auf und machte damit ein Vermögen. Vierzehn Kaufhäuser waren es Ende der zwanziger Jahre, die ein breites Warensortiment anboten. Preiswerte Textilien guter Qualität zum Beispiel und Haushaltswaren, außerdem neue Bücher. Alles unter einem Dach. Das war sein Erfolgsgeheimnis. Darüber hinaus kaufte er bei Verlagen Remittenden auf und bot sie verbilligt in seinen Filialen an. Alle sollten Zugang zu Büchern und damit zu Bildung haben, auch die weniger Betuchten. Das Lesen und Sammeln alter Bücher blieb zeit seines Lebens seine große Leidenschaft.

1931 erfüllte er sich einen Traum. In Berlin gründete er sein eigenes Verlagshaus, den Schocken Verlag, der sich auf die Veröffentlichung von Texten jüdischer Autoren spezialisierte. Bekannt und beliebt wurde er auch durch die »Bücherei des Schocken Verlags«, eine Reihe preiswerter Bändchen mit Werken jüdischer Schriftsteller oder zu jüdischen Themen. Zu den Autoren gehörten Religionsphilosophen wie Leo Baeck, Martin

Buber, aber auch Dichter wie Ludwig Strauss, Karl Wolfskehl oder Gershom Scholem. Einen Schriftsteller hatte er schon früh für sich entdeckt und gefördert: Samuel Joseph Agnon, der Jahrzehnte später, 1966, zusammen mit Nelly Sachs den Nobelpreis für Literatur erhielt.

Als die SA ab 1933 seine Kaufhäuser überfiel und demolierte, als es auch für nichtjüdische Angestellte immer gefährlicher wurde, für Salman Schocken zu arbeiten, als also in Nazi-Deutschland für ihn nichts mehr ging, wanderte er nach Palästina aus. Das war 1934. Immerhin konnte er ungefähr achtzig Prozent seiner wertvollen Bücher in zweihundert Kisten von Hamburg nach Haifa schicken, darunter hebräische Inkunabeln. Bis zu neunzig solcher seltenen Buchkunstwerke aus den Anfängen des Buchdrucks soll er besessen haben. Bis Ende 1938 versuchte er, seinen Verlag in Berlin aus dem Exil heraus am Leben zu erhalten, trotz der Schikanen und Repressionen gegen seine jüdischen Angestellten. So war es dem Verlag ab 1935 untersagt, Bücher nichtjüdischer Autoren zu veröffentlichen. Die Schocken-Lektoren wollten aus dieser Not eine Tugend machen und verlegten 1935 die ersten Bände einer geplanten Kafka-Gesamtausgabe. Doch schon nach kurzer Zeit verboten die Nazis die Veröffentlichung von Werken des Prager Schriftstellers, schließlich hatten sie ihn schon am 10. Mai 1933 während der Bücherverbrennung als Autor von »schädlichem und unerwünschtem Schriftgut« gebrandmarkt. 1938 schlossen die Nazis Salman Schockens Berliner Stammhaus.

Seine Leidenschaft für Literatur nahm er mit nach Jerusalem, wo er 1939 einen neuen Schocken Verlag gründete. Außerdem kaufte er die 1919 gegründete Tageszeitung *Haaretz* (»Das Land«), die sein ältester Sohn Gershom (Gustav) als Chefredakteur von 1939 an zu einer der führenden Zeitungen des Landes entwickelte. Ihre Kritik an der britischen Mandatspolitik war legendär. Der in Wien geborene ehemalige Generaldirektor der *Jerusalem Post*, Ari Rath, erinnert sich in dem Band *Zweimal*

Heimat – Die Jeckes zwischen Mitteleuropa und Nahost an das einflussreiche, damals nur in hebräischer Sprache erscheinende Blatt, das auch nach der Staatsgründung nicht an Biss verlor: »*Haaretz* war auch damals eine der Regierungspolitik gegenüber kritisch eingestellte Zeitung, und man sagte im Scherz, Gershom Schocken habe wohl vergessen, dass wir und nicht die Briten an der Regierung seien.«

Noch heute ist die Zeitung so etwas wie der liberale Stachel im Fleische der meist konservativen politischen Elite Israels, politisch unabhängig und nach allen Seiten kritisch. Zu ihren Autoren gehören Journalistinnen wie Amira Hass, deren Eltern Konzentrationslager überlebt hatten. Als einzige israelische Korrespondentin wohnt sie ständig im Westjordanland, um von dort über die Besatzungspolitik der israelischen Armee zu berichten, meist zum Ärger der Offiziere und Politiker. Damit nimmt sie eine Haltung ein, für die Salman Schocken schon in den dreißiger Jahren eingetreten war. Auch er hatte zu jenen Deutschstämmigen gehört, die einen Ausgleich mit den Arabern gefordert hatten.

Für die liberale, wenn nicht gar linke Tradition israelischer Journalisten mit deutschem Hintergrund steht auch zum Beispiel Uri Avnery, der schon früh eines der rigidesten israelischen Polittabus durchbrach, indem er mit der PLO Kontakt aufnahm, als diese noch als Terrororganisation eingestuft war. Auch Autoren wie die Journalisten Micha Limor und David Witzhum oder die Historiker Moshe Zimmermann und Tom Segev gehören zu dieser liberalen Tradition.

In Jerusalem wird man auf der Suche nach Spuren dieses wichtigen Mäzens und großen Verlegers rasch fündig. Zum Beispiel seine Bibliothek, die Schocken Library. Sie liegt in der abgeriegelten Balfour Street gegenüber der streng bewachten Residenz des israelischen Ministerpräsidenten. Das Bibliotheksgebäude besichtigen? »No problem.« Der Wachposten winkt den Besucher freundlich durch.

Von einem der besten Architekten der Weimarer Zeit, von Erich Mendelsohn, hatte Salman Schocken sich diese Bibliothek planen und entwerfen lassen. Mendelsohn war schon für den Bau seiner Kaufhäuser in Deutschland verantwortlich gewesen. Außerdem ließ der im Exil angekommene Unternehmer sich von ihm ganz in der Nähe noch eine Villa als Residenz der Familie erbauen. Seine Bibliothek zählt auch heute noch zu den schönsten von einem deutschen Architekten entworfenen Gebäuden Jerusalems. Von außen hat sie etwas Festungshaftes, Abweisendes: schmale Fenster, manche wirken wie Schießscharten, hohe, nackte Hauswände. Tritt man ins Innere, überrascht einen die lichte Architektur des Treppenhauses und der Räume. In kleinen Zimmern brüten schwarz gekleidete Theologiestudenten tief gebeugt über religiöse Schriften. Es herrscht strenge Flüsteratmosphäre, ein lautes Geräusch, und die Studierenden schrecken hoch, drehen sich verärgert nach dem Störenfried um, ein missbilligender Blick, dann wenden sie sich wieder ihren Büchern zu. Der Publizist Amos Elon schreibt über die Bibliothek, die bis heute auch das von Schocken mitgegründete Institut für jüdische Studien beherbergt: Mit ihren »klaren Linien, den elliptisch nach außen gewölbten Fensterfronten und der vom Bauhaus-Stil inspirierten Innenausstattung dürfte [sie] zu den bemerkenswertesten Gebäuden der Stadt zählen«.

Es sei zwar renovierungsbedürftig, aber weitgehend noch so eingerichtet, wie Mendelsohn es entworfen habe, erklärt mir ein junger Student, der mich durch die gleißende Helle des Treppenhauses in den ersten Stock führt. Besonders sehenswert dort der große Lesesaal mit den Bücherregalen. Auf den Regalbrettern die Schätze Schockens, durch Glas gut geschützt gegen den Staub der Stadt. Mendelsohn hatte außerdem dafür gesorgt, dass die gedruckten Kostbarkeiten nicht durch aggressives Sonnenlicht ausbleichen. Tageslicht fällt indirekt ein durch Fensterbänder oberhalb der Regale. Nur über einen halbrunden Balkon genau in der Mitte des Saals strahlt Licht direkt ein. Vor diesem bis zur

Decke verglasten Balkon hat neben vielen anderen die unglückliche Else Lasker-Schüler aus ihren Werken gelesen. Mit solchen Veranstaltungen für ausgesuchtes Publikum förderte Schocken die Autoren im Exil, die sonst kaum Möglichkeiten hatten, ihren Lebensunterhalt mit Schreiben und Lesen zu verdienen. Auch Schriftsteller wie Gershom Scholem oder Samuel Joseph Agnon hatten vor dem Balkon gesessen und konnten sich so über Wasser halten. Zur Einrichtung des großen Saals gehören auch die ebenfalls von Mendelsohn entworfenen, noch gut erhaltenen Tische aus dem Holz des Zitronenbaums und Metalllampen mit runden, nach oben gerichteten Schirmen.

Nur die besten Materialen sollten verarbeitet werden. Darauf hatte der Architekt bestanden. Alles musste vom Feinsten sein. So verfügt Schockens Villa über einen Luxus, von dem die meisten Einwanderer in Palästina damals nur träumen konnten. In dem großen Haus hatte der Architekt eine Art Klimaanlage einbauen lassen, die im Hochsommer wenigstens einige Zimmer auf eine erträgliche Temperatur herunterkühlte. Wem das noch zu ungemütlich war, der konnte sich in einem eigens für das Haus gebauten Swimmingpool entspannen. Umgeben war das Haus von einem großen Park. Hier traf sich in den dreißiger Jahren die Jerusalemer Gesellschaft. Hier berieten die wichtigsten Politiker über die Zukunft Palästinas. Engländer, liberale Emigranten aus Deutschland und Österreich, nationale Zionisten aus Osteuropa, gelegentlich auch arabische Würdenträger.

Die Schocken-Villa liegt im Sperrbezirk des Regierungschefs, kann daher nicht besichtigt werden. Ein paar Schritte in die Richtung des Gebäudes genügen, schon versperrt ein schwerbewaffneter Wächter den Weg und schickt den Besucher freundlich, aber bestimmt mit der Bemerkung »Lohnt sich ohnehin nicht« zurück. Tatsächlich ist der einst weitläufige Park des Anwesens inzwischen eng bebaut, die Villa aufgestockt, sodass von dem ursprünglichen Charakter nicht mehr viel übrig geblieben ist. Vor etlichen Jahren habe es sogar Pläne gegeben, das Haus ganz abzureißen, erzählt mein Begleiter beim Rundgang durch die Bibliothek. Erst Bürgerprotest und Kommentare der Schocken-Zeitung *Haaretz* hätten das Schlimmste verhindert. Wie lange das vorhalte, wisse niemand.

Den ruhelosen Salman Schocken hielt es nicht lange in Palästina. Der Zweite Weltkrieg dauerte schon ein Jahr, als es ihm endlich gelang, mit seiner Familie über Kairo und Australien nach New York auszureisen, wo er bis Kriegsende blieb. Auch danach kehrte er nur kurzzeitig nach Jerusalem zurück. Die israelische Politik enttäuschte ihn zutiefst, außerdem fühlte er sich auch in Palästina als Außenseiter wie schon vorher in Deutschland. Dort hatte er geglaubt, um Anerkennung unter den Intellektuellen und Schriftstellern kämpfen zu müssen, weil er ein Aufsteiger ohne Abitur war, ein Ladenbesitzer ohne Bildungsabschluss, ein abgebrochener Hauptschüler, der es zum Millionär gebracht hatte, ein Emporkömmling also, der nie sicher sein konnte, ob der Beifall ihm galt oder seinem vielen Geld. Vielleicht sollte seine Sammlung alter hebräischer Bücher ihn vor solcher Ungewissheit schützen. Die Ehrendoktorwürde der Hebräischen Universität in Jerusalem jedenfalls hätte ihm viel bedeutet, erzählt mein junger Begleiter in der Bibliothek, als wir vor einer Fotografie des ehemaligen »Kaufhauskönigs« stehen. Ein streng dreinblickender, leicht rundlicher Herr mit Glatze in dunklem Anzug mit Krawatte. Der Prototyp eines Einwanderers aus Nazi-Deutschland, ein klassischer Jecke. Doch es kam nicht zu dieser akademischen Weihe, obgleich er als Mitglied im Verwaltungsrat maßgeblich am Ausbau dieser Bildungseinrichtung beteiligt gewesen war. »Die Universität war nur bereit, ihm diese Würde zu verleihen, wenn er ihr seine kostbare Bibliothek vermachte. Dazu war nun wiederum er nicht bereit«, erzählt mein Begleiter. Sich erpressen lassen? Nein danke! Das ging ihm gegen den Strich! Also blieb ihm diese Auszeichnung verwehrt.

Es quälte ihn wohl auch, dass er, wo immer er hinkam, zu einer Minderheit gehörte, in Deutschland als Jude, in Palästina als Deutscher, in den USA schließlich, mitten im Krieg, als beides, als Jude und Deutscher. Ob er auch deswegen gegenüber seinen Freunden, ja selbst gegenüber seiner Familie häufig barsch und brüsk auftrat, autoritär und rechthaberisch, ist nicht überliefert. Jedenfalls – so erzählt man sich heute nicht nur in der Bibliothek – war er kein einfacher Charakter. Andere nannten ihn schlicht einen veritablen Tyrannen, hinter seinem Rücken natürlich oder nach seinem Tod. Am 21. August 1959 starb Salman Schocken in einem Schweizer Hotelzimmer – in seinen Händen, so Amos Elon, zwei Bücher: »den *Faust II* und Bubers *Die Geschichten des Rabbi Nachman*, die er fest umklammert hielt«. Schocken war vielleicht einer der Unglücklichsten in der zweifellos an Unglücklichen reichen Schar deutschstämmiger Palästina-Auswanderer.

Nach seinem Tod ging sein Unglück weiter, die Familie ließ einen Teil der kostbaren Sammlung in Auktionshäusern wie Sotheby's oder Christie's versteigern. Wer die Besitzer der Bücher heute sind, lässt sich in einigen Fällen nicht mehr feststellen. Hinter den Glaswänden der Regale und den Glasvitrinen im großen Saal befindet sich also nur ein Teil seiner einst gigantischen Sammlung. Stolz könnte Schocken allerdings selbst heute noch auf seine Tageszeitung *Haaretz* sein, die sein liberales Vermächtnis pflegt und über die Jahrzehnte bis heute an ihrer kritischen Haltung gegenüber der Besatzungspolitik der israelischen Regierung im Westjordanland festgehalten hat.

Hätte der Bücherfreund Salman Schocken in den fünfziger Jahren häufiger seine Villa oder seine Bibliothek in Jerusalem besucht, wäre er vielleicht Gründungsmitglied des renommierten Leo-Baeck-Instituts geworden und hätte so seiner Idee, die deutsch-jüdische Tradition zu bewahren, neuen Anschub geben können. In die Gemeinschaft der Gründungsmitglieder dieses 1955 eröffneten Instituts hätte er nicht schlecht gepasst. Zu ihnen gehörten Wissenschaftler, Philosophen, Schriftsteller und Publizisten wie Hannah Arendt, Martin Buber, Gershom Scholem,

Ernst Simon und der Journalist Robert Weltsch, die meisten von ihnen Professoren an der Hebräischen Universität in Jerusalem. Zwar verstanden sich fast alle als Zionisten, doch standen sie dem orthodoxen Zionismus kritisch gegenüber und verlangten, die arabischen Bürger Israels besser in die Gesellschaft und Politik des Landes zu integrieren.

So schrieb zum Beispiel der Religionsphilosoph Martin Buber Ende der fünfziger Jahre einen flammenden Aufruf an die Regierung, endlich mit den palästinensischen Arabern einen gemeinsamen Staat zu bilden, eine Föderation: »Es kann heute keinen Frieden zwischen Juden und Arabern geben, der nur ein Aufhören des Krieges wäre; es kann nur noch einen Frieden der echten Zusammenarbeit geben. Unter so vielfach erschwerten Umständen ist es noch heute und mehr als je das Gebot des Geistes, die Zusammenarbeit der Völker anzubahnen.« Veröffentlicht wurde dieser Appell an die Vernunft am 3. Oktober 1958 im *Mitteilungsblatt* der Vereinigung der Einwanderer aus Mitteleuropa, also einem nicht gerade massenwirksamen Organ in Israel. Doch seine Gültigkeit hat dieser weitsichtige Satz auch heute, sechzig Jahre später, nicht verloren.

Ziel des Leo-Baeck-Instituts war und ist es, die Geschichte und Kultur der deutschsprachigen Juden zu erforschen, um sie den Zerstörungen durch den Holocaust zum Trotz vor einem endgültigen Untergang zu bewahren. Parallel zur Gründung in Jerusalem wurden an zwei Orten mit großer jüdischer Diaspora-Gemeinde, in London und New York, Institute gleichen Namens eröffnet.

2015 feierte diese Forschungsstätte ihr sechzigjähriges Jubiläum. In seiner Festrede in Jerusalem zitierte der an der Frankfurter Goethe-Universität über jüdische Geschichte forschende Professor Shmuel Feiner den berühmten Rabbiner und KZ-Überlebenden Leo Baeck, der bei seinem ersten Besuch der Londoner Niederlassung im Oktober 1955 die Aufgabe des nach ihm benannten Instituts folgendermaßen beschrieben haben soll:

»Ich sehe die Mission des Instituts darin, das Erbe der deutsch sprechenden Juden zu bewahren und zu neuem Leben zu erwecken.« Hier unterbrach Feiner in seiner Rede das Zitat und ergänzte: »Wie auch wir fühlte sich Leo Baeck bei dem Begriff Erbe ein bisschen unwohl.« Deshalb habe der Rabbiner weiter ausgeführt: »In der Geschichte gibt es kein Erbe, sondern nur eine Wiedergeburt. Die Kraft der jüdischen Geschichte besteht darin, dass sie wiedergeboren wird, immer wieder ... Wenn wir heute in der Lage wären, von einem historischen Aussichtspunkt betrachten zu können, was die deutsch sprechenden Juden von Lemberg bis Straßburg, von Prag bis Skandinavien auf kulturellem Gebiet geleistet haben, dann stünden wir vor einem phantastischen Wunder.«

Wer war dieser Leo Baeck, nach dem die drei Institute benannt sind? Geboren 1873 in der preußischen Provinz Posen als Sohn einer Rabbinerfamilie, studierte er Philosophie und Geschichte in Breslau und an der renommierten Hochschule für die Wissenschaft des Judentums in Berlin. Er gilt als einer der wichtigsten Vertreter des liberalen Judentums im deutschsprachigen Raum, als ein undogmatischer Reformrabbiner, dem die innere Überzeugung und die im Alltag gelebte Religion als Maßstab für die Frömmigkeit eines Gläubigen wichtiger waren als die strikte Einhaltung der zahllosen religiösen Vorschriften, der die Orthodoxen den Vorrang gaben. *Das Wesen des Judentums*, so der Titel seines 1905 erschienenen Hauptwerks, beschreibt er so: »Judentum heißt ernst nehmen, ernst machen, sich nicht mit dem Wort begnügen; denn ein Wort, das bloßes Wort bleibt, fehlt eben der Ernst ... Sich einsetzen, etwas sein mit ganzem Herzen, mit ganzer Seele, mit ganzer Kraft, nicht nur hingehen, um sich zu begeistern, nicht nur hingehen, um zu reden oder um zu hören, sondern etwas erfüllen, Opfer bringen ... das ist Judentum.«

Leo Baeck lebte diese Haltung während der Nazizeit vor. Nach 1933 hatte er mehrfach die Gelegenheit auszuwandern, um sich in Sicherheit zu bringen. Doch seine Glaubensbrüder im Stich zu lassen, kam für ihn nicht in Frage. Also blieb er und versuchte als Präsident der 1933 gegründeten Reichsvertretung der deutschen Juden, so gut es ging deren Interessen gegenüber den Nazis zu vertreten. Diesem von Leo Baeck bis zu seiner Auflösung geführten Verband hatten sich die meisten jüdischen Organisationen angeschlossen. Nach dem Erlass der Nürnberger Rassegesetze 1935 ordneten die NS-Behörden an, die Vereinigung habe sich in Reichsvertretung der Juden in Deutschland umzubenennen, um erst gar nicht den Verdacht aufkommen zu lassen, es könne so etwas wie jüdische Deutsche geben. Der physischen Vernichtung der Juden ging die sprachliche und soziale Auslöschung voraus.

Obwohl die Nazis den Handlungsspielraum der Reichsvertretung, die sich ab 1939 Reichsvereinigung nannte, immer stärker einengten, leistete sie wichtige Arbeit. Sie organisierte die Vorbereitungslager für die Auswanderung nach Palästina, sie war im Schul- und Bildungswesen aktiv, gründete eigene Schulen, stellte aus dem öffentlichen Dienst entlassene jüdische Lehrer ein, und Wohlfahrtseinrichtungen der Reichsvertretung versuchten, in Not geratenen jüdischen Deutschen zu helfen. Angesichts dieser ungeheuren Aufgabenfülle ließ es sich nicht vermeiden, dass Leo Baeck und seine Kollegen in einzelnen Fällen auch mit den Dienststellen der Nazis zusammenarbeiten mussten.

Gelegentlich wird daher die Reichsvertretung und deren Nachfolgeorganisation, die Reichsvereinigung, einer zu großen Nähe zum Regime bezichtigt, und es steht der Vorwurf der Kollaboration im Raum, der sich natürlich auch gegen den Präsidenten dieser Interessenvertretungen, Leo Baeck, richtet. In seinem Buch *Die deutschen Juden 1914–1945* widerspricht der israelische Historiker Moshe Zimmermann dieser leichtgängigen Interpretation. Tatsächlich, schreibt er, habe Baeck versucht, aus der Notlage der deutschen Juden, die sich von Tag zu Tag verschlimmerte, das Beste zu gewinnen, so wie es vermutlich die meisten in einer solch verzweifelten Situation versucht hätten. Die Nähe zu NS-Funktionären sei dabei unvermeidbar gewesen: »Zur Kollaboration kam es im Wesentlichen zwischen Geiseln und Geiselnehmer. Druckmittel waren hier nicht nur Gewalt und Willkür, sondern auch wirtschaftliche Sanktionen.« Das Regime habe alle Macht gehabt, Kollaboration zu erzwingen, und die jüdischen Opfer hätten gehofft, durch den Kontakt zu den nationalsozialistischen Henkern das Schlimmste abwenden zu können. Außerdem sei nachgewiesen worden, »dass die Reichsvertretung auch in den Augen des Regimes nicht als unbedingt kooperationsbereit galt und dass selbst ihre Nachfolgeorganisation, die Reichsvereinigung, die bisweilen für den verlängerten Arm der Gestapo gehalten wurde, eindeutige Zeichen der Verweigerung des Gehorsams und Widerspenstigkeit an den Tag legte«. Auch dies war zweifellos ein Verdienst von Leo Baeck.

1943 wurde er nach Theresienstadt deportiert. Dort erfuhr er zwar als Prominenter eine bevorzugte Behandlung, doch sein Status schützte ihn nicht vor Schikanen und Misshandlungen. Dennoch setzte er, wenn irgend möglich, seine seelsorgerische Betreuung der Inhaftierten und seine Bildungsarbeit unerschrocken fort. Da die KZ-Leitung ihm wie allen Juden im Lager jede Form von Weiterbildung strikt verboten hatte, mussten er und seine Kollegen ihre Vorträge heimlich halten. Welche tiefe Verehrung er auch bei den deutschstämmigen Emigranten in Palästina in diesem Jahr noch genoss, zeigt ein Artikel im *Mitteilungsblatt* vom 21. Mai 1943. Darin schreibt der Rabbiner Dr. P. Lazarus unter der Überschrift »Der letzte Jude« anlässlich des siebzigsten Geburtstags von Leo Baeck, den dieser in Theresienstadt erlebt: »Ein Märtyrer steht vor uns, ein Mann von gewaltiger seelischer Größe, vor dem wir uns heute in Ehrfurcht beugen, der wahre letzte Vertreter des modernen deutschen Rabbinerstandes. Voll tiefster Dankbarkeit blicken heute, da Leo Baeck die Schwelle des biblischen Alters überschreitet, nicht nur die aus Deutschland stammenden Juden zu ihm in herzlicher Verbundenheit und tiefster Verehrung auf, zu diesem gütigen, treuen, uneigennützigen Menschen voll Selbstlosigkeit und Opferfreude, dem stets bereiten Helfer jedes Einzelnen, der sich an ihn wandte.«

Als Leo Baeck 1945 befreit wurde, sagte er, von Deutschland tief enttäuscht: »Unser Glaube war es, dass deutscher und jüdischer Geist auf deutschem Boden sich treffen und durch ihre Vermählung zum Segen werden könnten. Dies war eine Illusion – die Epoche der Juden in Deutschland ist ein für alle Mal vorbei.«

Tatsächlich war der Zusammenstoß von deutschem und jüdischem Geist auf deutschem Boden zum Fluch geworden. Und man konnte sich 1945 kaum vorstellen, dass es jemals wieder zu einer Annäherung zwischen Juden und Deutschen kommen könnte, dass gar ein Institut, benannt nach diesem aufgeklärten Rabbiner, zum Brückenbauer werden könnte zwischen den Tätern und den Opfern. Doch das sind die Leo-Baeck-Institute zweifellos. Auch das Jüdische Museum in Berlin ist inzwischen Teil dieses Forschungsverbunds geworden, ebenso andere wissenschaftliche Einrichtungen, die sich auf Antisemitismus-Forschung spezialisiert haben. Die beiden Niederlassungen in New York und London gelten heute als die größeren und aktiveren im Vergleich zum israelischen Stammhaus, doch wer im Jerusalemer Institut um historisches Material über die deutschstämmigen Einwanderer in Israel bittet, wird bestens bedient. Es verfügt über Familienarchive, Tagebücher und Aufzeichnungen von deutschen Emigranten. Viele in diesem Buch zitierte Dokumente stammen aus der Bustenai Street in Jerusalem, mit großer Hilfsbereitschaft zur Verfügung gestellt von der Leiterin dieser Institution, Irene Aue-Ben-David. Unter anderem erscheint dort auch der *Jüdische Almanach*, der alljährlich in deutscher Sprache über jüdisches Leben informiert. Allen Publikationen des Instituts ist eines gemeinsam: Sie vertreten eine liberale Grundhaltung.

Heute aber, so erklärte der Historiker Shmuel Feiner in seiner

Jubiläumsrede 2015, sei das liberale Projekt Israel, für das Gelehrte wie Leo Baeck oder Martin Buber eingetreten sind, mehr denn je in Gefahr: »Wir erleben äußerst fühlbar im Jahr 2015, dass das jüdische Modernisierungsprojekt immer noch nicht beendet ist, dass es Brüche, Traumata und Kulturkriege auslöst. Wir können nicht ignorieren, was draußen passiert. Grundlegende Werte der Aufklärung – Humanismus, moderne Erziehung, jüdischer Liberalismus, kritische Analyse, Pluralismus und religiöse Toleranz – sind alle in Zweifel gezogen. Wir erleben tiefe politische und soziale Kontroversen über das, was der jüdische Staat sein soll: jüdisch oder demokratisch? Ein religiöser oder säkularer öffentlicher Raum? Eine jüdische oder israelische Identität? Eretz Israel oder der Staat Israel? Gerichte mit Religionsgesetzen oder säkulare Gerichte? … Der Kulturkrieg oder der innersoziale und innerkulturelle Kampf über aufgeklärten Ethos und die Haltung gegenüber der europäischen Modernisierung sind immer noch ungelöste historische Kapitel in den Annalen der Juden.«

Diese deutliche Kritik an der aktuellen Lage des Landes klingt wie ein später verzweifelter Widerhall der großen Mehrheit deutschstämmiger Einwanderer, die schon in den dreißiger Jahren gefordert hatten, aus Israel einen säkularen und liberalen Staat zu machen. Sie waren zwar vor einer Diktatur geflohen, hatten aber bei dieser Flucht das Vermächtnis der Aufklärung im Gepäck mit nach Palästina gerettet. Durchgesetzt haben sie sich in einigen Politikfeldern, wenn auch selten in Spitzenämtern, außerdem in Forschung und Lehre, in bedeutenden Wirtschaftsbranchen und in vielen Bereichen der Kultur.

Von allen Kulturschaffenden konnten Architekten am schnellsten in Palästina Fuß fassen. Das lag sicher auch daran, dass Architekten bei der Ausübung ihres Berufs nicht in dem Maße auf Sprachkenntnisse angewiesen sind wie etwa Schriftsteller oder Juristen. Außerdem gab es einen Bedarf an Baumeistern. Die Stadtverwaltung von Tel Aviv suchte in den dreißiger Jahren händeringend Fachleute, die die aus allen Nähten platzende Stadt erweitern und umgestalten konnten, andernfalls hätte sie den Zustrom von Einwanderern aus Europa nicht bewältigen können. Für die Emigranten musste bezahlbarer Wohnraum geschaffen werden.

Tel Aviv war eine extrem junge Stadt, fast noch in einer frühkindlichen Entwicklungsphase, verglichen mit den anderen Städten Palästinas, die teilweise schon in vorchristlichen Zeiten bewohnt gewesen waren. 1909 auf den Sand am Mittelmeer dem beinahe viertausend Jahre alten Jaffa als direkter Nachbar zur Seite gestellt, planten die Erbauer eine luftige Stadt mit breiten Boulevards, aber auch schmalen, ruhigen Gassen, möglichst freistehenden Einzelvillen und großzügigen Parks. Viel Europa hatten sie vorgesehen, Orient nur so viel wie nötig. Doch spätestens in den dreißiger Jahren war die Nachfrage nach Wohnraum so groß, dass niemand mehr an die ursprünglich geplante bourgeoise Gartenidylle dachte. Dennoch wurde der Bauboom zum Glücksfall für die Stadt. Vor den Nazis geflohene Architekten trafen in Palästina auf Menschen, die die Absicht hatten, einen neuen, modernen Staat zu gründen. In diese Stimmung des Neubeginns importierten sie ihre Idee von einer schnörkellosen Architektur mit geraden, klaren Linien oder runden Formen, funktional und preiswert gebaut. Also weg vom deutschen Giebel, von säulengestützten Prunkportalen und historisierendem Zierrat an den Hauswänden. Die schlichten weißen Häuser mit Flachdächern sollten klar gegliederte Fassaden haben mit Fensterbändern und geschwungenen Balkonen, dahinter meist kleine Wohnungen, um möglichst viele Menschen unterbringen zu können. Vorbild war unter anderem das Dessauer Bauhaus mit Walter Gropius oder Mies van der Rohe als Lehrmeister.

Die Deutschen Erich Mendelsohn und Richard Kaufmann, der in Polen geborene Arieh Sharon oder die im Alter von zwei Jahren mit ihrer Familie aus dem Zarenreich nach Palästina eingewanderte Architektin Genia Averbuch gehörten zu den

Schöpfern des neuen Tel Aviv, das als modernes Stadtplanungs-projekt in die Geschichte eingehen sollte. Wie weit diese Pioniere tatsächlich der Philosophie des Weimarer Bauhaus folgten, ist strittig. Arieh Sharon ist einer der wenigen Tel-Aviv-Architek-ten, die tatsächlich in Dessau bei Walter Gropius und Hannes Meyer studiert hatten. Nach seiner Rückkehr nach Palästina 1931 baute er ganz im Sinne der sozialistischen Dessauer Phi-losophie Wohnblöcke und Mehrfamilienhäuser mit preiswerten Sozialwohnungen. Einer dieser Blöcke mit einhundertzwanzig Dreizimmerwohnungen, u-förmig um einen schattigen Innenhof gebaut, liegt mitten in Tel Aviv. Fenster und Windschlitze sind so angeordnet, dass der Wind vom nahen Mittelmeer für Kühlung sorgen kann.

Aber: Ist tatsächlich überall Bauhaus drin, wo heute in großen Lettern Bauhaus drauf steht? Eine ketzerische Frage, schließlich ist der Name Bauhaus inzwischen zu einer Art Markenzeichen für diesen Weiße Stadt genannten Tel Aviver Distrikt geworden. Die UNESCO hat rund eintausend der insgesamt viertausend Gebäude zum Weltkulturerbe erklärt, für Bildungstouristen, die Tel Aviv besuchen, ist er ein »Muss« im Reiseprogramm. Bau-haus als Marketingidee scheint zu funktionieren. Ein »Bauhaus Shop« am Dizengoffplatz bietet Bauhaus-Souvenirs an, vom Bau-haus-Puzzle über Bauhaus-T-Shirts bis hin zum Miniaturmodell der Weißen Stadt für den Kaminsims, alles auch online bestell-bar. Außerdem organisiert der Shop Zweistundenführungen und Rundgänge mit Audio-Guide.

Ist also diese Weiße Stadt eine der wenigen noch erhaltenen Bauhausmanifestationen? Leben tatsächlich die Ideale der so-zialistischen Dessauer Architekturlehre in Tel Aviv weiter? Steht man vor einigen der Gebäude, kann man leicht auf diese Idee kommen.

»Architekten, die damals modern sein wollten, haben alle ähn-lich gebaut, egal woher sie kamen. Ihre Häuser sind austausch-bar.« Edina Meier-Maril, Dozentin für Architekturgeschichte an der Universität Tel Aviv, zerstört gern die Illusion von der letzten Bauhaussiedlung. Sie wird sogar regelrecht wütend, wenn sie im Zusammenhang mit diesen Wohneinheiten Begriffe wie »Weiße Stadt« oder »Bauhaus« hört: »Dieser Stadtteil wirkt nur auf den Schwarzweißfotografien wirklich weiß. Tatsächlich waren die Häuser ursprünglich getönt. Außerdem gibt es diese Art zu bauen überall in Israel. In Haifa, selbst in kleineren Städten und Dörfern. Sie ist nicht auf Tel Aviv beschränkt.« Auch sie spricht lieber von einem Internationalen Stil. Ihrer Meinung nach war dieser globale Stil ein Kind seiner Zeit und nicht das einer bestimmten Schule.

Ob Bauhaus oder nicht – vielleicht ist diese Frage auch nur für Architekturpuristen und Bildungstouristen wichtig. Fest steht, dass es sich bei der Weißen Stadt, an deren Errichtung in den dreißiger Jahren auch Einwanderer aus Deutschland beteiligt waren, um »das weltweit größte zusammenhängende Architekturensemble von Bauten der Moderne und von herausragender architekturgeschichtlicher Bedeutung« handelt. So jedenfalls schrieben 2015 die Autoren eines Forschungsberichts über den berühmten Stadtteil von Tel Aviv. Kulturförderung des Bundes soll helfen, dieses elegant designte Welterbe zu bewahren – und das ist auch dringend notwendig.

Die Gebäude mit ihren abgerundeten Hausecken, den windgeschützten Balkonen, den vor den Fenstern angebrachten Lamellen aus Beton, die die Sommerhitze abwehren sollen, und den Windschlitzen, die Kühlung in die Wohnungen leiten, sind klug konzipiert und den extremen klimatischen Verhältnissen in Tel Aviv angepasst. Doch bei vielen Häusern hat sich der einst getönte Putz in schmutziges Grau verfärbt. Das feucht-salzige Meeresklima der Stadt, der beständige Wind, die Abgase der Autos und mangelhafte Instandhaltung haben den historischen Bauwerken arg zugesetzt, von denen sich etliche den Kulturtouristen in erbärmlichem Zustand präsentieren. Beschädigte Fassaden, abbröckelnder Putz, Korrosion der Eisenarmierung, willkürliche Umbauten haben einigen Häusern den Rest gegeben. Die Stadt ist zwar stolz auf ihr UNESCO-Kulturerbe, doch viel Geld, es auch sachgerecht zu erhalten, will sie nicht ausgeben. Denkmalschutz wird in Israel nicht gerade großgeschrieben, wohl auch deshalb, weil strenge Auflagen Immobilieninvestoren eher abschrecken. Wer sein Haus aus den dreißiger Jahren renovieren will, muss selbst zahlen.

Die Weiße Stadt in Tel Aviv zeigt aber auch: Ohne die deutschstämmigen Einwanderer oder auch nur ihre Ideen wäre Israel heute ärmer. Auch wenn sie es nur ganz selten geschafft haben, bis in die erste Reihe vorzudringen, sie haben tiefe Spuren in der israelischen Gesellschaft hinterlassen. Fußabdrücke dieser Spezies sind allgegenwärtig im Gelobten Land. Im Kulturellen, in der Wirtschaft, an den Universitäten. Und sie hat Köpfe hervorgebracht, die die Geschichte Israels geprägt haben. Als Intellektuelle, als Mahner, als Kritiker.

Was aber bleibt von diesen heute um die neunzig Jahre alten Einwanderern? Verschwinden ihre letzten Spuren, werden sie zu paläontologischen Sensationen, wenn israelische Archäologen bei Grabungen auf sie stoßen?

»Nein, es bleibt eine ganze Menge«, sagt Moshe Zimmermann. In Deutschland gehört er zu den renommiertesten Historikern Israels, bekannt für seine Forschung zum Thema Antisemitismus, aber auch weil er sich als einer der profiliertesten Kritiker der israelischen Politik und Gesellschaft immer wieder zum Palästinakonflikt äußert. Seine Eltern waren 1937 aus Hamburg nach Jerusalem geflohen, er selbst ist dort geboren. »Nein«, sagt er noch einmal, »die zweite und die dritte Generation dieser Einwanderer nimmt sich ja dieses Erbes an. Es gibt sogar so etwas wie eine Renaissance dieser liberalen Tradition. Es gibt das Magazin *Yakinton* [Jeckeszeitung, der heutige Name für das ehemalige *Mitteilungsblatt*], es gibt das Leo-Baeck-Institut. Es ist schwer zu messen, wie und wo etwas von dieser Kultur übrigbleiben wird. Deutsche Literatur wird zum Beispiel viel gelesen in Israel. Erich Kästner ist heute noch ein bei Kindern beliebter Autor.«

Selbst der Spitzname Jeckes gilt zunehmend als eine Ehrenbezeichnung. Jeckes heute – das sind die, die pünktlich kommen, auf die man sich verlassen kann, die Gewissenhaften. Vielleicht auch, weil es genau die Tugenden sind, an denen es im israelischen Alltag fehlt.

10

ZURÜCK NACH BERLIN?

Seit drei Stunden sitzen wir in seinem Apartment um einen Couchtisch und reden miteinander, jeder ein Glas Wasser vor sich. Herbert Bettelheim lässt sein Leben als Flüchtling und Pionier Revue passieren, erzählt von seinen Erwartungen und Enttäuschungen in dem neuen Land. Gegen Mittag bricht er ab. Jetzt muss er zum Arzt. Ein seit langem verabredeter Termin. Mit einem leisen Ächzen wuchtet sich der Fünfundneunzigjährige aus dem Sofa, stützt sich auf seinen Rollator und schiebt ihn zur Tür seiner kleinen Wohnung im Altersheim. Dort dreht sich der seit dem Frühjahr 1939 in Haifa lebende Emigrant aus Wien noch einmal um: »Es ist nur Routine. Ich komme in einer halben Stunde wieder. Wartet auf mich.« Dann zieht er sie hinter sich zu. Zurück bleibe ich mit seiner Tochter, die bisher mehr zugehört als sich in das Gespräch eingemischt hat.

Irit Bassat, geborene Bettelheim, Jahrgang 1952, inzwischen pensioniert, davor Lehrerin am Hebräischen Gymnasium in Jerusalem, einer Eliteschule des Landes, aus der viele Politiker hervorgegangen sind. In Jerusalem lebt sie heute immer noch, und wie bei den gastfreundlichen Israelis üblich, lädt sie mich sofort ein, ihre Familie kennenzulernen, obgleich sie lange nichts mit »diesen Deutschen« zu tun haben wollte: »Damals war ich noch ein junges Mädchen. Ich war bei den Pfadfinderinnen. Wir mochten diese Deutschen nicht. Vielleicht haben wir sie sogar gehasst. Wir wussten ja, was sie getan haben, das war das

Schlimmste, was man sich vorstellen kann. Daher habe ich jeden Kontakt mit ihnen abgelehnt. Ich wollte nicht nach Deutschland reisen, ich habe alle deutschen Produkte abgelehnt, Lebensmittel, Küchenmaschinen, alles, auch den Volkswagen. Für mich waren die Deutschen Unmenschen.« Ihre Mitschülerinnen und Freundinnen dachten ähnlich. Deutsche? Das waren doch alles Verbrecher.

Besonders nach dem Eichmann-Prozess, den jeder im Radio hatte mitverfolgen können, sahen israelische Jugendliche in den Deutschen Monster, denen niemand jemals verzeihen konnte: »Ich habe die Überlebenden damals bewundert, weil sie Konzentrationslager überstanden hatten. Das mussten besondere Menschen sein. Besonders stark. Auf die Gedenktage bereiteten wir uns immer sorgfältig vor. Der Holocaust war in unserer Jugendgruppe und in unserer Schule ein wichtiges Thema.« Auch die Frage, ob man nach Deutschland reisen dürfe, wurde leidenschaftlich diskutiert. Private und staatliche Initiativen beider Länder begannen nach der Aufnahme diplomatischer Beziehungen im Jahr 1965, einen Schüleraustausch zu organisieren. Nur durch intensiven Kontakt zwischen israelischen und deutschen Jugendlichen könne ein Neuanfang gelingen, lautete damals die Maxime der Politiker auf beiden Seiten. Die Antwort der meisten Jugendlichen in Israel war aber ein klares Nein, und das galt auch für Irit und ihre Freunde. Mit dem »Volk der Mörder« wollte man nichts zu tun haben, auch nicht mit den nach dem Krieg Geborenen.

Bei ihrer Mutter fand Irit Verständnis und Unterstützung für diese Haltung. Ihr Vater hingegen, Herbert Bettelheim, bestand darauf, dass sie in die Bundesrepublik reisen sollte, um Land und Leute kennenzulernen. »Ich wollte, dass sie weiß, woher wir kommen, welche Kultur uns geprägt hat«, antwortet er nach seiner Rückkehr von dem Arztbesuch. 1963 hatte er im Kontakt mit einem deutschen Pfarrer begonnen, einen Jugendaustausch zu organisieren. »Ich war damals Vorsitzender des Leo-Baeck-

Erziehungszentrums in Haifa. Wir haben das lange diskutiert in dem Zentrum. Sollen wir? Dürfen wir? Kontakt nach Deutschland, geht das? Aber Leo Baeck hatte Deutschland schon in den fünfziger Jahren wieder besucht; warum also sollten wir das nicht auch tun? Deswegen haben wir uns in den sechziger Jahren entschlossen, solche Kontakte aufzubauen, um etwas für die Verständigung mit den Deutschen zu tun.«

1969 fuhr Tochter Irit dann tatsächlich in das verabscheute Land, mehr gezwungenermaßen als freiwillig, mehr widerstrebend als freudig gespannt. »Ich fühlte mich dort nicht sicher, besonders weil ich bei einem älteren Ehepaar untergebracht war. Die waren zwar nett zu mir. Ich wusste aber nicht, was die in der Nazizeit gemacht haben und ob sie mir ehrlich antworten. Ich war froh, als ich wieder zu Hause war.« Jahre sollte es noch dauern, und viele Begegnungen mit Deutschen waren notwendig, ehe sich ihr Verhältnis zu ihnen entspannte.

Heute ist alles anders. Deutschland ist für viele junge Israelis zu einem Ort der Sehnsucht geworden. Es steht bei ihnen ganz oben auf der Skala der beliebtesten Reiseziele, Berlin gilt zurzeit als die attraktivste Metropole im Westen, noch vor London, New York oder Paris. Viele lassen sich sogar auf Dauer in der deutschen Hauptstadt nieder, Künstler, Schriftsteller, Wissenschaftler, Studenten. Sie arbeiten, machen Ausstellungen, geben sogar eine eigene Zeitschrift heraus, auf Hebräisch, mitten in Berlin. Und sie feiern hippe Partys in eigenen Clubs. Außerdem herrscht hier eine Freiheit für Schwule und Lesben, die die »Love Parade« in der heimischen Partystadt Tel Aviv fast wie eine Fronleichnamsprozession aussehen lässt. Bis zu zwanzigtausend Israelis sollen es inzwischen sein, die meisten jung, Enkel und Urenkel der von den Nazis Vertriebenen und Holocaust-Überlebenden. Vergessen ist jedoch die Nazizeit nicht, trotz der permanenten Aber-bitte-gute-Laune-Stimmung. Sie ist gegenwärtig, aber nicht als Störgeräusch, eher als ein Hintergrundrauschen dieser neuen Berliner Freiheit, allerdings zeitweilig und vor allem nachts überdröhnt vom Techno, Hip-Hop, Reggae und Salsa der wöchentlichen »Meschugge-Partys«.

Der Deutschlandkenner Moshe Zimmermann geht sogar noch weiter. »Berlin ohne NS und Berlin ohne Mendelsohn wären nicht so attraktiv für junge Israelis heute«, behauptet er, und als er mein verdutztes Gesicht sieht, versucht er, seine steile These zu erklären: »Diese Rückkehr ist eine Antwort auf ein Rätsel. Nämlich, wie konnte es sein, dass hier die größte Gefährdung des jüdischen Volkes entstand? Wir kommen dorthin, wo man uns früher rausgeworfen hat. Wir wollen verstehen, was da passiert ist. Deswegen schreiben auch so viele junge israelische Schriftsteller Romane über das Berlin der dreißiger Jahre. In Israel war in den letzten Jahren eines der erfolgreichsten deutschen Bücher der Roman *Jeder stirbt für sich allein* von Hans Fallada, also eine Geschichte, die im Berlin der Nazizeit spielt.« Die Enkel und Urenkel holen sich also heute zurück, so Zimmermann, was die Nazis ihren Großeltern vor achtzig Jahren geraubt haben.

Irit Bassat sieht die Dinge einfacher. Die Beziehungen Israels zu Deutschland seien heute halt viel besser als die zu England oder Frankreich: »Wir fühlen uns bei euch viel wohler als in anderen europäischen Ländern. Bei euch gibt es weniger Menschen, die uns vorhalten, Israelis zu sein. Engländer drohen mit Boykott israelischer Waren aus den Siedlungen in den besetzten Gebieten. In solchen Ländern möchte keiner von uns leben. Berlin ist offener, kosmopolitischer. Außerdem stimmt die Wirtschaft. Berlin ist billiger als Tel Aviv. Das ist vielleicht sogar der wichtigste Grund.«

Hinzu komme, ergänzt sie, dass man in Israel in ständiger Terrorgefahr lebe. Der Druck sei jeden Tag spürbar. Ob das die Messerattacken der Palästinenser seien, die Raketen aus dem Gazastreifen oder lange Zeit die permanenten Drohungen des Iran, von denen niemand weiß, ob die nicht eines Tages wiederkommen. »Die Gefahr ist real, aber die Regierung verlangt auch immer mehr Geld für Sicherheit, sie schürt das Feuer zusätzlich.«

Wie viel an dieser Gefahr propagandistisch aufgebläht sei, könne sie nicht sagen, aber eines wisse sie genau: Misstrauen und Hass gegen die Araber seien inzwischen allgegenwärtig in Israel. Auch aus diesem Grund würden so viele nach Berlin gehen.

Auch für Tochter Sharon Laufmann ist Berlin ein Traum, wie sie mir gesteht, als ich ihre Familie in der Halbhöhenlage am Haifaer Karmelberg besuche: »Natürlich würde ich gern in Berlin leben. Nicht für immer, aber eine Zeitlang.« Dann fällt sie ins Hebräische, und ihre Mutter muss übersetzen: »In Berlin fühlt sie sich sicherer als hier. Dort gibt es keine arabischen Nachbarn. Hier ist es schon beängstigend, sagt meine Tochter.«

Aber sie will doch Pilotin werden?

»Eben deswegen – um zur Sicherheit beizutragen.«

Also ist Berlin ihr Ziel?

Für eine befristete Zeit wäre das toll, sagt Sharon.

Und ihre Mutter? Ist sie einverstanden mit dieser Idee? Sie scheint sich abgefunden zu haben. »Ich würde dir aber nicht erlauben, den Davidstern am Halskettchen offen zu zeigen. Das geht in Deutschland auf keinen Fall. Es gibt dort auch heute noch Judenhasser.«

Wie bitte?

Ich frage nach: Wirkliche Judenhasser? Gewalttätige Antisemiten? Eine Gefahr für Leib und Leben, wenn man sich in Deutschland als Jude zu erkennen gibt? Vogelfrei wegen des Davidsterns? Es hat solche Angriffe tatsächlich gegeben. Gegen Rabbiner mit Kipa, gegen junge Israelis mit Davidstern. Aber sind sie symptomatisch? Glaubt die Familie Laufmann, der Holocaust könne sich wiederholen?

Bei dieser Frage geraten Sharons Eltern in einen Disput.

Gaby Laufmann ist sich ihrer Sache sicher: »Nein, auf keinen Fall. Noch einmal kann das nicht passieren. Nie wieder.«

Nathan Laufmann hält heftig dagegen: »Wie kannst du das behaupten? Natürlich kann so etwas immer wieder passieren. Aber heute hätten wir Israel im Hintergrund. Das gab es damals nicht.«

Gaby Laufmann schränkt ihre Aussagen ein: »Nein, ich glaube zwar nicht, dass es noch einmal einen Holocaust geben kann. Aber man sollte sein Judentum auch im Deutschland von heute nicht vor sich hertragen. In Deutschland würde ich nicht sagen: ›Ich bin Jüdin.‹ Hier kann ich stolz darauf sein.«

Tochter Sharon stimmt ihr zu: »Ich würde mich wahrscheinlich auch nicht als Jüdin zu erkennen geben.«

Und die um das Wohl ihrer Tochter besorgte Mutter legt nach: »Die Angst, sich in Deutschland zu seinem Judentum zu bekennen, geht nie weg. Selbst wenn alle Nazis verschwunden sein sollten, die alten und die neuen, gibt es immer noch die Araber in Deutschland, die hassen uns auch. Und durch die Flüchtlinge kommen immer mehr Araber.«

Ist die Bundesrepublik also doch kein Traumland für junge Israelis? Wird die Angst vor Neonazis, Pegida und rechtspopulistischen Parteien, vor zersplitternden Fenstern, brennenden Gebäuden und dem dumpfen Gegröle des Mobs, der behauptet, »das Volk« zu sein, ihre gerade erst aufkeimende neue Hoffnung auf Deutschland als Ort von Frieden und Freiheit zerstören?

Bei allem vorsichtigen Optimismus, den sie sich bewahren will, weiß Gaby Laufmann aus den Erfahrungen der Vergangenheit, dass es nur ein kleiner Schritt von der Fremdenfeindlichkeit zum Antisemitismus ist. Um ihren Sohn, der zur Zeit unseres Gesprächs in Dresden jobbt, sorgt sie sich: »Der Hass auf Juden hört nie auf. Das gilt für ganz Europa. Sicher fühlen wir uns nur in Israel.«

Anders reagierte die Familie Bettelheim, als ich sie im Altenheim in Haifa besuchte. Nein, die Pegida mache ihnen keine Angst, Rechtsradikalismus gebe es schließlich überall. »Ich glaube nicht, dass in Europa heute solche Parteien an die Regierung kommen können.« Es war Mitte November 2015, als Herbert Bettelheim dies sagte und seine Tochter mir durch ihr bekräftigendes Nicken zu verstehen gab, dass sie der gleichen Meinung war wie er. Ein paar Tage später explodierten die Bomben in

Paris und töteten einhundertdreißig Menschen, der Aufschwung der AfD deutete sich in Umfragen erst an. Flüchtlinge, unter anderem aus Syrien, einem Nachbarn Israels, strömten damals massenweise nach Deutschland – bis zum Ende jenes Jahres sollten es über eine Million werden –, und die beunruhigten die Familie Bettelheim wie ja auch die Laufmanns viel mehr als die Rechtsradikalen. »Wie wollt ihr mit denen fertig werden? Wo bringt ihr die unter? In Frankreich gibt es Viertel, in denen nur Muslime leben. In die traut sich kein Polizist. Unter ihnen sind viele Antisemiten, die uns hassen.«

Auch die Familie Laufmann hält die deutsche Flüchtlingspolitik für naiv. »Wisst ihr nicht, was ihr euch da ins Haus holt?«, fragt mich Nathan Laufmann. Gibt es etwa auch in Israel diese unbestimmte, vielleicht unbegründete Angst vor Muslimen, diesen dumpfen Hass auf Fremde wie in Deutschland? Nein, eher handelt es sich um eine israelische Lebenserfahrung, eine Reaktion auf die fest verankerte Abneigung arabischer Nachbarn. Diese Abneigung ist mindestens ebenso kompromisslos wie die vieler Israelis gegen die arabischen Nachbarn. »Das Wetter in Deutschland ist doof«, ruft jemand aus dem Hintergrund. Der jüngste Sohn der Familie Laufmann, Jarden, meldet sich zu Wort: »Hier ist es viel besser. Aber gut in Deutschland ist, dass es keine Araber gibt.« Dann winkt er noch, springt aus dem Haus und taucht ab in die Haifaer Nacht. Provokation eines Vierzehnjährigen oder ernst gemeint? »Er glaubt, in Deutschland ist es sicherer als hier«, versucht seine Mutter zu erklären.

Nur zwei arabische Länder haben das Existenzrecht Israels bisher anerkannt, auch deswegen sitzt das kollektive Misstrauen gegenüber den Nachbarn so tief. Schließlich sind die nächsten Raketenstellungen der Schiitenmiliz Hisbollah vermutlich nicht einmal fünfzig Kilometer von Haifa entfernt, verbunkert unter libanesischer Erde, die Flugkörper abschussbereit auf das Zentrum der Stadt gerichtet. Die Erinnerung an den Krieg im Sommer 2006, als Raketen mitten in der City einschlugen, ist noch wach. Die Bedrohung ist also höchst real. Doch wahr ist auch, dass die Regierung Netanjahu es meisterlich versteht, mit den Ängsten der Bevölkerung zu spielen und sie für ihre aggressive Politik auszubeuten. Israel, so das geradezu gebetsmühlenhaft wiederholte Narrativ der vom Ministerpräsidenten angeführten, weit rechts stehenden Regierungskoalition, habe mehr Feinde als Freunde, diese Feinde versuchten, Israel zu vernichten, das kleine Land tue daher gut daran, sich gegen diesen angeblich gleich von mehreren feindlichen Mächten ringsum geplanten neuen Holocaust mit allen Mitteln zu schützen. Nicht der Interessenausgleich, nicht Kompromisse seien wirksame Mittel, nicht Verhandlungen, sondern Aufrüstung und Härte. Nur so ließe sich die Gefahr einer neuen Shoa abwenden. Bei jeder Gelegenheit malt die rechte Regierung in Jerusalem diese Drohkulisse in düsteren Farben aus.

Nathan Laufmann, der einen neuen Holocaust selbst in Europa nicht ausschließen will, glaubt an diese permanente Bedrohung. Alle Extremisten müssten vernichtet werden, ohne Erbarmen, so sein rigoroses Credo. Erst dann werde es für Israel Sicherheit geben. Und er steht mit dieser Meinung nicht allein. Immerhin 43 Prozent der Israelis glauben, dass die Palästinenser in den besetzten Gebieten langfristig den jüdischen Staat erobern und sie, die Bevölkerung, weitgehend auslöschen wollen. Diese Zahl stammt aus Untersuchungen, die das Palestinian Center for Policy and Survey zusammen mit der Konrad Adenauer Stiftung in Israel und in den besetzten Gebieten regelmäßig durchführen, um herauszubekommen, was Israelis und Palästinenser übereinander denken. Aus der Umfrage vom Sommer 2015 geht auch hervor, dass sich die Vorurteile auf der anderen Seite genauso resistent eingenistet haben. 56 Prozent der Palästinenser sind nämlich überzeugt, Israel wolle das gesamte Westjordanland und den Gazastreifen besetzen und die arabischen Bürger aus diesen Gebieten vertreiben. Mit anderen Worten, ein breiter Graben des Misstrauens klafft zwischen den arabischen Palästinensern und den jüdischen Israelis, und jede Messerattacke eines Palästinensers, jeder Anschlag vertieft diesen Graben genauso wie jeder Bau einer israelischen Siedlung im Westjordanland.

Familie Bettelheim zieht aus solchen Fakten ganz andere Schlüsse als Familie Laufmann: Nicht einmauern, sondern Tore öffnen sei die Lösung. Irit Bassat predigt Toleranz, findet sich dabei aber immer häufiger auf einsamem Posten in ihrem Land.

Toleranz sei zwar immer noch ein wichtiges Thema an den Schulen, erklärt die ehemalige Lehrerin. »Doch die Schüler lernen, sie sollen tolerant gegenüber den orthodoxen Juden sein, wir sind ja schließlich liberal, sie sollen tolerant gegenüber Behinderten sein, sie lernen aber nicht ausdrücklich, tolerant auch gegenüber Arabern zu sein. Früher wussten wir, dass die Extremisten unter den Arabern eine Minderheit sind, heute ist das kein Thema mehr. Wir lernen und lehren in den Schulen, dass man mit Arabern nicht reden kann.« Der Hass sei allgegenwärtig, so die einsame Ruferin, wütend und enttäuscht von ihrer eigenen Heimat.

Eine Ablehnungsfront gegen Verhandlungen mit Arabern habe es unter Schülern immer gegeben, schließlich sei die Schule Spiegel der Gesellschaft. Früher waren sie aber in der Minderheit, erinnert sie sich. »Ich kann mich an eine Feier zum Gedenken an die Ermordung Rabins erinnern, das muss so um 1999 gewesen sein, mein Sohn hatte damals Abitur gemacht. Für diese Feier hatten wir Zelte aufgebaut, und wir saßen zusammen und diskutierten über Lösungen. Damals haben vielleicht dreißig Prozent der Teilnehmer gesagt, mit den Arabern kann man nicht reden. Kürzlich war ich wieder bei einer solchen Gedenkfeier in meiner Schule. Jetzt glauben achtzig Prozent der Schülerinnen und Schüler, mit Arabern könne man nicht reden.«

Sie selbst versteht sich als liberal und fühlt sich inzwischen als Minderheit unter all den Orthodoxen Israels. Ihr Vater, Herbert Bettelheim, nickt heftig, während seine Tochter über diese Verhärtungen der israelischen Gesellschaft klagt. Und er stimmt sogar zu, als sie an einem in Israel streng gehüteten Tabu kratzt: »Wir müssen auch mit der Hamas sprechen. Vielleicht nicht hier, aber in Ägypten.« Verhandeln mit Terroristen? Sprechen mit Bombenlegern? Kompromisse mit Raketenwerfern? Reden mit Vertretern dieser gefährlichsten aller Religionen? So hatte ja Nathan Laufmann gewissermaßen stellvertretend für die gar nicht so schweigende Mehrheit des Landes den Islam eingestuft. Aus der Sicht der Konservativen und Orthodoxen grenzen solche mäßigenden Überlegungen, wie sie Irit äußert, an Hochverrat.

Dennoch steht die Pädagogin mit ihrer kühnen Forderung nicht allein in Israel. Bis Anfang 2011 – auch das haben die Kooperationspartner Konrad Adenauer Stiftung und Palestinian Center for Policy and Survey bei ihren Umfragen herausgefunden – unterstützte sogar noch eine Mehrheit der Israelis ausdrücklich Verhandlungen mit der radikalislamischen Hamas, vorausgesetzt, diese führten tatsächlich zu einem Kompromiss und zu Frieden mit den Palästinensern. Erst ab Mitte 2011 wuchs der Widerstand gegen solche Gespräche. Jüngere Ergebnisse zu diesem Thema gibt es zwar nicht, doch ist auch ohne demoskopische Erhebungen klar, dass die Hoffnung, durch Verhandlungen zu einem Frieden und zu einer Zweistaatenlösung zu kommen, in den letzten Jahren auf beiden Seiten deutlich gesunken ist.

Trotz solcher Rückschläge bleibt Irit Bassat bei ihrer Meinung: »Natürlich müssen wir mit denen reden, wie sollen wir diese Kriege sonst beenden? Wir müssen sogar noch weitergehen. Sie wollen einen Hafen in Gaza. Sollen sie ihn doch haben. Wir sind ja in der Lage, alles zu überwachen. Aber immer kennt die Regierung nur eine Antwort: Nein, nein, nein, nein!« Irit wird immer lauter, während sie sich über die Sturheit der führenden Politiker erregt. Bei den beiden letzten »Nein« schlägt der Pegel meines Recorders besonders heftig aus, und auch bei ihren nächsten Sätzen zappelt er aufgeregt. »Die gehen nicht weg – niemals! Die bleiben in Gaza! Wollen wir denn immer so weiterleben wie bisher? Aber Netanjahu tut nichts. Er will nur alle vier Jahre wiedergewählt werden. Das allein interessiert ihn.«

Sicher ist Irit Bassats Haltung eine Minderheitenmeinung auch innerhalb der Minderheit der Liberalen in Israel. Solche Ansichten stoßen auf immer weniger Verständnis in diesem Land, in dem Politiker heute bei Wahlen zur Knesset durch Härte, Unbeugsamkeit und Sicherheitsversprechen Stimmen gewinnen, nicht durch Verhandlungsbereitschaft und Zugeständnisse.

Auch viele Überlebende der Shoa, mit denen ich auf meiner Reise durch Israel gesprochen habe, vertrauen nur solchen Politikern, die Wehrhaftigkeit versprechen. Sie sehen sich umzingelt von arabischen Feinden, die nichts anderes im Sinn haben, als Israel zu zerstören. »Wir leben hier alle unter einem ungeheuren Druck«, erklärt zum Beispiel Tami Sinar, die Betreuerin im Haifaer Warm Home for Holocaust Survivors, »wir fühlen uns ständig bedroht. Wir wissen ja, dass wir hier in Reichweite der Hisbollah-Raketen leben.« Im August 2006 hatten die Bewohner von Haifa tatsächlich die Einschläge von Raketen erleben müssen, die die vom Iran ausgerüstete Schiitenmiliz aus dem Südlibanon abgefeuert hatte. Solche Ereignisse nähren die Schreckensphantasie vieler Überlebender, dass ein neuer Holocaust drohe, diesmal ein arabischer oder iranischer.

Judith Rosenzweig reagierte bei dem Gespräch im Haifa Home von allen Teilnehmern am heftigsten auf meine Frage nach der Zukunft Israels. Sie geriet fast in Panik: »Die wollen doch wieder alle Juden vernichten. Es hat sich nichts gebessert. Keiner will Israel. Keiner sagt etwas über die Raketen aus Gaza. Wenn wir uns zur Wehr setzen, dann verurteilen uns alle.« Auch von der ehemaligen Schönheitskönigin des Warm Home, Chava Hershkovitz, bekomme ich zu hören: »Die ganze Welt ist gegen uns. So ein kleines Land. In der ganzen Welt werden Menschen umgebracht, keiner sagt etwas. Wenn aber in Israel ein Araber umgebracht wird, schreit die ganze Welt. In Syrien werden tausende Menschen ermordet. Keiner sagt etwas, aber hier? Du kennst doch dieses Land und den Holocaust. Ist das richtig so?«

Was bleibt mir übrig? Der alten Frau widersprechen? Einer Frau mit dieser Vergangenheit, die mich fröhlich empfängt, obwohl ihre Erinnerungen sie jede Nacht quälen? Wie soll ich antworten? Etwa so: »Das muss man aber differenzierter sehen«? Oder so: »Israel ist doch vom David zum Goliath geworden und kann sich gut verteidigen«? Oder: »Siedlungspolitik mordet«? Falsch ist das alles nicht, aber keine angemessene Reaktion auf die Ängste der Überlebenden.

Ich sage ihr: »Du hast recht. Die Welt behandelt Israel ungerecht.« Ein bisschen Wahrheit steckt schließlich auch in dieser Bemerkung, wenn ich mir auch eine andere Politik, besonders gegenüber den Palästinensern, wünsche. Doch das mit Chava zu diskutieren wäre rücksichtslos. Schließlich sind ihre Verfolgungsängste wie die aller Überlebenden nicht erst in Israel entstanden, und auch die Furcht vor den arabischen Nachbarn, die diese nur knapp dem gewaltsamen Tod entronnenen Menschen immer wieder heimsucht, ist nur zum Teil durch die immer wiederkehrende Bedrohung des Landes zu erklären. Mit diesen Todesängsten wurden sie schon in den Konzentrationslagern infiziert; schließlich waren sie dort über Jahre dem Sterben näher als dem Leben. Selbst nach der Befreiung aus den Lagern sind sie diese Traumata nie mehr losgeworden, haben sie ein Leben lang mit sich schleppen müssen.

Das meint auch der AMCHA-Psychologe Martin Auerbach bei unserem Gespräch in Jerusalem: »Die Angst, die anderen wollen uns wieder vernichten, ist sehr verbreitet unter diesen Überlebenden. Allerdings mehr unter denen, die nicht nach Israel gegangen sind, als unter denen, die hier leben. Aber auch unter denen gibt es diese Ängste, wenn auch eindeutig weniger. Warum? In Israel gehören sie zur Mehrheit und haben ein Heimatgefühl entwickelt. Das hilft ihnen. Die zionistische Ideologie war äußerst hilfreich, denn sie besagt: Wir sind zweitausend

Jahre verfolgt worden, jetzt bauen wir einen eigenen Staat auf, der nur für uns da ist. Er muss aber auch ein gerechter Staat sein, in dem niemand diskriminiert wird. Diesen Ort fanden sie am besten im Kibbuz verwirklicht. Das hat ihnen sehr geholfen.«

Irit Bassat traut sich, sich offen zu einer Minderheitenmeinung zu bekennen, und sie traut sich sogar, auf die Verantwortlichen zu zeigen: arabische Regierungen, islamistische Organisationen wie Hamas oder Hisbollah, aber auch die eigene Regierung und ihre Siedlungspolitik, die Schulen mit ihren falschen Lernprogrammen, die unbelehrbaren Orthodoxen, die immer mehr Einfluss gewinnen in Israels Gesellschaft, und auch die Liberalen, die sich im lauten nationalistischen Pathos kaum noch Gehör verschaffen.

Diese Einstellung, die Irit Bassat auch in der Öffentlichkeit vertritt, ist umso erstaunlicher, als sie in Jerusalem eine Zeit erlebt hat, von der man erwarten könnte, sie führe eher zu Verhärtungen als zu Kompromissbereitschaft. Das war die Zeit um 1997, in der es lebensgefährlich sein konnte, in Jerusalem einen Fuß vor die Haustür zu setzen. Jeden Moment und überall konnten Bomben explodieren, versteckt von palästinensischen Extremisten in öffentlichen Verkehrsmitteln, auf belebten Plätzen, unter Restauranttischen. Eltern wagten es damals nicht, ihre Kinder allein im Freien spielen zu lassen. »Ich habe meinen Söhnen gesagt: Du gehst nicht auf die Straße. Zur Schule gehst du zu Fuß, du fährst nicht mit dem Bus. Und wenn ihr zurückkommt, dann bleibt ihr zu Hause. Das haben die natürlich nicht gemacht, sondern sind weggelaufen.« Es war jene Zeit, als die erste Regierung unter Netanjahu den Osloer Friedensprozess fast vollständig zum Erliegen brachte. Die Hoffnung auf eine Lösung des Konflikts schwand. Aber auch auf der Gegenseite gab es damals genügend extremistische Gruppierungen, die in den Verträgen Verrat an der Forderung nach einem Palästinenserstaat vom Mittelmeer bis zum Jordan sahen und daher versuchten, jede Kompromisslösung wegzubomben. Bei einem dieser Anschläge in Jerusalem war die kleine Tochter einer mit Irit Bassat eng befreundeten Familie getötet worden. »Und dennoch«, so erinnert sie sich, »glaubten noch fast alle an einen Frieden mit den Palästinensern. Gehasst haben wir damals nicht, und wenn, dann höchstens die Extremisten. Heute ist das nicht mehr so. Heute wachsen unsere Kinder auf mit Hass. Und die Kinder der Palästinenser wachsen auch auf mit Hass. Da kann ja kein Frieden entstehen.«

Wieder nickt Herbert Bettelheim energisch und ruft: »Wie kann ein Lehrer Frieden lehren, wenn er selbst nie Frieden erlebt hat?«

Die Zweistaatenlösung. Sie ist für Bettelheim und seine Tochter der einzige Weg, um aus der politischen Sackgasse herauszukommen. Ohne diese Lösung kein Frieden. Die meisten meiner vor dem Zweiten Weltkrieg nach Israel eingewanderten deutschstämmigen Gesprächspartner denken so, egal ob sie zur Generation der Auswanderer gehören oder zur nächsten der Töchter und Söhne.

Trotz der vielen Unruhen und Kriege, so die Ergebnisse psychologischer Studien, fühlen sich Shoa-Überlebende in Israel sicherer als in anderen Ländern, ist doch hier der einzige Platz auf der Welt, wo sie als Juden unter Juden leben können. Allerdings gehört, so Auerbach, zur Lebenserfahrung vieler Israelis inzwischen auch die über die Jahre immer wieder bestätigte Einsicht, dass sich innere Sicherheit und äußere Bedrohung ständig aneinander reiben, alle paar Jahre auch äußerst blutig. Sicherheit und Bedrohung gleichen in Israel einem zerstrittenen Paar, das in einen viel zu kleinen Raum eingesperrt ist. Ein Israeli kennt nicht das Gefühl eines dauerhaften Friedens so wie ein Mitteleuropäer, der Kriege höchstens in Fernsehnachrichten erlebt hat. In Israel dagegen bekommt man immer wieder zu hören: »Nach dem Krieg ist vor dem Krieg. Frieden ist die Zeit dazwischen.«

Schicksalsergeben hatte Adina Grinfeld, die im Kibbuz Sa'ad fast auf Sichtweite zum Hamasland, dem Gazastreifen, wohnt, die Frage beantwortet, warum sie nur vier Kilometer entfernt vom nächsten Krieg lebt: »Mein Geschick liegt in Gottes Hand. Wenn ich gehen muss, dann gehe ich.«

Und Roi Laufmann, der Soldat, der einen solchen Krieg in Gaza 2014 sechzehn Tage lang mitmachen musste, der seine Kameraden sterben sah und selbst überlebt hat, was denkt er über Krieg und Frieden in seinem Land? Er, ein Angehöriger der dritten Generation, ist vermutlich nicht der einzige junge Soldat, der erkannt hat, »dass die überwiegende Mehrheit im Gazastreifen unschuldige Menschen sind, die ihr Leben leben wollen, aber von einer terroristischen Organisation namens Hamas kontrolliert und unterdrückt werden«. Das antwortete mir der Zwanzigjährige im Frühjahr 2016 auf meine Frage – per Mail auf seiner Asientour. Wie die meisten jungen Israelis will auch er nach seiner Dienstzeit Abstand gewinnen vom Militär, von dem kurzen, aber äußerst blutigen Krieg und von seinen wohl auch traumatischen Erfahrungen in Gaza. »Deshalb glaube ich«, so fährt er fort, »der einzige Weg, der Israel in die Lage versetzt, noch viele Jahre zu überleben, ist, den Schwerpunkt auf die jüdische Tradition zu legen und nicht auf die jüdische Religion, die nur um Grund und Boden kämpft und nicht zu Kompromissen bereit ist.«

Das mögen noch unfertige Gedanken eines nachdenklichen jungen Israeli sein, der sich während seiner Schulzeit zum Beispiel intensiv mit dem Schicksal seiner dem KZ entkommenen Großmutter auseinandergesetzt hat. Bemerkenswert finde ich aber in jedem Fall die Lehre, die er aus der Schlacht um Gaza gezogen hat: Nicht noch mehr Gewalt, nicht noch mehr Hass, stattdessen lieber Ausgleich, lieber einen Kompromiss als einen Krieg um Grund und Boden. Das wäre in der Tat ein wichtiger Schritt, zu dem aber beide Seiten bereit sein müssten.

Noch etwas anderes jenseits der Bedrohung durch die Nachbarn trägt den Untersuchungen Auerbachs zufolge zur Verunsicherung vieler Überlebender bei: Die Selbstgewissheit, einen moralisch und politisch besseren Staat gegründet zu haben, einen Staat, der vielleicht sogar Vorbild für andere Staaten sein kann, löst sich allmählich auf. »Die Entwicklungen der letzten zwanzig, dreißig Jahre fördern einen gewissen Pessimismus. Die Menschen sind angetreten, einen Staat aufzubauen, in dem alle, Juden wie auch Angehörige anderer Religionen, in Würde, Gleichheit und Sicherheit leben können. Sie müssen nun feststellen, dass dieses Ideal nicht mehr besonders gut funktioniert. Viele Überlebende sind enttäuscht von der Gesellschaft in Israel. Israel war bei seiner Gründung ein Wohlfahrtsstaat, der für alle sorgte. In Israel waren zwar alle arm, aber auch alle gleich. In den letzten Jahrzehnten ist Israel immer kapitalistischer geworden, hat sich viel stärker am amerikanischen neoliberalen Modell orientiert als an der europäischen sozialen Marktwirtschaft. Die Kluft zwischen Arm und Reich hat sich enorm vergrößert. Die Gesellschaft ist gespalten, polarisiert. Und viele Holocaust-Überlebende empfinden das als Widerspruch zu den zionistischen Idealen eines Landes, in dem alle frei und gleich sein sollen.«

Kapital statt Kibbuz. Das Ideal des Gemeinschaftsbesitzes, das es in dieser Form nur in den sozialistisch-zionistischen Kibbuzim gegeben hatte, wird zunehmend abgelöst von einer weltweit verbreiteten Besitz- und Gewinngier. Israel – heute ein Land wie jedes andere? Neoliberal, kapitalistisch, mit einer sich immer weiter öffnenden Schere zwischen Raffhälsen und Habenichtsen wie überall? Das dominiert das öffentliche Leben zweifellos. Tel Aviv – heute eine Stadt mit einer Skyline, wie sie jede Metropole rund um den Globus vorzuweisen hat. Immerhin gibt es aber auch noch die Kibbuzim, wenn auch immer seltener mit jener strengen Besitzlosigkeit, die das Land früher so deutlich von anderen Ländern unterschieden hat. Israel – also doch kein zionistischer Idealstaat?

Gegen diesen Anspruch spricht auch die im Land selbst heftig umstrittene Siedlungspolitik in den besetzten Gebieten. Laut Martin Auerbach bedeutet sie für viele Holocaust-Überlebende die zweite große Enttäuschung: »Bei dem Konflikt mit den Palästinensern gibt es zwei Richtungen unter den Überlebenden. Es gibt zweifellos diejenigen, die fordern: ›Wir müssen stark sein, wir dürfen nicht noch einmal verlieren, nachdem wir fast ausgerottet wurden.‹ Die tendieren eher zu den Falken. Dann gibt es aber auch eine große Gruppe, die sagt: ›Wir, die wir selbst einmal zu einer drangsalierten Minderheit gehörten, können nicht gutheißen, wie man hier mit den Palästinensern umspringt, wie sie unterdrückt und benachteiligt werden. Wir sehen mit ganz großem Unbehagen, dass dies eine Gesellschaft ist, die Unterschiede zwischen Juden und Arabern macht. Das ist nicht das Land, das wir aufbauen wollten. Wir haben es nicht geschafft, eine friedliche Koexistenz mit unseren arabischen Nachbarn zu entwickeln.‹ Das belastet viele Überlebende.«

Manche der Überlebenden wehren sich öffentlich gegen jene Israelis, die eine friedliche Koexistenz zwischen jüdischen und arabischen Nachbarn mit allen Mitteln torpedieren. Zu dieser Opposition gehört auch die Vereinigung der Israelis mitteleuropäischer Herkunft, jener Verband, der 1932 als Vereinigung der Einwanderer aus Deutschland seine Arbeit aufgenommen hatte. Sein Vereinsorgan, das altehrwürdige *Mitteilungsblatt*, wäre 2004 an Altersschwäche und Auflagenschwund eingegangen, wenn nicht mein Ratgeber und Reisebegleiter Micha Limor damals das biedere Blättchen ohne Leser zu einem zweisprachigen Magazin umgestaltet hätte. Heute ist dieses alle zwei Monate unter dem Namen *Yakinton* erscheinende Heft das letzte Sprachrohr der liberalen Jeckes. In der Ausgabe vom August/September 2015 zum Beispiel war mir ein scharf formulierter Appell aufgefallen, der die Regierung auffordert »gegen den jüdischen Terrorismus mit aller Schärfe des Gesetzes vorzugehen«. In diesem graphisch durch einen schwarzen Rahmen hervorgehobenen Aufruf verurteilt die Vereinigung »den jüdischen Terrorismus gegen Mitglieder der Lesben- und Schwulengemeinschaft in Jerusalem, gegen palästinensische Bürger in Kfar Duma und gegen christliche und muslimische Einrichtungen«. Und weiter heißt es: »Der verbrecherische jüdische Terror untergräbt die demokratischen, liberalen Werte des Staates Israel, der die Rechte aller Bürger zu ehren und zu schützen hat.«

Das ist starker Tobak in einem Land, in dem das Wort »Terrorismus« gemeinhin ausschließlich palästinensischen Aktivisten zugeschrieben wird. Tatsächlich hatten 2015 die Anschläge gegen Kirchen und Moscheen zugenommen. Im palästinensischen Dorf Duma nahe der Stadt Nablus hatten im Juli 2015 jüdische Siedler arabische Häuser mit Brandsätzen angegriffen. Drei Häuser gerieten in Brand. Bei einem dieser Angriffe kam ein zwölf Monate altes Baby ums Leben, seine Eltern und ein weiteres Kind wurden schwer verletzt.

Noch einmal fliege ich nach Israel. In Jerusalem will ich Reuven Merhav besuchen, den Präsidenten dieser schrumpfenden Vereinigung der Israelis mitteleuropäischer Herkunft, wie sie sich inzwischen nennt. Heute, gut achtzig Jahre nachdem die ersten von den Nazis vertriebenen Immigranten im »Gelobten Land« angekommen waren, hat dieser Verein gerade mal noch um die tausend Mitglieder; sie alle sind Überlebende der Shoa oder vor dem Krieg Ausgewanderte und deren Kinder.

Nach meiner Ankunft bestand Merhav darauf, mich in meinem Jerusalemer Hotel zu treffen. Um zehn Uhr sind wir verabredet, und auf die Minute genau kommt er durchs Hotelportal hereinspaziert, ein wacher alter Herr mit weißem Haar, gestützt auf einen Gehstock.

»Warum schreiben Sie dieses Buch?«, will er als Erstes wissen, noch auf dem Weg zu unserer Sitzecke.

»Weil die Geschichte dieser Menschen verlorengeht«, erwidere ich, »und weil es wichtig ist festzuhalten, was sie zu erzählen haben.« Die Antwort scheint ihn erst einmal zufriedenzustellen.

Von ihm will ich wissen, wo die ehemals deutschen Einwanderer heute stehen in diesem schwierigen Land Israel. Was hat sie zu so einem expliziten Aufruf veranlasst? Ist dieser Verein

ein Nostalgieclub, oder sieht er sich in einer politischen Verantwortung?

»Wir sind liberal geblieben, weil wir die Herrschaft des Rechts durchsetzen wollen. Dafür kämpfen wir auch heute noch. Wir haben dieses Land mitgeprägt.« Allerdings seien, räumt Merhav ein, heute viele Mitglieder seines Vereins enttäuscht von den Entwicklungen im Land. Enttäuscht, weil die Palästinenserfrage immer noch nicht gelöst sei, enttäuscht aber auch, weil der einstmals offene Geist des Landes immer mehr verlorengehe. »Es gab in den vierziger Jahren sogar eine starke Partei der Jeckes, die für einen Ausgleich mit den Arabern eingetreten ist. Sie hat sich aber aufgelöst. Die Jeckes sind aber präsent in den Medien, im Fernsehen, in den Zeitungen und so weiter. Wir können unsere liberale Botschaft verbreiten.«

Der Zweckoptimismus eines alten Mannes? Reuven Merhav, selbst in Tel Aviv geborener Sohn solcher Einwanderer, hat ein aufregendes Leben hinter sich. Als Agent des Mossad mit Einsätzen unter anderem im Libanon und im Iran, als Staatssekretär im Außenministerium beteiligt an den Taba-Verhandlungen mit Ägypten, hat er wichtige Etappen der modernen Geschichte Israels mitgestaltet. Seit seiner Pensionierung engagiert er sich in der Vereinigung der Einwanderer aus Mitteleuropa. »Ich wollte nur ein Jahr Präsident sein, jetzt sind es schon sieben.« Im Editorial zum Heft mit dem Aufruf gegen den jüdischen Terrorismus hatte er als Präsident des Jeckes-Verbands geschrieben: »Können wir unseren Einfluss als Vereinigung nutzen und unsere Stimme im Geist unserer grundlegenden Ethik und des Herzl'schen Zionismus zu öffentlichen und sozialen Themen erheben?« Oder, so müsste man ergänzen, sind die »vom Aussterben bedrohten« Jeckes heute so etwas wie die letzten Rufer in der Wüste, die man noch duldet, aber – kaum drehen sie sich um – belächelt oder gar verspottet?

»Nein«, widerspricht Merhav heftig, »wir sind auf unsere Art erfolgreich und werden respektiert. Wir verteidigen immer noch den Herzl'schen Zionismus, also den liberalen, den Theodor Herzl entworfen hat. Niemand finanziert unseren Verein. Wir sind und bleiben völlig unabhängig und liberal. Das können nicht viele Vereinigungen von sich sagen.«

Dann spreche ich ihn auf den mutigen Appell im Vereinsmagazin *Yakinton* an. Ist es ein Nostalgieblatt, das mit dem letzten Einwanderer aus dunkler deutscher Vergangenheit verschwinden wird? Eine Plattform für die Opposition? Braucht man dieses Blatt? Wer liest es überhaupt? »Natürlich ist es ein kleines Blatt. Aber wir versuchen, darüber auch die jüngere Generation anzusprechen«, hofft Reuven Merhav.

Die meisten Einwanderer und Überlebenden mitteleuropäischer Herkunft sind Mitte oder Ende achtzig, einige sogar weit über neunzig. Der Tag, an dem die Letzten von ihnen zu Grabe getragen werden, ist also nicht mehr allzu fern. Stirbt mit ihnen dann eine liberale, mitteleuropäisch geprägte Tradition in Israel, oder lebt sie weiter in den nachfolgenden Generationen dieser Einwandererfamilien wie bei den Bettelheims? Wird das langsame Verschwinden dieser Zeitzeugen die engen Bande zwischen Israel und Deutschland oder gar die Verpflichtungen, die sich aus dem Holocaust ableiten, schwächen?

Nein, das kann sich der ehemalige Staatssekretär Merhav nicht vorstellen: »Unsere Ideen sind stark. Außerdem haben wir unter unseren Aktivisten Mitglieder, die viel später geboren sind, also wesentlich jünger sind als ich. Die sind mit dem Geist der Jeckes aufgewachsen, und die werden unsere Arbeit übernehmen. Unsere Ideen werden nicht sterben.«

Ob das mehr ist als das Wunschdenken eines Mannes, der sich selbst als »Oldtimer« bezeichnet, ist schwer zu beurteilen.

Die Israelis mit mitteleuropäischen Wurzeln haben sich nie als Erinnerungskerzen, als Mahnmale gegen das Grauen verstanden. Dennoch sind sie wichtige Zeitzeugen, besonders jene Überlebende, die über Konzentrationslager berichten können. Judith Rosenzweig zum Beispiel reist nur nach Deutschland, um hier über ihr Schicksal zu berichten. Ohne diese Mission hätte sie nie wieder deutschen Boden betreten nach ihrer Befreiung aus Bergen-Belsen. Bitterkeit und Zorn darüber, was man ihr angetan hat, empfindet sie auch heute noch, nicht aber Rachegelüste. Die sind ihr fremd. Selbst als sie 1948 durch die zerstörten deutschen Städte fuhr auf dem Weg zu dem Schiff, das sie nach Israel bringen sollte, spürte sie kein Gefühl der Genugtuung, kein: »Das geschieht euch recht«. »Hass auf die Deutschen?«, sagte sie bei unserem Gespräch. »Nein, nur große Traurigkeit und Schmerz habe ich damals empfunden. Ich hatte meine ganze Familie verloren. Aber die zerbombten Städte haben mich nur traurig gemacht. Schließlich sind auch dort viele Menschen gestorben.«

Auch Irit Bassat hat ihre anfängliche tiefe Abneigung gegen alles Deutsche ablegen können. Genauso andere Angehörige der zweiten Generation, mit denen ich gesprochen habe. Keiner von ihnen klagt heute die nach dem Krieg aufgewachsenen Generationen in Deutschland an, keiner glaubt an eine vererbbare Schuld, die ewige Sühne fordert, auch wenn der Schmerz, die Albträume nachts und die Erinnerungssplitter tagsüber geblieben sind und bleiben werden. Sie lassen sich nicht löschen wie Dateien auf einer Festplatte, auch nicht bei den Kindern und Kindeskindern der Überlebenden, denen es die von Eltern und Großeltern übernommene Last der Vergangenheit bis heute schwer macht, ein normales Leben zu führen.

Ganz anders sieht es bei den Tätern aus, bei den SS-Männern an der Rampe, die über Leben und Tod entschieden, bei Gestapo-Beamten, die den Menschen die Deportationsbefehle zustellten, sie in Güterwagen verfrachteten und in KZs verschleppten, bei den Vollstreckern, die an Massenerschießungen beteiligt waren. Bei ihnen allen scheint die Löschtaste gut zu funktionieren. Jedenfalls hört man von ihnen, die jetzt ebenfalls um die neunzig Jahre alt sind, in den wenigen heute noch verhandelten KZ-Prozessen keine Klagen über Schlaflosigkeit durch peinigende Schuldgefühle, über Albträume, weil sie Kolonnen von Menschen in die

Gaskammern getrieben haben, über Phobien und Panikattacken, weil vor ihren Augen Menschen verhungerten, an Krankheiten starben oder sich zu Tode schufteten. Nach dem Krieg konnten sie offensichtlich ohne viel Federlesen den Schalter vom Führerstaat- auf den Bundesrepublik-Modus umlegen, schafften es locker, in ein bürgerliches Leben abzutauchen, gründeten Familien und hofften, es werde schon Gras über die Sache wachsen. Ihre eigene Vergangenheit haben sie ohne Skrupel ausgesessen, unerfreuliche Erinnerungen aus ihrem Leben ausgeblendet, Gefühle der Reue verdrängt, wenn solch unbequeme Emotionen überhaupt hochkamen. Die meisten Angeklagten beriefen sich auf Befehle und leugneten jede Verantwortung für den Massenmord, an dem sie zumindest beteiligt gewesen waren; sie haben nichts getan, nichts gewusst, nichts mitbekommen. Einsicht als Frucht von Altern und Reife bei den Tätern? Fehlanzeige.

Bei den Überlebenden dagegen hat dieser erbarmungslose Erinnerungsterror durch das Altern sogar noch zugenommen. Die Hoffnung vieler Überlebender, dicker Schorf verschlösse über die Jahre die Wunde und überdecke damit die Bilder aus Auschwitz, hat sich nicht erfüllt. Zeit heilt eben keine Wunden, schon gar nicht solche.

Im Gegenteil. Diese Wunden schmerzen wie am ersten Tag. Der israelische Schriftsteller David Grossman, ausgezeichnet mit dem Friedenspreis des Deutschen Buchhandels, spricht in einem Interview mit der *Süddeutschen Zeitung* sogar von »Dingen, die nicht heilen«. »Und wir müssen uns mit der Idee anfreunden«, fährt er fort, »dass wir die Last einer offenen Wunde im Verhältnis zwischen Israel, den Juden und den Deutschen immer in uns tragen.« Aber gerade darin liege für beide Völker, das Volk der Opfer und das Volk der Täter, die Chance zur Freiheit: »dass wir es aushalten, gemeinsam die Wunde anzuschauen. Wir verleugnen sie nicht, wir wenden uns nicht ab.« Und Grossman geht noch einen Schritt weiter: Deutschland, so konkretisiert er seine Vorstellung von dieser Freiheit, trage eine Verantwortung

»dafür, dass Israel nicht in der Lage ist, Frieden zu machen«,
und sei deshalb in besonderer Weise aufgerufen, seinem Land
bei der Überwindung dieser Unfähigkeit zu helfen »im Sinn der
Erleichterung eines Dialogs zwischen uns und den Palästinensern, im Erschaffen von Möglichkeiten für mehr und mehr junge
Israelis und Palästinenser, sich kennenzulernen, der gegenseitigen
Dämonisierung entgegenzuwirken, den Hass zu verringern – das
ist etwas, bei dem Deutschland sehr wirksam und nützlich sein
kann.«

ZEITTAFEL

1882–1903

Erste jüdische Einwanderungswelle (Alijah) nach Palästina (20 000 bis 30 000 Einwanderer).

1896

Der Judenstaat von Theodor Herzl erscheint in Wien.

1897

Gründungskongress der Zionistischen Weltorganisation in Basel (29.–31. August), Annahme des Baseler Programms.

1904–1914

Zweite Alijah, mit Einwanderern in erster Linie aus Russland und Polen (35 000 bis 40 000).

1909

Grundsteinlegung Tel Avivs (11. April).

1910

Offizielle Gründung des ersten Kibbuz (Degania, 25. Oktober).

1914

Beginn des Ersten Weltkriegs (28. Juli).

1916

Sykes-Picot-Plan zur Aufteilung des Osmanischen Reichs zwischen Frankreich und Großbritannien. Palästina soll unter britische Verwaltung gestellt werden.

1917
Balfour-Erklärung Großbritanniens (2. November); den Juden wird eine nationale Heimstatt in Palästina zugesagt.

1917/18
Großbritannien besiegt die Armee des Osmanischen Reichs und besetzt Palästina.

1918
Ende des Ersten Weltkriegs (11. November).

1919–1923
Dritte Alijah, überwiegend aus Russland (rund 35 000).

1920
• Wahlen zum ersten Parlament des Jischuw (19. April); antijüdische Pogrome in Jerusalem (April).
• Gründung der jüdischen Verteidigungsorganisation Haganah (13. Juni) und des Gewerkschaftsverbandes Histadrut (15. Dezember).

1921
Arabische Unruhen in Jaffa (Mai).

1922
Völkerbund ratifiziert am 24. Juli das Mandat über Palästina, das 1920 auf der Konferenz von San Remo auf Großbritannien übertragen wurde; es erlöscht am 14. Mai 1948, 24.00 Uhr.

1924–1931
Vierte Alijah, vor allem aus Polen und der Sowjetunion (rund 80 000).

1925
Eröffnung der Hebräischen Universität Jerusalem (1. April).

1929
Arabische Unruhen in Hebron, Safed und Jerusalem (23.–29. August).

1933
Machtergreifung Hitlers in Deutschland (30. Januar).

1932–1938
Fünfte Alijah; nach der Machtübernahme Hitlers in Deutschland Einwanderungswelle aus Europa.

1935
Nürnberger Rassegesetze (September).

1936–1939
Arabische Aufstände gegen britische Mandatspolitik und jüdische Einwanderung.

1937
Britischer Peel-Plan schlägt Teilung Palästinas vor.

1938
Reichspogromnacht in Deutschland.

1939
Weißbuch der britischen Regierung über Einwanderungsbeschränkungen für Palästina (17. Mai).

1939
Beginn des Zweiten Weltkriegs (1. September).

1939–1941 und 1945–1947
Einwanderung von Verfolgten des Nationalsozialismus und KZ-Überlebender trotz britischer Immigrationsbeschränkungen (Alijah B).

1940
Heinrich Himmler, Reichsführer SS, befiehlt die Errichtung des Konzentrationslagers Auschwitz.

1942
Wannsee-Konferenz in Berlin, auf der die Deportation und Vernichtung der europäischen Juden organisiert wird.

1945

Ende des Zweiten Weltkriegs mit der Kapitulation Deutschlands (8. Mai).

1947

Resolution 181(II) der UN-Vollversammlung über die Teilung Palästinas in einen jüdischen und einen arabischen Staat sowie die Internationalisierung Jerusalems (29. November).

1948, 14. Mai

• Unabhängigkeitserklärung des Staates Israel in Tel Aviv durch David Ben-Gurion.

• Einmarsch arabischer Militärverbände in Palästina/Israel (15. Mai).

• Bildung der israelischen Verteidigungsarmee Zahal (31. Mai).

1948/49

Unabhängigkeitskrieg Israels (Erster arabisch-israelischer Krieg).

1948–1951

Jüdische Masseneinwanderung aus arabischen Staaten, insbesondere aus Ägypten, Irak und Jemen, sowie aus Polen und Rumänien (rund 690000).

1949

• Wahlen zur 1. Knesset (25. Januar).

• David Ben-Gurion wird zum Ministerpräsidenten gewählt (14. Februar).

• Waffenstillstandsabkommen mit Ägypten (24. Februar), Libanon (23. März), Transjordanien (3. April) und Syrien (20. Juli).

• Chaim Weizmann wird erster Staatspräsident (16. April).

• Aufnahme Israels in die UNO (11. Mai).

1950

Knessetbeschluss über (West-)Jerusalem als Hauptstadt Israels (23. Januar).

1952

Luxemburger Abkommen über »Wiedergutmachung« zwischen der Bundesrepublik Deutschland und Israel (10. September).

1955–1957

Jüdische Einwanderung, vor allem aus Nordafrika (rund 100 000).

1956

Französisch-britisch-israelischer Sinai-Krieg, ausgelöst durch die ägyptische Blockade der Straße von Tiran für die israelische Schifffahrt (29. Oktober bis 5. November).

1960

Erstes Treffen zwischen David Ben-Gurion und Konrad Adenauer in New York (14. März).

1961

Eichmann-Prozess in Jerusalem (Todesurteil: 15. Dezember).

1961–1964

Weitere massive jüdische Einwanderung aus Nordafrika.

1965

Aufnahme diplomatischer Beziehungen zwischen Israel und der Bundesrepublik Deutschland (12. Mai).

1966

• Aufhebung der Militärverwaltung über die arabische Bevölkerung Israels (Dezember).
• Samuel Joseph Agnon erhält zusammen mit Nelly Sachs als erster israelischer Schriftsteller den Nobelpreis für Literatur (10. Dezember).

1966

Exkanzler Konrad Adenauer besucht David Ben-Gurion in Israel (Mai).

1967

• Sechstagekrieg Israels gegen Ägypten, Syrien und Jorda-
nien; Einnahme von Ost-Jerusalem, Besetzung der Sinai-
Halbinsel, des Westjordanlands, der Golanhöhen und des
Gazastreifens durch Israel (5.–10. Juni).

• Resolution 242 des UN-Sicherheitsrates (22. November).

1969
Golda Meir wird Ministerpräsidentin (15. Dezember).

1969/1970
»Zermürbungskrieg« zwischen Israel und Ägypten.

1972
Anschlag auf die israelische Olympia-Mannschaft durch
palästinensische Terroristen in München.

1973
• Willy Brandt besucht als erster Bundeskanzler Israel
(7.–11. Juni).

• Oktoberkrieg Ägyptens und Syriens gegen Israel
(6.–26. Oktober).

1974
• Entflechtungsabkommen Israels mit Ägypten (18. Januar)
und Syrien (31. Mai).

• Golda Meir kündigt ihren Rücktritt an (10. April).

• Izhak Rabin wird Ministerpräsident (3. Juni).

1975
Sinai-Abkommen zwischen Israel und Ägypten
(4. September).

1977
• Wahlsieg des Likud (17. Mai).

• Menachem Begin wird Ministerpräsident (20. Juni).

• Rede des ägyptischen Staatspräsidenten Anwar as-Sadat
vor der Knesset (20. November).

272

1978
- Unterzeichnung der Abkommen von Camp David (17. September).
- Friedensnobelpreis für Menachem Begin und Anwar as-Sadat (10. Dezember).

1979
Friedensvertrag zwischen Ägypten und Israel (26. März).

1980
Grundgesetz über das vereinigte Jerusalem als Hauptstadt Israels (30. Juli).

1982
- Abschluss der Rückgabe Sinais an Ägypten (25. April).
- Beginn des israelischen Libanonfeldzugs (6. Juni).
- Massendemonstration der Friedensbewegung Schalom Achschaw mit 400 000 Teilnehmern in Tel Aviv gegen den Libanonkrieg (25. September).

1983
- Rücktritt Menachem Begins (15. September).
- Jitzchak Schamir wird Ministerpräsident (10. Oktober).

1984
Regierung der »nationalen Einheit« (große Koalition), zunächst mit Schimon Peres als Ministerpräsident (13. September).

1985
Israelischer Teilrückzug aus dem Libanon (Februar bis Juni).

1986
Jitzchak Schamir wird Ministerpräsident der Regierung der »nationalen Einheit« (20. Oktober).

1987
Ausbruch der ersten palästinensischen Intifada (8./9. Dezember; bis 1993).

1989
Beginn der Masseneinwanderung aus der Sowjetunion.

1991
• Irakische Raketenüberfälle auf Israel während des Golfkriegs (18. Januar bis 25. Februar). In Israel herrscht die Angst, die Sprengköpfe könnten mit Giftgas gefüllt sein, für das deutsche Unternehmen chemische Komponenten geliefert haben.
• Nahost-Friedenskonferenz in Madrid (30. Oktober bis 2. November).

1992
Koalitionsregierung aus Arbeitspartei, Merez und Schas unter Izhak Rabin als Ministerpräsident (13. Juli).

1993
• Geheimverhandlungen zwischen Vertretern Israels und der PLO bei Oslo (20. Januar bis 20. August).
• Gegenseitige Anerkennung von Israel und PLO durch Briefwechsel zwischen Izhak Rabin und Jassir Arafat (9./10. September).
• Unterzeichnung der Israelisch-Palästinensischen Grundsatzerklärung über palästinensische Selbstverwaltung in Washington (Oslo I-Abkommen, 13. September).

1994
• Überfall des jüdischen Siedlers Baruch Goldstein auf muslimische Gläubige in Hebron (25. Februar).
• Autonomieabkommen über Gaza und Jericho in Kairo (4. Mai).
• Vereinbarungen über Aufnahme diplomatischer Beziehungen Israels mit Marokko (1. September) und Tunesien (1. Oktober).
• Friedensvertrag zwischen Israel und Jordanien (26. Oktober).

- Friedensnobelpreis für Izhak Rabin, Jassir Arafat und Schimon Peres (10. Dezember).

1995

- Terroranschläge palästinensischer Selbstmordattentäter in Tel Aviv (24. Juli) und Jerusalem (21. August).
- Interimsabkommen zwischen Israel und der PLO über Ausdehnung der palästinensischen Selbstverwaltung im Westjordangebiet (28. September).
- Ermordung von Ministerpräsident Izhak Rabin auf einer Friedenskundgebung in Tel Aviv durch den jüdischen Extremisten Jigal Amir (4. November).
- Schimon Peres wird Ministerpräsident (22. November).

1996

- Wahlen zum Palästinensischen Rat im Westjordanland, im Gazastreifen und in Ost-Jerusalem (20. Januar).
- Selbstmordattentate palästinensischer Terroristen in Jerusalem, Aschkelon und Tel Aviv (Februar/März).
- Israelische Militäraktion »Früchte des Zorns« in Südlibanon (11.–27. April).
- Wahlen zur 14. Knesset (29. Mai) und erstmalige Direktwahl des Ministerpräsidenten, die Benjamin Netanjahu/Likud gewinnt (Ministerpräsident bis 1999).

1997

Israel übergibt 80 Prozent von Hebron an die Verwaltung der Palästinenser (Januar).

1999

Wahl zur 15. Knesset und Direktwahl Ehud Baraks (Arbeitspartei) zum Ministerpräsidenten (17. Mai).

2000

- Als erster deutscher Politiker hält Bundespräsident Johannes Rau – auf Deutsch – eine Rede vor der Knesset (16. Februar).

- Rückzug Israels aus dem Südlibanon beendet (24. Mai).
- Ausbruch der Al-Aqsa-Intifada (28. September; bis etwa 2005).
- Rücktritt Ehud Baraks als Ministerpräsident (9. Dezember).

2001

- Israelisch-palästinensische Verhandlungen in Taba (21.–27. Januar).
- Ariel Scharon wird in direkter Wahl Ministerpräsident (6. Februar).

2003

- Wahlsieg des Likud (28. Januar).
- Bildung einer Koalitionsregierung (Likud, Schinui, Nationalreligiöse Partei, Ichud Leumi) unter Ministerpräsident Ariel Scharon (3. März).
- Beginn des Baus von Sperranlagen zwischen Israel und Westjordanland.

2004

Tod Jassir Arafats (11. November), Nachfolger wird Mahmud Abbas.

2005

Israelischer Abzug aus dem Gazastreifen (beendet am 12. September).

2006

- Ministerpräsident Scharon erleidet einen schweren Schlaganfall (4. Januar); Ehud Olmert übernimmt die Amtsgeschäfte.
- Hamas gewinnt bei demokratischen Parlamentswahlen die absolute Mehrheit im palästinensischen Legislativrat (26. Januar).
- Wahlen zur 17. Knesset. Regierungsbildung durch Ehud Olmert (Kadima) mit Arbeitspartei, Schas und Rentnerpartei Gil (4. Mai); Regierungsbeitritt Jisrael Beitenus (30. Oktober).

• Zweiter Libanonkrieg (12. Juli bis 7. August) gegen die schiitische Miliz Hisbollah.

2007
• Wahl von Schimon Peres zum Staatspräsidenten (28. Mai).
• Machtübernahme der Hamas im Gazastreifen (Mitte Juni).

2008
• Erste deutsch-israelische Regierungskonsultationen in Israel (17. März).
• Gazakrieg »Gegossenes Blei« gegen die Hamas und ihre Einrichtungen im Gazastreifen (Dezember 2008 und Januar 2009).
• Bundeskanzlerin Angelika Merkel besucht Israel; erste Rede eines deutschen Regierungschefs vor der Knesset. Dort definiert sie das Existenzrecht Israels als Teil der deutschen Staatsraison.

Ab 2009
Benjamin Netanjahu Ministerpräsident mit wechselnden rechten Koalitionspartnern.

Sommer 2011
Bis zu 150000 Demonstranten protestieren gegen soziale Missstände.

2012
Zweiter Krieg gegen die Hamas im Gazastreifen, »Operation Wolkensäule«.

2014
Dritter Krieg gegen die Hamas im Gazastreifen nach Angriffen mit Raketen auf israelische Wohngebiete, »Operation starker Fels«.

2015
• Neuwahlen zur Knesset; Benjamin Netanjahu neuer/alter Ministerpräsident.
• Zunehmend Attacken meist junger Palästinenser mit

Messern und Schusswaffen gegen israelische Soldaten und Zivilisten.

<u>2016</u>

• Vier Angriffe palästinensischer Attentäter an einem Tag (8. März), bei denen mehrere israelische Zivilisten zum Teil schwer verletzt werden; Polizei und Armee erschießen die Attentäter.

• Einigung auf Versöhnungsabkommen zwischen Israel und Türkei (Juni).

LITERATUR

Adler, H. G., Theresienstadt 1941–1945. Das Antlitz einer Zwangsgemeinschaft, Stuttgart 1955

Appelfeld, Aharon, Der Mann, der nicht aufhörte zu schlafen,
Hamburg 2013

Arendt, Hannah, Über das Böse, München 2007

Dies., Eichmann in Jerusalem, München 2011

Dies., Über die Revolution, München 2011

Baeck, Leo, Das Wesen des Judentums, Frankfurt am Main 1922

Baumel, Judith Tydor, Kibbutz Buchenwald: Survivors and Pio-
neers, New Brunswick 1998

Betten, Anne; Du-Nour, Miryam, Wir sind die Letzten. Fragt uns
aus, Gerlingen 1995

Bloch, Benjamin (Hg.), Trauma und Intervention. Zum professio-
nellen Umgang mit Überlebenden der Shoa und ihren Familienangehörigen, Frankfurt am Main 2010

Bode, Sabine, Kriegsenkel. Die Erben der vergessenen Generation,
Stuttgart 2009

Brenner, Michael, Israel. Traum und Wirklichkeit des jüdischen
Staates, München 2016

Brenner-Wonschick, Hannelore, Die Mädchen von Zimmer 28.
Freundschaft, Hoffnung und Überleben in Theresienstadt,
München 2004

Dachs, Gisela (Hg.), Die Jeckes, Frankfurt am Main 2005

Dies. (Hg.), Begegnungen, Frankfurt am Main 2014

Diner, Dan, Rituelle Distanz. Israels deutsche Frage, München 2015

Erel, Shlomo (Hg.), Kaleidoskop Israel. Deutschsprachige Einwanderer in Israel erzählen, Klagenfurt 1994

Feuchtwanger, Lion; Zweig, Arnold, Briefwechsel 1933–1958, Leipzig 1984

Greif, Gideon, u. a., Die Jeckes. Deutsche Juden aus Israel erzählen, Weimar/Wien 2000

Hillenbrand, Klaus, Fremde im neuen Land. Deutsche Juden in Palästina und ihr Blick auf Deutschland nach 1945, Frankfurt am Main 2015

Hofmann, Christian, Der Eichmann-Prozess in Jerusalem. Zukunft braucht Erinnerung, Das Online-Portal zu historischen Themen unserer Zeit, 5. Oktober 2004

Högerle, Heinz, u. a., Ort der Zuflucht und Verheißung. Shavei Zion 1938–2008, Stuttgart 2008

Hoyer, Niels, Heimwärts, Wien/Haag (Holland) 1936

Jüdische Rundschau: allgemeine jüdische Zeitung, 1902–1938, Sammlungen Universitätsbibliothek der Johann Wolfgang Goethe-Universität, Frankfurt am Main

Kaniuk, Yoram, Der letzte Berliner, München 2002

Kellermann, Natan P. F., Holocaust Trauma: Psychological Effects and Treatment, New York 2009

Kleinberger, Margot, Transportnummer VII/1387 hat überlebt. Als Kind in Theresienstadt, Berlin/Zürich 2011

Kreppel, Klaus, Wege nach Israel. Gespräche mit deutschsprachigen Einwanderern in Nahariya, Bielefeld 1999

Ders., Nahariya und die deutsche Einwanderung nach Eretz Israel, Tefen Industrial Park 2010

Ders., Israels fleißige Jeckes, 12 Unternehmerportraits, Bielefeld 2002

Leo-Baeck-Institut, Jerusalem Archiv

Less, Avner W. (Hg.), Der Staat Israel gegen Adolf Eichmann, Weinheim 1995

Lifton, Robert Jay, Ärzte im Dritten Reich, Berlin 1998

Luft, Gerda, Heimkehr ins Unbekannte, Wuppertal 1977

Mitteilungsblatt. Alija Cadasche, Jahrgänge 1939–1949

Osten-Sacken, Thomas von der, Aufstieg und Fall einer zionistischen Zeitung. Die Jüdische Weltrundschau, Kesher, Nr. 31, 2002

Pappe, Ilan, Die ethnische Säuberung Palästinas, Frankfurt am Main 2007

Petzold, Günther, Shavei Zion. Blüte in Israel aus schwäbischen Wurzeln, Gerlingen 1978

Podhoretz, John, Commentary. The Journal of Kibbutz Buchenwald, Heft vom August 2015

Prinz, Alois, Hannah Arendt oder Die Liebe zur Welt, Berlin 2013

Proske, Wolfgang (Hg.), Täter, Helfer, Trittbrettfahrer, Band 3, Reutlingen 2013

Salten, Felix, Neue Menschen auf alter Erde, Berlin/Wien/Leipzig 1925

Schacter, Jacob J., The Chaplain and the Survivors, Tablet Magazine, Internet, May 22, 2015

Schlör, Joachim, Endlich im Gelobten Land? Deutsche Juden unterwegs in eine neue Heimat, Berlin 2003

Schreiber, Friedrich; Wolffsohn, Michael, Nahost. Geschichte und Struktur des Konflikts, Opladen 1988

Segev, Tom, Die siebte Million. Der Holocaust und Israels Politik der Erinnerung, Hamburg 1995

Seligmann, Rafael, Durch Hitler geboren. Die deutschen Juden in Israel, Der Spiegel, 1994

Shamir, Marli, Brief vom 5. November 1992, Leo-Baeck-Institut, Jerusalem

Shlaim, Avi, The Iron Wall: Israel and the Arab World, London 2000

Simon, Ernst; Schenk, Otto, Gesprächsprotokoll vom 6. September 1982, Leo-Baeck-Institut, Jerusalem

Simonsohn, Trude, Noch ein Glück. Erinnerungen, Göttingen 2013

Sternberg, Wilhelm von, Um Deutschland geht es uns. Arnold Zweig, Die Biographie, Berlin 1998

Sturmann, Manfred, Palästinensisches Tagebuch, Berlin 1937

Temime, Judith, Schriften des Archivs von Shavei Zion, 2014, 2015

The German-Speaking Jewry Heritage Museum, Archiv, Tefen

Trezebiner, Channah, Die Enkelin oder Wie ich zu Pessach die vier Fragen nicht wusste, Frankfurt am Main 2013

Vieweger, Dieter, Streit um das Heilige Land, Gütersloh 2013

Walter, Hans-Albert, Deutsche Exilliteratur, Band 4: Exilpresse, Stuttgart 1978

Wardi, Dina, Siegel der Erinnerung. Das Trauma des Holocaust, Stuttgart 1997

Weisel, Mindy (Hg. und Autorin), Daughters of Absence: Transforming a Legacy of Loss, Capital Books, 2002

Wertheimer, Stef, The Habit of Labor: Lessons from a Life of Struggle and Success, New York/London 2015

Wiehn, Erhard Roy (Hg.), Wer hätte das geglaubt? Erinnerungen im Kibbuz Buchenwald-Netzer Sereni an Hachschara und Konzentrationslager 1939–1945–1985, Konstanz 2010

Wolfram, Sabine (Hg.), Archäologie eines Kaufhauses. Konzern, Bauherr, Architekt, Dresden 2015

Yad Vashem, The International School for Holocaust Studies, Jerusalem

Yakinton. Mitteilungsblatt der Vereinigung der Israelis mitteleuropäischer Herkunft, Jahrgang 83, Nr. 274, 275

Yougrau, Wolfgang; Arnold Zweig, Orient. Unabhängige Wochenschrift, Zentralantiquariat der DDR, Leipzig 1982

Zimmermann, Moshe, Die deutschen Juden 1914–1945, München 1997

Ders., Deutsch-jüdische Vergangenheit. Der Judenhass als Herausforderung, Paderborn/München/Wien/Zürich 2005

Zimmermann, Moshe; Hotam, Yotam (Hg.), Zweimal Heimat. Die Jeckes zwischen Mitteleuropa und Nahost, Frankfurt am Main 2005

Zweig, Arnold, De Vriendt kehrt heim, Berlin/Weimar 1978

Ders., Bilanz des deutschen Judentums, Amsterdam 1934

DANK

Viele haben mitgewirkt bei der Entstehung dieses Buches. Als Ratgeber, als Weggefährte, mit Hintergrundgesprächen, als Interviewpartner, die mit viel Geduld aus ihrem schweren Leben erzählt haben. Die meisten weit über achtzig und vom Leben erschöpft. Keiner hat sich verweigert, keiner ist zu mir als Deutschem auf Distanz gegangen. Im Gegenteil. Alle waren freundlich und hilfsbereit. Allein diese Erfahrung war es wert, an den nicht immer ganz einfachen Recherchen dranzubleiben. Ihnen allen gilt mein Dank.

Besonders nennen möchte ich den ehemaligen israelischen TV-Journalisten und Chefredakteur des *Mitteilungsblatts* der Emigranten aus Mitteleuropa, Micha Limor aus Haifa. Er war mein wichtigster Begleiter, Berater und Türöffner im Norden Israels. Auf unseren Autofahrten versuchte er mir sogar ein paar Brocken Hebräisch beizubringen. Leider mit nicht allzu viel Erfolg.

Besonderer Dank gilt zwei Institutionen in Israel, die versuchen, jüdische Kultur mit deutschem Hintergrund zu bewahren. Da ist einmal das Leo-Baeck-Institut in Jerusalem mit seiner Leiterin Irene Aue-Ben-David, die mir mit großem Engagement bislang noch nicht veröffentlichte Tagebücher und Aufzeichnungen zur Verfügung gestellt hat. Das Gleiche gilt für Ruthi Ofek, die Leiterin des Open Museum im nordisraelischen Tefen, mit ihrer Archivarin Judith Bar-Or. Auch sie haben das Projekt engagiert mit Aufzeichnungen von Emigranten unterstützt.

Die International Christian Embassy in Jerusalem öffnete mir die Türen zum Haifaer Warm Home for Holocaust Survivors. Auch dafür mein Dank.

Schließlich muss ich hier noch meinen Freund Uri Schneider und seine beiden Frauen (Ehefrau Ina und Tochter Nina) nennen. Aber nicht nur, weil ich bei ihnen wohnen durfte während meiner Recherchen in Tel Aviv, sondern vor allem für die Gespräche und die Hilfestellung, die ich von ihnen bekomme habe. Es war Uri, der mich auf den Kibbuz Buchenwald aufmerksam gemacht hat. Auch in Deutschland habe ich viele Unterstützer gefunden. Zum Beispiel die Zentralwohlfahrtsstelle der Juden in Deutschland mit Benjamin Bloch als Leiter und Aaron Schuster als seinem Stellvertreter. Oder die Schüler und Lehrer der Freien Waldorfschule Kräherwald bei Stuttgart, die mir das Tagebuch des ersten Bürgermeisters von Shavei Zion, Manfred Scheuer, zur Verfügung gestellt haben. Die Organisation Child Survivor, ein Zusammenschluss von Überlebenden, die als Kinder in Konzentrationslager deportiert worden waren, darf auf keinen Fall vergessen werden.

Ronit und Alon Shimoni, die beide in Frankfurt am Main leben und arbeiten, haben mich mit viel Geduld und Wissen in der Vorbereitungsphase beraten. Ihnen bin ich zu besonderem Dank verpflichtet und außerdem noch ein Essen schuldig.

Zuletzt muss natürlich auch der Lektor des Hoffmann und Campe Verlags, Jens Petersen, genannt werden, der streng, aber sehr professionell und gewissenhaft den Text durchgesehen und verbessert hat, der wichtige Fragen gestellt und mich zur Nachrecherche veranlasst hat. Diese Zusammenarbeit hat sich mehr als gelohnt.